汽车性能与检测技术

主　编　向　巍
副主编　杨　鹏
参　编　黎　立　陈章宇　刘开贵
　　　　徐学军　夏志杰　苟明兴
　　　　郭贤勇　陈章宇　张云波
　　　　韦德峰　王清扬
主　审　马旭东　朱　莉

北京理工大学出版社
BEIJING INSTITUTE OF TECHNOLOGY PRESS

内 容 提 要

本书参考了机动车检验检测现行法律法规及技术标准，分为汽车特征参数与外观检查、汽车性能检测、汽车检测质量管理体系3个项目、16个典型工作任务，完全覆盖了机动车检验检测流程。

本书内容丰富，实用性强，可作为高等学校、高等专科学校、成人高校和高等职业、中等职业学校的机械类及相关专业机械基础教材，也可作为相关从业人员的参考用书。

版权专有　侵权必究

图书在版编目（CIP）数据

汽车性能与检测技术 / 向巍主编 . -- 北京：北京理工大学出版社，2025.1.
ISBN 978-7-5763-4656-5
Ⅰ.U472.9
中国国家版本馆 CIP 数据核字第 2025KR5819 号

责任编辑：高雪梅	**文案编辑**：高雪梅
责任校对：周瑞红	**责任印制**：李志强

出版发行 / 北京理工大学出版社有限责任公司
社　　址 / 北京市丰台区四合庄路 6 号
邮　　编 / 100070
电　　话 /（010）68914026（教材售后服务热线）
　　　　　（010）63726648（课件资源服务热线）
网　　址 / http://www.bitpress.com.cn
版 印 次 / 2025 年 1 月第 1 版第 1 次印刷
印　　刷 / 河北鑫彩博图印刷有限公司
开　　本 / 787 mm×1092 mm　1/16
印　　张 / 19
字　　数 / 387 千字
定　　价 / 89.90 元

图书出现印装质量问题，请拨打售后服务热线，负责调换

前言

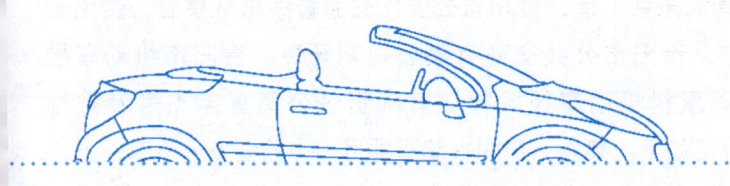

PREFACE

截至 2024 年 6 月，全国机动车保有量为 4.4 亿辆，其中汽车保有量为 3.45 亿辆，新能源汽车保有量为 2 472 万辆。近五年来我国汽车产销量稳定增长，汽车保有量将持续增加。截至 6 月底，全国有 96 个城市的汽车保有量超过 100 万辆，同比增加 8 个城市，43 个城市超过 200 万辆，26 个城市超过 300 万辆。其中，成都、北京、重庆汽车保有量超过 600 万辆，上海、苏州、郑州汽车保有量超过 500 万辆。

伴随着汽车保有量的迅猛增长，机动车检验检测作为有效保障机动车运行安全的重要技术措施受到社会高度关注。自 2017 年国家相关部委实施"放管服"工作以来，机动车检验检测取消了许可制度，机动车检验检测企业数量大幅增加，同时各类检验检测标准及设备更新迭代，机动车检验检测实现标准化、网络化、规范化。机动车检验检测行业高速发展中暴露的部分不足，制约了行业可持续健康发展。

在机动车检验检测过程中，检验检测结果的准确度和公正性要求从业人员具备良好的职业道德、扎实的专业素养和职业技能。基于行业监管要求与企业质量体系运行要求，定期开展内部培训和能力验证是提高从业人员业务能力的重要手段。机动车检验检测从业人员流动性大、培训形式单一、内训机制不完整、缺乏优质培训资料等。针对企业痛点，贵州交通职业大学基于汽车专业多年建设成果，联合行业主管部门、行企专家编写了本书，并开发在线精品课程及配套的职业技能等级认定题库。

本书参考了机动车检验检测现行法律法规及技术标准，分为汽车特征参数与外观检查、汽车性能检测、汽车检测质量管理体系 3 个项目、16 个典型工作任务，完全覆盖了机动车检验检测流程。本书理论知识丰富、实践项目翔实，配套了学习视频、课件工单，有利于提高学习兴趣，结合必要的实践条件可有效提升学习者专业能力。

本书编写团队教师政治素养好、业务技能精湛，教材内容充分融入二十大报告精神、工匠精神、职业素养等课程元素，切实推动"立德树人"职业教育内涵建设。本书由贵州交通职业大学向巍担任主编，杨鹏担任副主编，贵州省交通科学研究院股份有限公司马旭东、贵州省市场监管局朱莉主审,贵州省公安厅交通警察总队黎立、贵州省交通综合行政执法监督局陈章宇、贵阳市公共交通有限公司刘开贵、贵阳市机动车检验检测行业协会徐学军、贵阳凤凰村机动车技术检测有限责任公司夏志杰等专家指导、参与各任务编写。具体编写分工如下：黎立、苟明兴编写项目一中的任务一、二、三,郭贤勇编写项目一中的任务四、五,陈章宇、张云波编写项目二中的任务一、二,刘开贵、韦德峰编写项目二中的任务三、四、五,夏志杰、杨鹏编写项目三中的任务一、二,夏志杰、向巍编写项目三中的任务三、四,王清扬编写项目三中的任务五、六。本书可供职业院校专业学生、行业从业人员及社会学习者使用。

由于编者水平有限,书中难免存在错误和不妥之处,恳请读者批评指正。

编　者

目录

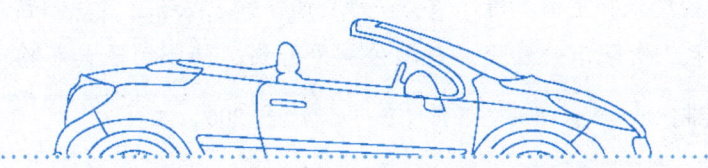

项目一　汽车特征参数与外观检查 001

学习任务一　车辆唯一性检查 001

学习任务二　车辆特征参数检查 026

学习任务三　车辆外观检查 045

学习任务四　安全装置检查 066

学习任务五　车辆底盘动态检验和底盘部件检查 096

项目二　汽车性能检测 121

学习任务一　整备质量检验 121

学习任务二　制动系统性能检测 131

学习任务三　车身电气系统检测 150

学习任务四　转向操纵系统性能检测 160

学习任务五　发动机排放系统性能检测 166

项目三　汽车检测质量管理体系 197

学习任务一　体系文件认知 197

学习任务二　汽车检测质量控制……………………………………… 206

学习任务三　岗位职责及人员能力验证………………………………… 219

学习任务四　仪器设备检定及校准……………………………………… 224

学习任务五　联网安全及软件确认……………………………………… 242

学习任务六　机动车检验检测过程及结论资料归档…………………… 252

参考文献 ……………………………………………………………………… 298

项目一
汽车特征参数与外观检查

汽车性能与检测　汽车使用性能概述
课程导读

项目概述

汽车特征参数与外观检查主要包括车辆唯一性检查、车辆特征参数检查、车辆外观检查、安全装置检查、车辆底盘部件检查。这些检查项目可以确认车辆的唯一性，确保车辆参数与登记文件一致，并确保车辆的整洁、合法、完整和安全、可靠。

通过这些项目的检查不仅可以防止盗窃和非法使用车辆，还能保证车辆的合法性、完整性、可靠性和安全性，从而确保在用车辆满足规定要求，保证道路交通的安全和秩序。

学习任务一　车辆唯一性检查

工作情景描述

在机动车检验过程中，车辆唯一性认定及人工检验项目尤为关键，是打击走私、盗抢、非法拼装机动车等违法犯罪行为的第一道防线和有效手段，是确保机动车安全的必要项目。

根据车辆安全检测需求，现需要对车辆进行唯一性检查，请你根据车辆检验要求和流程，完成车辆唯一性检查任务。

学习目标

知识目标
1. 掌握送检机动车基本要求；
2. 掌握机动车检验流程；
3. 掌握机动车检验员工作方法。

能力目标

1. 能按照规范进行机动车唯一性检查；
2. 能做好机动车唯一性的记录与反馈。

素质目标

养成团队协作与独立作业、质量优先与规范检测的职业素养。

知识准备

技能点一　送检机动车基本要求及检验流程

一、送检机动车检验要求

根据《机动车安全技术检验项目和方法》（GB 38900—2020）标准条文"5.1 一般规定"，送检机动车应满足以下基本要求：

（1）车辆应清洁，无滴漏油（液）、漏电现象，轮胎完好，轮胎气压正常且胎冠花纹中无异物，发动机运转平稳，怠速稳定，无异响。

（2）车辆不应有与 ABS、EPS 及其他与行车安全相关的故障信息。

（3）纯电动汽车、插电式混合动力汽车、燃料电池汽车不应有与电驱动系统、高压绝缘、动力电池等有关的报警信号。

（4）组成汽车列车的牵引车的准牵引总质量应大于或等于挂车总质量，组成乘用车列车的乘用车在设计和制造上应具有牵引功能。

（5）集装箱车、集装箱运输半挂车不应载有集装箱，货车不应装载货物。

对达不到以上基本要求的送检机动车，对机动车进行安全技术检验的机构应书面告知送检人整改，符合要求后再进行安全技术检验。

二、检验员工作方法

1. 车辆交接

检验员检查送检车辆应该是基本清洁的，检查车辆物品情况，与车主沟通是否有贵重物品，可列出物品清单。

2. 判定车辆检验形式

检验员根据车辆的基本配置，确定检验的形式：人工检验后进行仪器设备检验，还是人工检验后进行路试检验。

3. 检查车辆基本情况

引车员将送检车辆开往预检工位，方向打直停好，在此过程中，引车员检查发动机工作状态：加减速是否正常，有无异响，怠速是否稳定；观察仪表盘指示灯是否正常，然后关闭发动机，钥匙置于 ON 位置，再观察仪表盘各指示灯是否正常（图 1-1-1）。

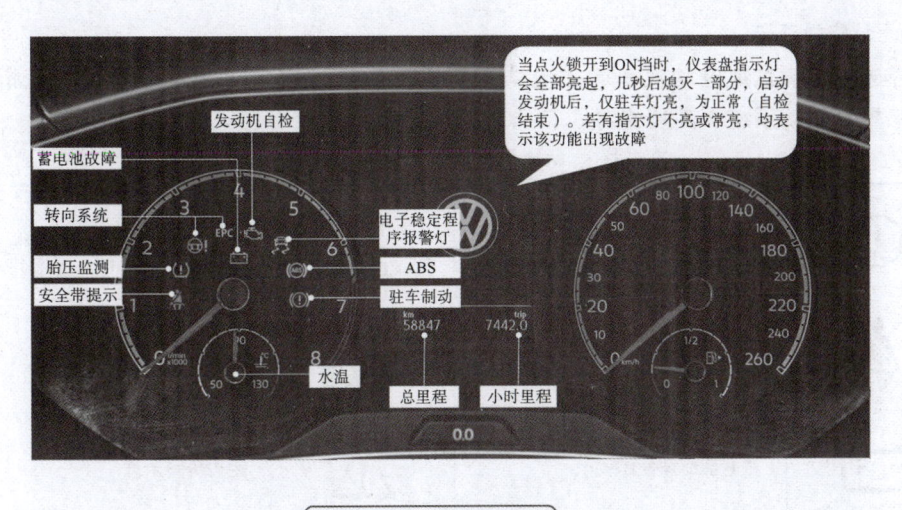

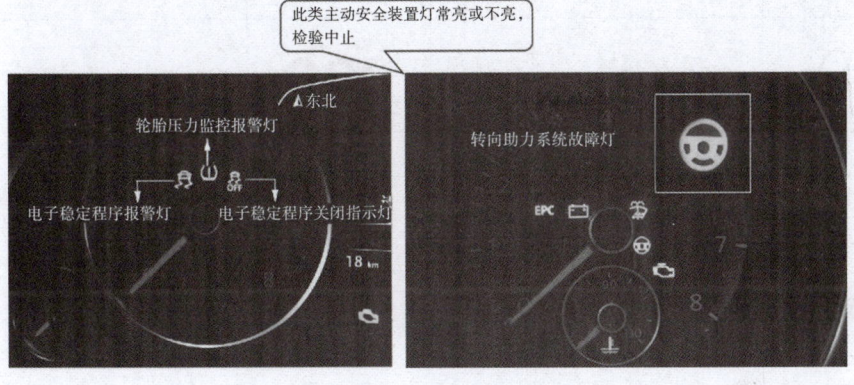

图 1-1-1　仪表盘指示灯

若出现 ABS 灯、发动机故障灯、轮胎压力监控报警灯等主动安全监测装置灯亮（图 1-1-2），检验中止，建议维修后再送检。如果是安检、环检一体的机构，则引车员应连续踩踏 2~3 次加速踏板，要超过踏板行程的一半，但不要将其踩到底，观察尾气排放是否有冒黑烟的现象。

图 1-1-2　指示灯亮

项目一　汽车特征参数与外观检查

003

4. 新能源汽车

若送检车辆是纯电动汽车、插电式混合动力汽车、燃料电池汽车，仪表盘指示灯不应有与电驱动系统、高压绝缘、动力电池等有关的报警信号，见表 1-1-1。

表 1-1-1　新能源汽车仪表指示灯与警告灯

图标	名称	图标	名称
	驻车制动故障警告灯*		ESP OFF 警告灯（装有时）
	驾驶员座椅安全带指示灯*		防盗指示灯
	充电系统警告灯*		主告警指示灯*
	前雾灯指示灯		ECO 指示灯（装有时）
	后雾灯指示灯		动力电池电量低警告灯
	智能钥匙系统警告灯*		动力电池故障警告灯*
	ABS 故障警告灯*		胎压故障警告灯（装有时）*
	电机冷却液温度过高警告灯		电子驻车状态指示灯
	ESP 故障警告灯（装有时）*		OK 指示灯
	车门状态指示灯*		动力系统故障警告灯*
	SRS 故障警告灯*		动力电池过热警告灯*
	EPS 故障指示灯		动力电池充电连接指示灯

5. 漏油及轮胎状况

车辆熄火,引车员下车,检查车辆底部是否有漏油、漏冷却液的现象;检查轮胎是否完好,胎压是否正常,同一轴轮胎花纹是否一致,轮胎花纹中是否有异物,轮胎是否有明显异常,如鼓包、花纹异常磨损、胎侧或胎冠裂纹大于 25 mm 等,如图 1-1-3 所示。

图 1-1-3 检查底盘及轮胎
(a)检查底盘是否漏油;(b)轮胎异常磨损;(c)轮胎裂纹;(d)轮胎鼓包;
(e)嵌入异物;(f)剔除异物;(g)同一轴轮胎花纹胎压查看

6. 汽车列车要求

引车员检查送检车辆时应空载。汽车列车的牵引车的准牵引总质量应大于或等于挂车总质量。图 1-1-4 所示为牵引或半挂（或不写车类型）列车牵引质量。

7. 不符合送检要求的处理流程

引车员如果发现车辆不符合送检要求，应书面告知机动车所有人或送检人"机动车（××项目）达不到基本要求"，需要维护或修理，完成后再次送检。

图 1-1-4　牵引质量

预检符合要求后再进行安全技术检验。

三、送检机动车提交资料

1. 检验要求

送检机动车按照《机动车安全技术检验项目和方法》(GB 38900—2020)标准条文"5.1.2 和 5.1.3"进行检测。相关规定如下。

(1)在用机动车安全检验时，应提供送检机动车有效的机动车交通事故责任强制保险凭证(挂车及实现电子保单、保险信息联网核查的除外)和机动车行驶证。

(2)安全技术检验时应先进行联网查询、车辆唯一性检查，确认车辆无异常情形后按检验流程开展检验，具体检验流程参见《机动车安全技术检验项目和方法》(GB 38900—2020)附录 A。

2. 检验员工作方法

(1)按照前述"一、送检机动车检验要求"中项目检验合格的送检机动车，预检员将机动车行驶证、有效期内的机动车交通事故责任强制保险凭证提交到登录室。

(2)营运车辆应提交有效的营运证。

(3)注册登记检验的车辆应提交机动车整车出厂合格证、环保信息随车清单、强制性产品认证车辆一致性证书、机动车销售统一发票等。

注意：登录员与预检员配合工作，进行联网查询、车辆唯一性检验，避免出现替车等违法现象。

四、检验流程

1. 检验流程

根据《机动车安全技术检验项目和方法》(GB 38900—2020)标准条文"附录 A 机动车安全技术检验流程"，机动车技术检验流程如图 1-1-5 所示。检验机构可根据实际情况适当调整检验流程。

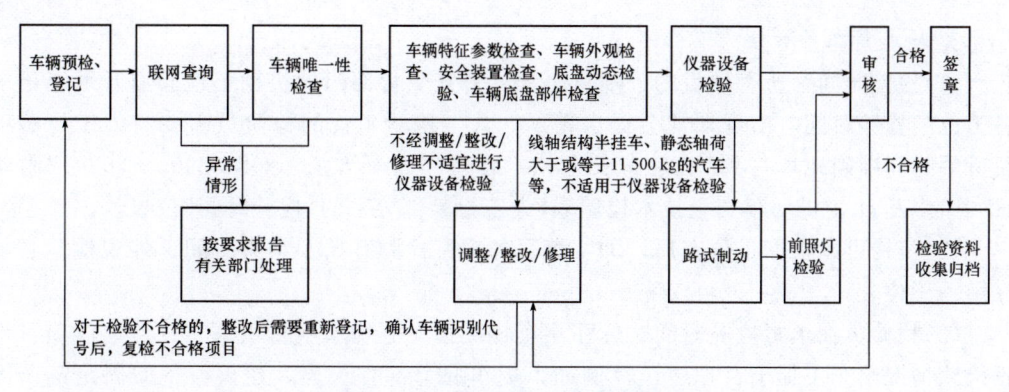

图 1-1-5　机动车安全技术检验流程

登录系统是汽车检验检测机构计算机控制系统检测流程的起点，检验时进行车辆交接与登录需提交以下资料：行驶证、机动车交通事故责任强制保险凭证及需要检验的汽车。同时，也需要提供车船使用税完税证明资料。

2. 检验员工作方法

预检合格的送检机动车按照《机动车安全技术检验项目和方法》(GB 38900—2020)标准条文检验流程开始检验工作，必须先进行联网查询、车辆唯一性检查，确认车辆无异常情形后再按检验流程开始检验工作。检验机构可以根据场地工位布置的不同，对检验流程(包括仪器设备检验各工位顺序)适当加以调整。

五、各工位最少检验时间

1. 检验时间

根据《机动车安全技术检验项目和方法》(GB 38900—2020)标准条文"5.1.4"，安全技术检验时各工位的最少检验时间见表1-1-2。

表 1-1-2　安全技术检验时各工位的最少检验时间

检验工位		最少检验时间/s		
		非营运小型、微型载客汽车	载客汽车(非营运小型微型载客汽车除外)、货车(三轮汽车除外)、专项作业车、挂车	摩托车、三轮汽车
人工检验	车辆唯一性检查、车辆特征参数检查、车辆外观检查、安全装置检查	120	240	90
	底盘动态检验	60	60	
	车辆底盘部件检查	40	100	
仪器检验	制动①	40	60	30
	前照灯远光发光强度	30		

①使用平板式制动检验台检验时最少检验时间为 15 s

2. 检验员工作方法

(1)检验时间为所有项目的分项目之和。公安交管部门的机动车检验监管系统记录各工位的检验时间,出现异常会提出警示。人工检验工位的检验员需要将人工检验项目所用时间准确地填写到《机动车安全技术检验项目和方法》(GB 38900—2020)"附录H"中的"表H.1 机动车安全技术检验表(人工检验部分)"的"检验时间"位置。

(2)机构可以根据工位布局,如实填写各项目检验开始及结束时间,外观检验必须在第一工位。

(3)检验员在填写检验时间时,注意车辆类型,不检验项目填写"—"。建议项目根据检验情况给车主提出合理建议,例如,货车底盘部件检验,建议:备胎固定链条固定部位锈迹过重,请车主及时保养。

(4)车辆底盘部件检验需要检验员与引车员在底盘检验工位完成。若底盘检验设置在仪器设备检验车间,检验时间按顺序填写;若底盘检验设置在外检工位,填写检验时间时,车辆底盘部件检验时间要早于底盘动态检验时间,见表1-1-3。

表1-1-3 底盘检验设置在仪器设备检验车间检验

检验员	建议	检验时间	检验员签字
外观检验员	无	10:20—10:26	×××
底盘动态检验员	无	10:27—10:29	×××
底盘部件检验员	备胎固定链条固定部件锈迹过重,请车主及时保养	10:38—10:42	×××
引车员	无	10:27—10:42	×××

技能点二 车辆联网查询和唯一性检查

在机动车安全检验过程中,联网查询和唯一性检查是确保检测机动车非走私、盗抢车辆,并确认安全的必要项目。

一、车辆联网查询

1. 标准相关条文要求

(1)检验项目。根据《机动车安全技术检验项目和方法》(GB 38900—2020)标准条文"4",得出需要进行联网检验项目的车辆及具体检验内容如下。

1)机动车注册登记安全技术检验项目见表1-1-4,在用机动车安全技术检验项目见表1-1-5。

2)对需领取机动车牌证方可上道路行驶的入境机动车检验时,应覆盖表1-1-4规定的注册登记安全检验项目,并按照注册登记安全检验要求执行。

3)轮式专用机械车、有轨电车的安全技术检验项目,参照表1-1-4和表1-1-5确定。

4)机动车注册登记安全检验时,应按照《机动车运行安全技术条件》(GB 7258—2017)和《道路交通管理 机动车类型》(GA 802—2019)核定的车辆类型确定检验项目。

表 1-1-4　机动车安全技术检验项目表(注册登记安全检验)

序号	检验项目	适用车辆类型					
		载客汽车		货车(三轮汽车除外)、专项作业车	挂车	三轮汽车	摩托车
		非营运① 小型、微型载客汽车	其他类型载客汽车				
1	联网查询	车辆事故、违法、安全缺陷召回等信息	●	●	●	●	●	●

① 非营运的机动车是指个人或单位不以获取利润为目的而使用的机动车。
● 表示该检验项目适用于该类车注册登记安全检验的全部车型

表 1-1-5　机动车安全技术检验项目表(在用机动车安全检验)

序号	检验项目	适用车辆类型					
		载客汽车		货车(三轮汽车除外)、专项作业车	挂车	三轮汽车	摩托车
		非营运① 小型、微型载客汽车	其他类型载客汽车				
1	联网查询	车辆事故、违法、安全缺陷召回等信息	■	■	■	■	■	■

① 非营运的机动车是指个人或单位不以获取利润为目的而使用的机动车。
■ 表示该检验项目适用于该类车在用机动车安全检验的全部车型

根据以上条文可知，载客汽车、货车、专项作业车、挂车、三轮汽车和摩托车都需要进行车辆联网查询，主要查询内容有车辆事故、违法、安全缺陷召回等信息。

(2)检验项目对应方法。根据《机动车安全技术检验项目和方法》(GB 38900—2020)标准条文"5.2"，可知机动车进行车辆事故、违法、安全缺陷召回等信息的联网查询主要利用联网信息系统进行。

机动车安全技术检验项目对应方法见表 1-1-6。

表 1-1-6　机动车安全技术检验项目对应方法

序号	检验项目		检验方法
1	联网查询	车辆事故、违法、安全缺陷召回等信息	利用联网信息系统查询
2	车辆唯一性检查	号牌号码和分类	目视检查，目视难以清晰辨别时使用内窥镜等工具。注册登记安全检验时应拓印车辆识别代号(或整车出厂编号，下同)，在用机动车安全检验时应使用检验PDA拍摄打刻的车辆识别代号；大中型客车、重中型货车、重中型挂车应使用PDA由近及远拍摄车辆识别代号视频，视频应能清晰地显示车辆识别代号、打刻区域情况以及车辆前部特征等；有条件时，使用VIN信息读取仪器采集、比对车载ECU记载的车辆识别代号等信息；有疑问时，可采用金属探伤仪、油漆层微量厚度检验仪等仪器设备；注册登记安全检验时，如打刻(或铸出)的发动机号码/驱动电动机号码不易见，只查看发动机易见部位或覆盖件上能永久保持的标有发动机型号和出厂编号的标识；在用机动车安全检验时，如打刻(或铸出)的发动机号码/驱动电动机号码不易见，且易见部位或覆盖件上的发动机/驱动电动机标识缺失，使用内窥镜等工具进一步确认
		车辆品牌和型号	
		车辆识别代号(或整车出厂编号)	
		发动机号码/驱动电动机号码	
		车身颜色和车辆外形	

(3)检验要求。根据《机动车安全技术检验项目和方法》(GB 38900—2020)标准条文"6.1 联网查询"和"6.2 车辆唯一性",检验要求相关规定如下。

1)联网查询检验。注册登记安全检验和在用机动车安全检验时,联网查询送检机动车事故、违法、因安全缺陷召回等信息。

①对发生过造成人员伤亡交通事故的送检机动车,人工检验时应重点检查损伤部位和损伤情况,属于使用年限在 10 年以内的非营运小型、微型载客汽车的,检验项目增加底盘动态检验、车辆底盘部件检查。

②对涉及尚未处理完毕的道路交通安全违法行为或道路交通事故的送检机动车,应提醒机动车所有人及时到公安机关交通管理部门处理。

③对送检机动车状态为"被盗抢""注销""达到报废标准""事故逃逸""锁定"情形的,应报告当地公安机关交通管理部门处理。

④发现送检机动车达到召回计划实施周期而未实施召回的,应提醒机动车所有人及时进行召回处置。

2)车辆唯一性。

①号牌号码和分类、车辆品牌和型号。

a. 注册登记安全检验时,送检机动车的车辆品牌和型号应与机动车出厂合格证(对进口车为海关货物进口证明书等)一致。

b. 在用机动车安全检验时,送检机动车的号牌号码和分类,应与机动车行驶证签注的内容(或机动车登记信息,下同)一致。

②车辆识别代号(或整车出厂编号)。

a. 注册登记安全检验时,送检机动车的车辆识别代号(或整车出厂编号)应满足:

a)车辆识别代号(或整车出厂编号)与机动车出厂合格证(对进口车为海关货物进口证明书等)、车辆识别代号(或整车出厂编号)的拓印膜一致,车辆识别代号的内容和构成应符合《道路车辆 车辆识别代号(VIN)》(GB 16735—2019)的相关规定;属于打刻的,其打刻部位、深度,以及组成字母与数字的字高等应符合《机动车运行安全技术条件》(GB 7258—2017)的相关规定,且不应出现被凿改、挖补、打磨、垫片、重新涂漆(设计和制造上为保护打刻的车辆识别代号而采取涂漆工艺的情形除外)、擅自重新打刻等现象。

b)对于 2013 年 3 月 1 日起出厂的乘用车、总质量小于或等于 3 500 kg 的货车(低速汽车除外),从车外应能清晰地识读到靠近风窗立柱位置的车辆识别代号标识。

c)对于 2019 年 1 月 1 日起出厂的总质量大于或等于 12 000 kg 的货车、货车底盘改装的专项作业车及所有牵引杆挂车,车辆识别代号应打刻在右前轮纵向中心线前端纵梁外侧,如受结构限制,也可打刻在右前轮纵向中心线附近纵梁外侧;对于 2019 年 1 月 1 日起出厂的半挂车和中置轴挂车,车辆识别代号应打刻在右前支腿前端纵梁外侧(无纵梁的除外)。

d)对于 2018 年 1 月 1 日起出厂的总质量大于或等于 12 000 kg 的栏板式、仓栅式、自卸式、罐式货车及总质量大于或等于 10 000 kg 的栏板式、仓栅式、自卸式、罐式挂车还应在其货箱(货厢)或常压罐体(或设计和制造上固定在货箱或常压罐体上且用于与车架连接的结构件)上打刻至少两个车辆识别代号;打刻的车辆识别代号应位于货箱(常压罐体)左、右两侧或前端面且易于拍照,深度、高度和总长度应符合《机动车运行安全技术条件》(GB 7258—2017)的规定,且若打刻在货箱(常压罐体)左、右两侧,距货箱(常压罐体)前端面的距离应小于或等于1 000 mm,若打刻在左、右两侧连接结构件,应尽量靠近货箱(常压罐体)前端面。

e)对于2018年1月1日起出厂的机动车,打刻的车辆识别代号(或产品识别代码、整车型号和出厂编号)总长度应小于或等于200 mm,字母和数字的字体和大小应相同(打刻在不同部位的车辆识别代号除外);打刻的车辆识别代号两端有起止标记的,起止标记与字母、数字的间距应紧密、均匀;打刻的车辆识别代号(或产品识别代码、整车型号和出厂编号)从上(前)方应易于观察、拓印;对于汽车和挂车还应能拍照。

f)对2014年3月1日起出厂的具有ECU的乘用车(纯电动乘用车为2018年1月1日起出厂)和2019年1月1日起出厂的具有ECU的其他汽车,至少有一个ECU应记载有车辆识别代号等特征信息。

g)车辆上标识的所有车辆识别代号内容应一致。

h)车辆的车架(无车架的机动车为车身主要承载且不能拆卸的部件)上,不应既打刻车辆识别代号(或产品识别代码),又打刻整车型号和出厂编号。

i)车辆识别代号(或整车出厂编号)一经打刻不允许更改、变动,但按《道路车辆 车辆识别代号(VIN)》(GB 16735—2019)的规定重新标示或变更的除外。

b. 在用机动车安全检验时,送检机动车的车辆识别代号(或整车出厂编号)应与机动车行驶证签注的内容一致,所有打刻的车辆识别代号不应出现被凿改、挖补、打磨、垫片、重新涂漆(设计和制造上为保护打刻的车辆识别代号而采取涂漆工艺的情形除外)、擅自重新打刻等现象,对于2018年1月1日起出厂的总质量大于或等于12 000 kg的栏板式、仓栅式、自卸式、罐式货车及总质量大于或等于10 000 kg的栏板式、仓栅式、自卸式、罐式挂车还应在其货箱或常压罐体(或设计和制造上固定在货箱或常压罐体上且用于车架连接的结构件)上打刻至少两个车辆识别代号。

③发动机号码/驱动电动机号码。

a. 注册登记安全检验时,送检机动车的发动机号码/驱动电动机号码应与机动车出厂合格证(对进口车为海关货物进口证明书等)一致,并符合《机动车运行安全技术条件》(GB 7258—2017)的相关规定。对除轮边电动机、轮毂电动机外的其他驱动电动机,如打刻的电动机型号和编号被覆盖,应留出观察口,或在覆盖件上增加能永久保持的电动机型号和编号的标识。

b. 在用机动车安全检验时,送检机动车发动机/驱动电动机标识记载的内容或可见的发动机号码/驱动电动机号码应与机动车行驶证签注的内容一致。

c. 因更换发动机申请变更登记的机动车检验时,更换的发动机型号应与登记的发动机型号一致,或为机动车产品公告对应车型许可选装的其他发动机型号。

④车身颜色和车辆外形。

a. 注册登记安全检验时:

a)送检机动车的车辆外形(不包括车辆颜色)应与机动车产品公告照片一致(对国产机动车)。

b)送检机动车具有允许自行变更的情形视为合格。

c)送检乘用车在不改变车辆长度、宽度和车身主体结构且保证安全的情况下,加装车顶行李架、出入口踏步件、换装散热器面罩/保险杠、更换轮辋(更换后轮胎规格不应变化)的视为合格。

b. 在用机动车安全检验时:

a)送检机动车的车身颜色、车辆外形应与机动车行驶证上的车辆照片一致(目视不应有明显区别),不应有更改车身颜色、改变车厢形状、改变车辆结构等情形。

b)送检机动车具有允许自行变更的情形视为合格。

c)送检乘用车在不改变车辆长度、宽度和车身主体结构且保证安全的情况下,加装车顶行李架、出入口踏步件、换装散热器面罩/保险杠、更换轮辋(更换后轮胎规格不应变化)的,提醒机动车所有人及时申请换发机动车行驶证后视为合格。

(4)联网查询检验结果填写。根据《机动车安全技术检验项目和方法》(GB 38900—2020)标准"附录 H"可知,联网查询信息根据表 1-1-7 进行填写。

表 1-1-7　机动车安全技术检验表(人工检验部分)(节选)

一、基本信息					
号牌号码(编号):		车辆类型:		里程表读数:	km
使用性质:		道路运输证号:				
车辆出厂日期:　年　月　日		初次登记日期:　年　月　日		检验日期:　年　月　日	
二、安全检验采集信息					
机动车所有人拟申报的使用性质(注册登记安全检验):				是否全时/适时四驱:	
转向轴数量:　　驻车制动是否使用电子控制装置:				是否配备空气悬架:	
三、检验结构					
序号	检验项目	判定	序号	检验项目	判定
1	联网查询(对发生过造成人员伤亡交通事故的送检机动车,人工检验时应重点检查损伤部位和损伤情况＿＿＿＿；其他不符合情形＿＿＿＿)		2	车辆外观检验	外部照明和信号装置	
^	^	^	^	^	轮船	
^	^	^	^	^	号牌/号牌板(架)	
^	^	^	^	^	加装/改装灯具	

(5)联网查询的异常状态。联网查询的异常状态项目主要包括 16 项:转出;被盗抢;停驶;注销;违法未处理;海关监管;事故未处理;嫌疑车;查封;暂扣;强制注销;事故逃逸;锁定;逾期未检测;达到报废标准公告牌证报废;其他异常状态。

2. 检验员工作方法

联网查询是登录员利用机动车检验监管系统等联网信息系统查询送检机动车是否发生过造成人员伤亡的交通事故,是否有未处理完毕的道路交通安全违法,送检机动车状态是否异常、是否有因安全缺陷召回等情形。

对于发生过造成人员伤亡交通事故的送检机动车,在人工检验时应重点检查损伤部位和损伤情况。

3. 检验结果填写

针对检验结果填写,主要是对《机动车安全技术检验项目和方法》(GB 38900—2020)表 H.1 的填写(表 1-1-7),具体填写方法和要求如下所述。

(1)"一、基本信息""二、安全检验采集信息"填写信息来源及填写内容如图1-1-6所示。送检机动车不适用某项目时填写"—"。例如，非营运车辆无"道路运输证号"，该项目填写为"—"。

(2)填写"一、基本信息"中的"使用性质"时，在用车检验，从行车证信息读取填写；注册登记检验填写"—"。

一、基本信息（行驶证信息与实车比对一致后填写）
号牌号码（编号）：
使用性质：根据行驶证信息填写
车辆出厂日期：　　年　月　日
（车辆铭牌或合格证（新车）或联网查询（在用车））

车辆类型：（行驶证信息与实车比对一致后填写）
道路运输证号：
初次登记日期：　　年　月　日
（根据行驶证或交管系统联网读取）

（仪表盘读取）
里程表读数：　　　　km
检验日期：　　年　月　日

二、安全检验采集信息
机动车所有人拟申报的使用性质（注册登记安全检验）：
转向轴数量：　　驻车制动是否使用电子控制装置：
（填写"1"或"2"）

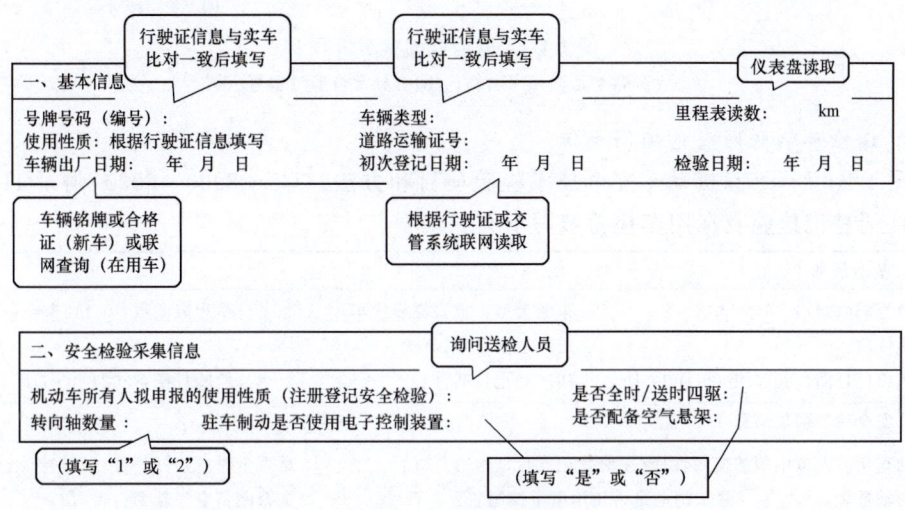

（询问送检人员）
是否全时/送时四驱：
是否配备空气悬架：
（填写"是"或"否"）

图 1-1-6　信息填写

(3)"二、安全检验采集信息"中的"机动车所有人拟申报的使用性质（注册登记安全检验）"是注册登记检验项目，登录员询问送检车主后，根据《道路交通管理 机动车类型》(GA 802—2019)中机动车使用性质填写，见表1-1-8。

表 1-1-8　使用性质

A	非营运	L	营转非
B	公路客运	M	出租转非
C	公交客运	N	教练
D	出租客运	O	幼儿校车
E	旅游客运	P	小学生校车
F	货运	Q	初中生校车
G	租赁	R	危化品运输
H	警用	S	中小学生校车
I	消防	T	预约出租客运
J	救护	U	预约出租转非
K	工程救险		

(4)联网查询检验结果填写。

1)联网查询无发生过造成人员伤亡交通事故时，填写"无"。

2)联网查询无异常状态时，在"其他不符合情形"填写"无"，若有异常状态，填写异常状态项目。例如，送检机动车有"违法未处理"异常情形时，填写到"其他不符合情形"，如图1-1-7所示。

三、检验结果		
序号	检验项目	判定
1	①联网查询（对发生过造成人员伤亡交通事故的送检机动车，人工检验时应重点检查损伤部位和损伤情况__无__；其他不符合情形__无__）	

(a)

三、检验结果		
序号	检验项目	判定
1	①联网查询（对发生过造成人员伤亡交通事故的送检机动车，人工检验时应重点检查损伤部位和损伤情况__无__；其他不符合情形__违法未处理__）	

(b)

图 1-1-7　联网查询状态填写

(a)无异常情形时填写示例；(b)有异常情形时填写示例

4. 送检车辆联网查询填写示例

图 1-1-8 所示为《机动车安全技术检验项目和方法》(GB 38900—2020)附录 H 的表 H.1 注册登记检验及在用车检验填写示例。

一、基本信息			
号牌号码(编号)：××××	车辆类型：重型栏板货车	里程表读数：1 142 km	
使用性质：—	道路运输证号：—		
车辆出厂日期：2020 年 09 月 17 日	初次登记日期：—	检验日期：2021 年 07 月 14 日	
二、安全检验采集信息			
机动车所有人拟申报的使用性质(注册登记安全检验)：货运		是否全时/适时四驱：否	
转向轴数量：1　　驻车制动是否使用电子控制装置：否		是否配备空气悬架：否	
三、检验结果			
序号	检验项目	判定	
序号	检验项目	判定	
1	①联网查询(对发生过造成人员伤亡交通事故的送检机动车，人工检验时应重点检查损伤部位和损伤情况__无__；其他不符合情形__无__)		
5	安全装置检查	⑭行驶记录装置	

(a)

一、基本信息			
号牌号码(编号)：××××	车辆类型：重型栏板货车	里程表读数：2 170 km	
使用性质：货运	道路运动证号：××××		
车辆出厂日期：2020 年 09 月 17 日	初次登记日期：2020 年 10 月 15 日	检验日期：2021 年 08 月 03 日	
二、安全检验采集信息			
机动车所有人拟申报的使用性质(注册登记安全检验)：—		是否全时/适时四驱：否	
转向轴数量：1　　驻车制动是否使用电子控制装置：否		是否配备空气悬架：否	
三、检验结果			
序号	检验项目	判定	
序号	检验项目	判定	
1	①联网查询(对发生过造成人员伤亡交通事故的送检机动车，人工检验时应重点检查损伤部位和损伤情况__无__；其他不符合情形__无__)		
5	安全装置检查	⑭行驶记录装置	

(b)

图 1-1-8　联网查询状态填写

(a)注册登记检验；(b)在用车检验

二、车辆唯一性检查

根据《机动车安全技术检验项目和方法》(GB 38900—2020)的规定,车辆唯一性检查是对机动车的号牌号码和分类、车辆品牌和型号、车辆识别代号(或整车出厂编号)、发动机号码/驱动电动机号码、车辆颜色和车辆外形进行核查,核对车辆识别代号(或整车出厂编号)的拓印膜或照片,核查相关证件以确认送检机动车的唯一性。

1. 号牌号码和分类、车辆品牌和型号

注册登记安全检验时,送检机动车的车辆品牌/型号应与机动车出厂合格证(进口车为海关货物进口证明书)一致,如图 1-1-9 所示。

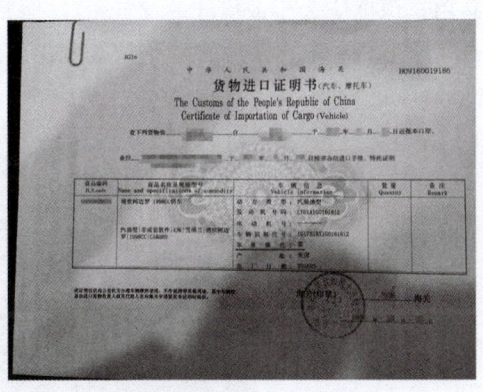

图 1-1-9 机动车出厂合格证/进口车海关货物进口证明书

在用机动车安全检验时,送检机动车的号牌号码/车辆类型、车辆品牌/型号和分类,应与机动车行驶证签注的内容一致,如图 1-1-10 所示。

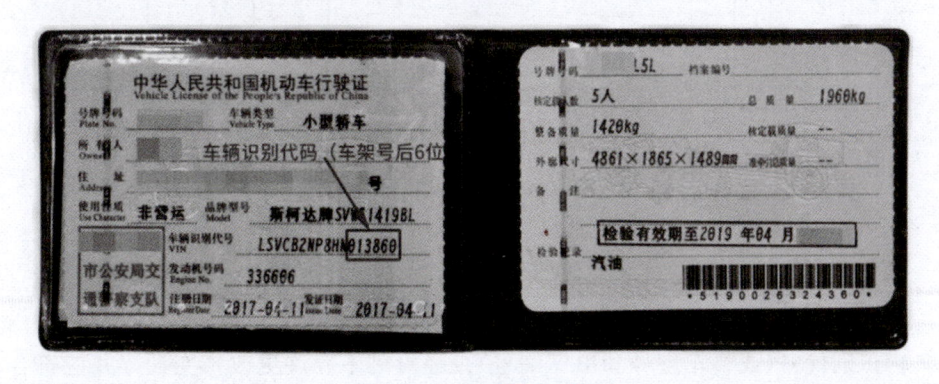

图 1-1-10 机动车行驶证

2. 车辆识别代号

汽车及半挂车必须具有车辆识别代号(VIN),如图 1-1-11 所示,其内容和构成应符合《道路车辆 车辆识别代号(VIN)》(GB 16735—2019)的规定,应至少有一个车辆识别代号打刻在车架能防止锈蚀、磨损的部位上(注:无车架的机动车应为车身主要承载

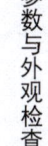

且不能拆卸的部件)。乘用车的识别代号应打刻在发动机舱内能防止替换的车辆结构件上，或打刻在车门立柱上，如受结构限制没有打刻空间，也可打刻在右侧除后备箱外的车辆其他结构件上；其他汽车、半挂车和中置轴挂车的车辆识别代号应打刻在前部右侧，如果受结构限制，也可以打刻在右侧其他车辆结构件上。其他机动车应在相应的易见位置打刻整车型号和出厂编号，型号在前，出厂编号在后，在出厂编号的两端应打刻起止标记。打刻车辆识别代号(或整车型号和出厂编号)的部件不得采用打磨、挖补、垫片等方式处理，从上(前)方观察时打刻区域周边足够大面积的表面不应有任何覆盖物；如有覆盖物，该覆盖物的表面应明确标示"车辆识别代号"或"VIN"字样，且覆盖物在不使用任何专用工具的情况下能直接取下(或揭开)及复原，以方便地观察到打刻区域的表面。打刻的车辆识别代号(或整车型号和出厂编号)从上(前)方应易拓印。打刻的车辆识别代号的字母和数字字高应小于 7.0 mm、深度应大于或等于 0.3 mm(乘用车深度应大于或等于 0.2 mm)，但摩托车字高应大于或等于 5.0 mm、深度应大于或等于 0.2 mm。打刻的整车型号和出厂编号字高应为 10.0 mm，深度应大于或等于 0.3 mm。

图 1-1-11　车辆铭牌及 VIN

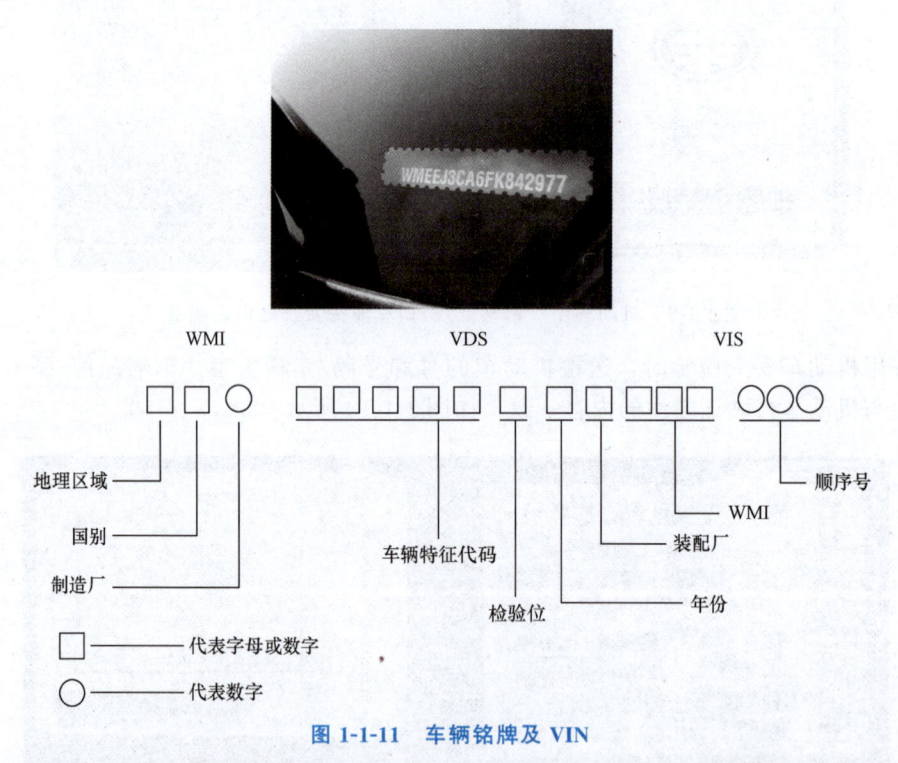

车辆识别代号(或整车型号和出厂编号)一经打刻不允许更改、变动，并应符合《道路车辆　车辆识别代号(VIN)》(GB 16735—2019)的规定。同一车辆机动车的车架(无车架的机动车为车身主要承载且不能拆卸的部件)上，不允许既打刻车辆识别代号，又打刻整车型号和出厂编号；同一辆车上标示的所有车辆识别代号内容应相同。对于 2013 年 3 月 1 日起出厂的乘用车、总质量小于或等于 3 500 kg 的货车(低速汽车除外)，从车外应能清晰地识读到靠近风窗立柱位置的车辆识别代号标识，如图 1-1-12 所示。

汽车识别

产品标牌（不干胶）
（在发动机舱内右侧）

注：产品标牌上包括了备件组号信息。

VIN标牌在前风窗右下方

LDC

产品型号与VIN对照表

产品型号	VIN	发动机	变速器
DC7163X	LDC723E2	TU5JP/K	MA5
	LDC723E3		AL4
DC7163SX	LDC733E2		MA5
	LDC733E3		AL4
DC7163SVIP	LDC753E2		MA5
	LDC753E3		AL4
DC7163 16V	LDC733L2	N6A10FX3APSA	MA5
	LDC733L3		AL4
DC7163M 16V	LDC753L2		MA5
	LDC753L3		AL4

图 1-1-12　风窗立柱位置的车辆识别代号

3. 发动机号码/驱动电动机号码

发动机号码如图 1-1-13 所示，发动机号码和出厂编号应打刻（或铸造）在汽缸体上且应能永久保持，在出厂编号的两端应打刻起止标记（没有打刻起止标记的空间时可不打刻）；若打刻的发动机号码和出厂编号不易见，则应在发动机易见部位增加能永久保持的发动机号码和出厂编号的标识。纯电动汽车、插电式混合动力汽车、燃料电池汽车和电动摩托车应在主驱动电动机壳体上打刻电动机号码和编号；若打刻的电动机型号和编号被覆盖，应留出观察口，或在覆盖件上增加能永久保持的电动机号码和编号的标识。增加的标识应易见，且非经破坏性操作不能被完整取下。

4. 车身颜色和车辆外形

注册登记检验时，送检机动车的外形应与机动车产品公告照片相符，如图 1-1-14 所示。

图 1-1-13　发动机号码

图 1-1-14　产品公告照片

在用机动车检验时，送检机动车的车辆颜色和外形应与机动车行驶证上的车辆照片相符，且不应出现更改车身颜色、改变车厢形状、改变车辆结构等情形，如图 1-1-15 所示。

图 1-1-15　核对车辆颜色和外形

进行车辆唯一性认定时，机动车应停放在外观检查场所指定位置，发动机停止转动。应依据机动车整车出厂合格证（含机动车注册登记技术参数表）等证明、凭证，逐一核对送检机动车的车辆类型、厂牌型号、颜色，核对整车 VIN（车架号码）及发动机型号和出厂编号，拓印 VIN（车架号码）并确认 VIN/车架号码有无被凿改的痕迹，审查相关技术参数是否符合《机动车运行安全技术条件》（GB 7258—2017）等机动车国家安全技术标准。

5. 车辆品牌和型号

发现送检机动车有被盗抢嫌疑，若车辆识别代号（或整车型号和出厂编号）、发动机号码有凿改、挖补、打磨痕迹或垫片、擅自另外打刻等异常情形的，或车辆识别代号（或整车型号和出厂编号）、发动机号码与相关证明、凭证记载不一致的，或有非法拼装嫌疑时，此次安全技术检验终止，机动车安全技术检验机构及其检验员应详细登记该送检机动车的相关信息并立即向公安机关有关部门报告，等待有关部门核实查处。

任务实施

实训一　联网查询

一、任务准备

1. 实训准备

（1）实施场地。检测线预检区。

（2）实施设备。整车一辆（乘用车/载客汽车/货车/挂车/三轮汽车/摩托车）。

（3）检测工具。机动车检验监管系统。

2. 作业要求

(1)穿着干净、整洁的工作服。
(2)遵守场地安全规定，注意用电安全。
(3)正确使用检测仪器。
(4)按照要求操作计算机。

二、任务实施

1. 实训组织

分组进行，使用实车分组进行车辆人工检验训练(表1-1-9)。

表1-1-9 分组任务

时间/min	任务	操作对象
0~10	组织学生学习联网查询任务	教师
11~30	学生分组进行联网查询操作	学生
31~40	教师点评和讨论	教师

2. 实训步骤与记录

单人实操后完成下列工单内容，并提交给指导教师，现场完成后教师给予点评并作为本次实训的成绩计入学时(表1-1-10)。

表1-1-10 实训工单

联网查询					
姓名		学号		班级	
指导教师		成绩		考试时间	
车辆信息正确记录：					
发动机号码			发动机排量		
车辆识别代号			行驶里程数		
实训内容					
检验项目	联网查询检查步骤				
^	对发生过造成人员伤亡交通事故的送检机动车，人工检验时应重点检查损伤部位和损伤情况；其他不符合情形				
检验结果					
进行实训整理(7S)	整理：				
^	整顿：				
^	清扫：				
^	清洁：				
^	素养：				
^	安全：				
^	节约：				

三、任务评价

进行任务评价，见表 1-1-11。

表 1-1-11　任务评价

评分项	得分条件	分值	评分要求	得分
7S、态度	作业区 7S、个人工作态度	15	未完成 1 项扣 1～3 分，扣分不得超 15 分	
专业技能、能力	正确无误检验车辆联网查询能力	50	未完成 1 项扣 1～5 分，扣分不得超 50 分	
工具及设备使用能力	岗位所需工具及设备的使用能力、查询软件的使用能力	15	未完成 1 项扣 1～5 分，扣分不得超 15 分	
资料、信息查询能力	检测资料、其他资料信息检索与查询能力	10	未完成 1 项扣 1～5 分，扣分不得超 10 分	
数据读取、分析和判断能力	数据读取、分析、判断能力	5	未完成 1 项扣 1～3 分，扣分不得超 5 分	
表单填写与报告撰写能力	电子工单、纸质工单、任务记录单填写	5	未完成 1 项扣 0.5～1 分，扣分不得超 5 分	
总分				

实训二　车辆唯一性检查

一、任务准备

1. 实训准备

(1) 实施场地。检测线预检区。

(2) 实施设备。整车一辆（乘用车/载客汽车/货车/挂车/三轮汽车/摩托车）。

(3) 检测工量具。光泽度计、内窥镜、伸缩自发光反光镜、蛇管视频测试仪、车辆识别代号识别仪、VIN 探伤仪、照明工具、钢直尺（15 cm）、螺钉旋具等常用工具。

2. 作业要求

(1) 穿着干净、整洁的工作服。

(2) 遵守场地安全规定，注意用电安全。

(3) 正确使用检测仪器。

(4) 按照要求操作计算机。

二、任务实施

1. 实训组织

分组进行，使用实车分组进行车辆唯一性检查(表 1-1-12)。

表 1-1-12　分组任务

时间/min	任务	操作对象
0~10	组织学生学习车辆唯一性检查任务	教师
11~30	学生分组进行车辆唯一性检查操作	学生
31~40	教师点评和讨论	教师

2. 实训步骤与记录

单人实操后完成下列工单内容，并提交给指导教师，现场完成后教师给予点评并作为本次实训的成绩计入学时(表 1-1-13)。

表 1-1-13　实训工单

车辆唯一性检查				
姓名		学号		班级	
指导教师		成绩		考试时间	

车辆信息正确记录：

发动机号码		发动机排量	
车辆识别代号		行驶里程数	

实训内容

车辆唯一性检查步骤

检验项目	（请写出具体检验步骤） （1）目视检查，目视难以清晰辨别时使用内窥镜等工具。 （2）注册登记安全检验时应拓印车辆识别代号(或整车出厂编号，下同)，在用机动车安全检验时应使用检验 PDA 拍摄打刻的车辆识别代号。 （3）大中型客车、重中型货车、重中型挂车应使用 PDA 由近及远拍摄车辆识别代号视频，视频应能清晰显示车辆识别代号、打刻区域情况及车辆前部特征等。 （4）有条件时，使用 VIN 信息读取仪器采集、比对车载 ECU 记载的车辆识别代号等信息。 （5）有疑问时，可采用金属探伤仪、油漆层微量厚度检验仪等仪器设备。 （6）注册登记安全检验时，如打刻(或铸出)的发动机号码/驱动电动机号码不易见，只查看发动机易见部位或覆盖件上能永久保持的标有发动机号码和出厂编号的标识。 （7）在用机动车安全检验时，如打刻(或铸出)的发动机号码/驱动电动机号码不易见，且易见部位或覆盖件上的发动机/驱动电动机标识缺失，使用内窥镜等工具进一步确认

续表

	车辆唯一性检查	
作业记录	(1)号牌号码和分类：	判定
	(2)车辆品牌和型号：	
	(3)车辆识别代号（或整车出厂编号）：	
	(4)发动机号码/驱动电动机号码：	
	(5)车身颜色和车辆外形：	
检验结果		
实训整理(7S)	整理：	
	整顿：	
	清扫：	
	清洁：	
	素养：	
	安全：	
	节约：	

三、任务评价

进行任务评价，见表1-1-14。

表1-1-14 任务评价

评分项	得分条件	分值	评分要求	得分
7S/态度	作业区7S、个人工作态度	15	未完成1项扣1～3分，扣分不得超15分	
专业技能、能力	1. 正确无误检验车辆号牌号码/分类能力 2. 正确无误检验车辆品牌/型号能力 3. 正确无误检验车辆识别代号（或整车出厂编号）能力 4. 正确无误检验发动机号码/驱动电动机号码能力 5. 正确无误检验车身颜色和车辆外形能力	50	未完成1项扣1～5分，扣分不得超50分	
工具及设备使用能力	岗位所需工具及设备的使用能力、查询软件的使用能力	15	未完成1项扣1～5分，扣分不得超15分	

续表

评分项	得分条件	分值	评分要求	得分
资料、信息查询能力	检测资料、其他资料信息检索与查询能力	10	未完成1项扣1~5分，扣分不得超10分	
数据读取、分析和判断能力	数据读取、分析、判断能力	5	未完成1项扣1~3分，扣分不得超5分	
表单填写与报告撰写能力	电子工单、纸质工单、任务记录单填写	5	未完成1项扣0.5~1分，扣分不得超5分	
总分				

任务小结

任务完成后，学会以下的技能。

1. 能够学会检测车辆联网查询。
2. 能够正确完成检测车辆的联网查询，并做出判定。
3. 能够学会车辆的唯一性检查。
4. 能够正确完成车辆唯一性检查，并做出判定。

拓展阅读

国家标准《机动车安全技术检验项目和方法》(GB 38900—2020)规定，机动车唯一性检查是对机动车的号牌、号码和分类、车辆品牌/型号、车辆识别代号(或整车出厂编号)、发动机号码/驱动电动机号码、车辆颜色和车辆外形进行检查，以确认送检机动车的唯一性。

机动车唯一性检查是国家机关、企事业组织实施机动车管理的重要手段，同时，也是打击走私、盗抢、非法拼(组)装机动车等违法犯罪的一道重要防线，在保证车辆运行安全、预防和减少道路交通事故等方面也发挥了非常积极的作用。作为一名汽车检测人员，应努力与走私、盗抢、非法拼(组)装机动车等违法犯罪做斗争，做好车辆的唯一性检查。

1. 机动车的定义

根据《机动车运行安全技术条件》(GB 7258—2017)和《道路交通管理 机动车类型》(GA 802—2019)的定义，机动车是指由动力装置驱动或牵引，上道路行驶的供人员乘用或用于运送物品以及进行工程专项作业的轮式车辆。

2. 动力总成的分类

汽车的动力总成主要有汽油机、柴油机和驱动电动机。

(1)汽油机。汽油机也称为汽油发动机，其主要结构包括机体、曲柄连杆机构、配气机构、燃料供给系统、冷却系统和润滑系统。

(2)柴油机。传统柴油机的基本结构包括曲柄连杆机构、配气机构、传动机构、燃油供给系统、润滑系统、冷却系统、启动系统，俗称三大机构四大系统。由于柴油的特性，不需要点火系统，因此相比汽油机少了点火系统。

(3) 驱动电动机。通常驱动电动机由电动机定子、电动机转子、位置传感器及轴承组成(图 1-1-16)。

图 1-1-16 驱动电动机

3. 动力总成的布置形式

(1) 发动机布置形式。通过发动机布置位置的不同，可分为前置、中置和后置(图 1-1-17)。

图 1-1-17 发动机的布置形式

(2) 驱动电动机布置形式。

1) 传统后驱。适合中高级电动轿车和各种类型的电动客货车，有利于车轴负荷分配均匀，汽车操纵稳定性、行驶平顺性较好。

2) 电动机-驱动桥组合后驱。传动长度比较短，传动装置体积小，占用空间小，容易后置，可以进一步降低整车的质量；一般低速电动汽车采用这种布置形式。

3) 电动机-变速器一体化后驱。最大限度地改善电动机输出动力特性，增大电动机转矩输出范围，使电动机最大限度地工作在高效经济区域内。

4) 轮边电动机后驱。轮边电动机与减速器集成后融入驱动桥上，采用刚性连接，减少高压电器数量和动力传输线路长度；优化后的驱动系统可降低车身高度、提高承载量、提升有效空间。

5) 轮毂电动机后驱。大大减少了零部件数量和动力系统的体积，让车辆的动力系统变得更加简单，大大提高了车内空间的实用性和利用率。

试题训练

一、选择题

1. 车辆识别代号（VIN）由（　　）位大写的字母和数字组成。
A. 16　　　　　　B. 17　　　　　　C. 18　　　　　　D. 19

2. 车辆识别代号的第（　　）位是校验位。
A. 7　　　　　　B. 8　　　　　　C. 9　　　　　　D. 10

3. 注册登记安全检验和在用机动车安全检验时对发生过造成人员伤亡交通事故的送检机动车，人工检验时应重点检查损伤部位和损伤情况，属于使用年限在（　　）年以内的非营运小型、微型载客汽车的，检验项目增加底盘动态检验、车辆底盘部件检查。
A. 7　　　　　　B. 8　　　　　　C. 9　　　　　　D. 10

4. 注册登记安全检验时，送检机动车的发动机号码/驱动电动机号码应与机动车（　　）（对进口车为海关货物进口证明书等）一致，并符合《机动车运行安全技术条件》（GB 7258—2017）的相关规定。
A. 行驶证　　　　　　　　　　　　B. 行驶证
C. 保险卡　　　　　　　　　　　　D. 出厂合格证

二、判断题

1. 在用机动车安全检验时，不用提供送检机动车有效的机动车交通事故责任强制保险凭证（挂车及实现电子保单、保险信息联网核查的除外）和机动车行驶证。（　　）

2. 安全技术检验时应先进行联网查询、车辆唯一性检查，确认车辆无异常情形后按检验流程开展检验。（　　）

3. 《机动车安全技术检验项目和方法》（GB 38900—2020）规定送检机动车应：车辆清洁，无滴漏油（液）、漏电现象，轮胎完好，轮胎气压正常且胎冠花纹中无异物，发动机运转平稳，急速稳定，无异响。（　　）

4. 注册登记安全检验和在用机动车安全检验时，对送检机动车状态为"被盗抢""注销""达到报废标准""事故逃逸""锁定"情形的，报告本检测站部领导处理。（　　）

5. 注册登记安全检验时，送检机动车的号牌号码和分类应与机动车出厂合格证（对进口车为海关货物进口证明书等）一致。（　　）

三、问答题

人工检验时，车辆唯一性应检查的项目有哪些？

学习任务二　车辆特征参数检查

工作情景描述

车辆特征参数检查是打击非法改装、拼装机动车和套用公告生产等违法违规行为的重要手段，是确定检测车辆与机动车国家安全技术标准、机动车产品公告、机动车出厂合格证、机动车行驶证等技术资料符合的凭证。

根据车辆安全检测需求，现需要对车辆特征参数进行检查，请你根据车辆检验要求和流程，完成车辆特征参数检查任务。

学习目标

知识目标

1. 掌握机动车需要检测的参数；
2. 掌握机动车外廓尺寸和轴距检查方法；
3. 掌握机动车核定载人数和座椅布置检查方法；
4. 掌握机动车栏板高度和悬架和检查方法；
5. 掌握客车出口及通道和引道检查方法；
6. 掌握货厢/罐体检查方法。

能力目标

1. 能按照规范进行外廓尺寸和轴距检查；
2. 能按照规范进行核定载人数和座椅布置检查；
3. 能按照规范进行栏板高度和悬架检查；
4. 能按照规范进行客车出口及通道和引道检查；
5. 能按照规范进行货厢/罐体检查。

素质目标

养成团队协作与独立作业、质量优先和规范检测的职业素养。

知识准备

技能点一　外廓尺寸和轴距检查

车辆特征参数是确保车辆生产一致性的重要举措，机动车安全技术检验时对车辆特征参数进行检查是严格机动车源头管理、预防道路交通事故的客观要求。

车辆特征参数检查时，发现送检机动车的车辆特征参数与《机动车运行安全技术条件》(GB 7258—2017)、《汽车、挂车及汽车列车外廓尺寸、轴荷及质量限值》(GB

1589—2016)等机动车国家安全技术标准不符合的,应拍照、录像固定证据,详细登记送检机动车的车辆类型、车辆识别代号、发动机号码、整车生产厂家、生产日期等信息,通过机动车安全技术检验监管系统上报。

一、外廓尺寸和轴距检查

外廓尺寸和轴距是车辆最基本的参数,这里主要介绍外廓尺寸和轴距的检验要求和方法。

1. 检验要求

(1)外廓尺寸检验要求。根据《机动车安全技术检验项目和方法》(GB 38900—2020)标准条文"6.3.1",机动车外廓尺寸的检验要求如下。

1)注册登记安全检验时,机动车外廓尺寸实测值不应超出《机动车安全技术检验项目和方法》(GB 38900—2020)、《汽车、挂车及汽车列车外廓尺寸、轴荷及质量限值》(GB 1589—2016)规定的限值,且与机动车产品公告、机动车出厂合格证记载的数值相比,误差应满足:汽车(三轮汽车除外)、挂车不超过±1%或±50 mm,三轮汽车、摩托车不超过±3%或±50 mm。

2)在用机动车安全检验时,重中型货车(半挂牵引车除外)、重中型载货专项作业车、重中型挂车外廓尺寸实测值不应超出《机动车安全技术检验项目和方法》(GB 38900—2020)、《汽车、挂车及汽车列车外廓尺寸、轴荷及质量限值》(GB 1589—2016)规定的限值,且与机动车行驶证记载的数值相比误差不超过±3%或±150 mm。

(2)轴距检验要求。根据《机动车安全技术检验项目和方法》(GB 38900—2020)标准条文"6.3.2",机动车轴距检验要求如下:注册登记安全检验时,机动车的轴距应与机动车产品公告、机动车出厂合格证相符,且误差不超过±1%或±50 mm。

2. 检验员工作方法

根据《机动车安全技术检验项目和方法》(GB 38900—2020)"附录 B 外廓尺寸测量"的要求,检验员工作方法分为人工测量和采用机动车外廓尺寸测量仪自动检验两种方法。

(1)人工测量法。人工测量使用的长度工具有准确度为Ⅱ级的 5 m 或 30 m 钢卷尺,辅助工具有铅垂(线坠)、水平尺、标尺(塔尺)。

被检车辆一般停放在外检工位,外检工位路面要求平整、硬实。如图 1-2-1 所示,在车辆的前后、左右凸出位置,用线坠在地面上画出十字标记。采用水平尺或塔尺,测出车辆的长、宽、高及轴距;也可以在测出高度后将车辆驶离,按照所做的十字标记,测出车辆的长宽和轴距。

(2)采用机动车外廓尺寸测量仪自动检验。

1)适用车型。重中型货车(半挂牵引车除外)、重中型载货专项作业车、重中型挂车应使用自动测量装置检测,使用较多的为机动车外廓尺寸测量仪,测量结果自动采集上传到仪器设备检验记录单中。

2)外廓尺寸测量仪工作原理及检验方法。外廓尺寸测量仪工作原理及报告单如图 1-2-2 所示。机动车外廓尺寸测量仪采用红外线或超声波雷达扫描仪,对车辆进行切片扫描，通过软件对切片数据进行合成运算，得到车辆的长、宽、高数据。有些外廓尺寸测量仪，以及地面高速光电信号检验仪，可以分析计算出轴数及轴距。

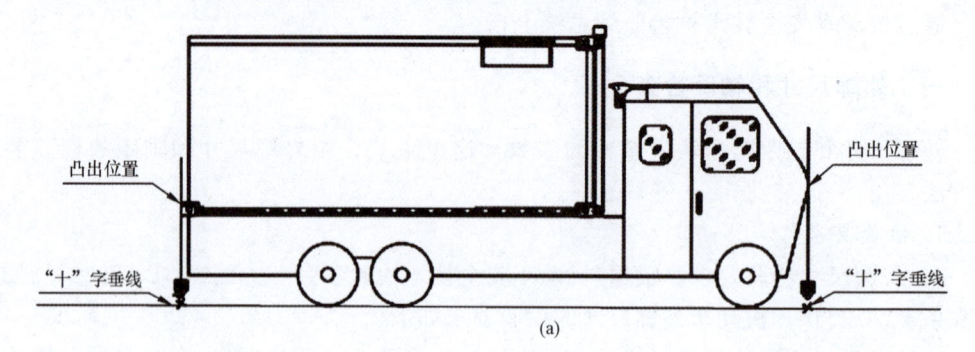

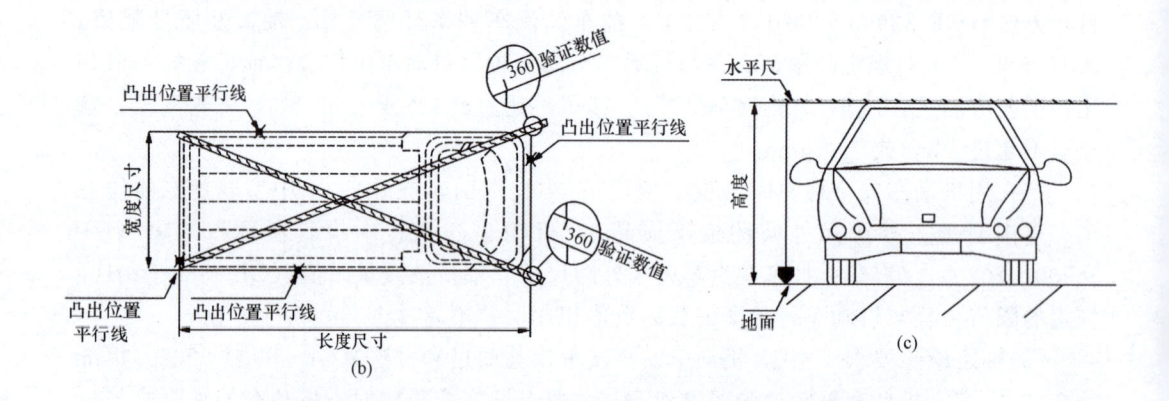

图 1-2-1 外廓尺寸及轴距人工测量法

(a) 车辆前后凸出位置标注示意；(b) 车辆长度、宽度的测量示意；(c) 车辆高度的测量示意；(d) 人工轴距测量

常见的外廓尺寸测量仪检验方式有两种：一是车辆检验过程是动态的；二是车辆检验过程是定置的。

车辆检验过程是动态的检验方法：引车员按照助手提示，以 5~7 km/h 匀速前进，车身摆正，不能转向及制动。具有轴距测量功能的，检验员要注意通道清洁，不能有杂物，检验期间，人员不能进入测量区域。

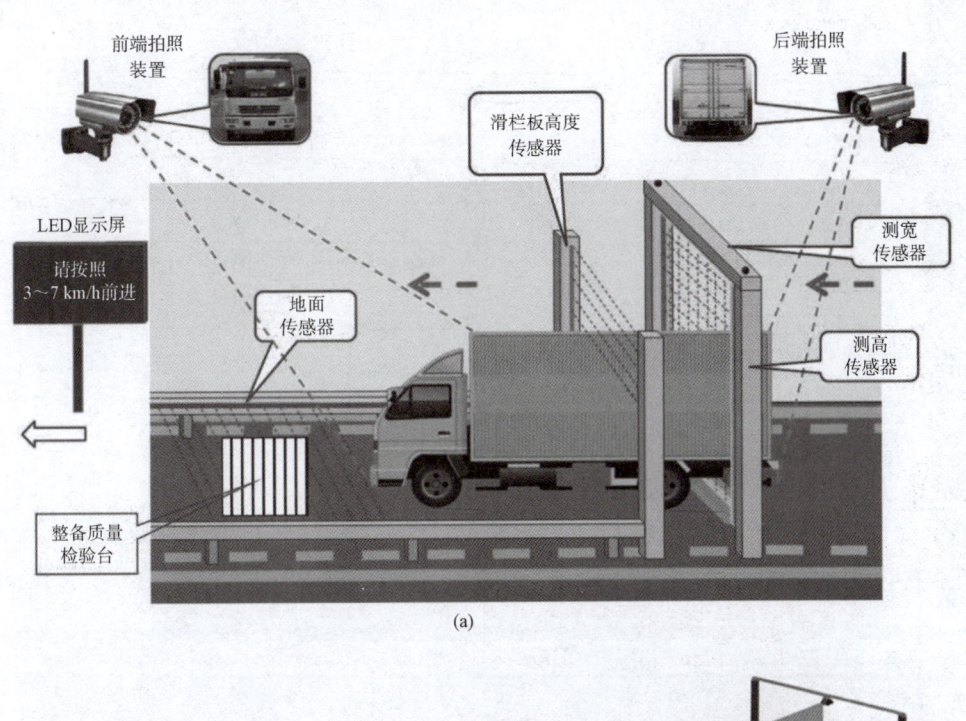

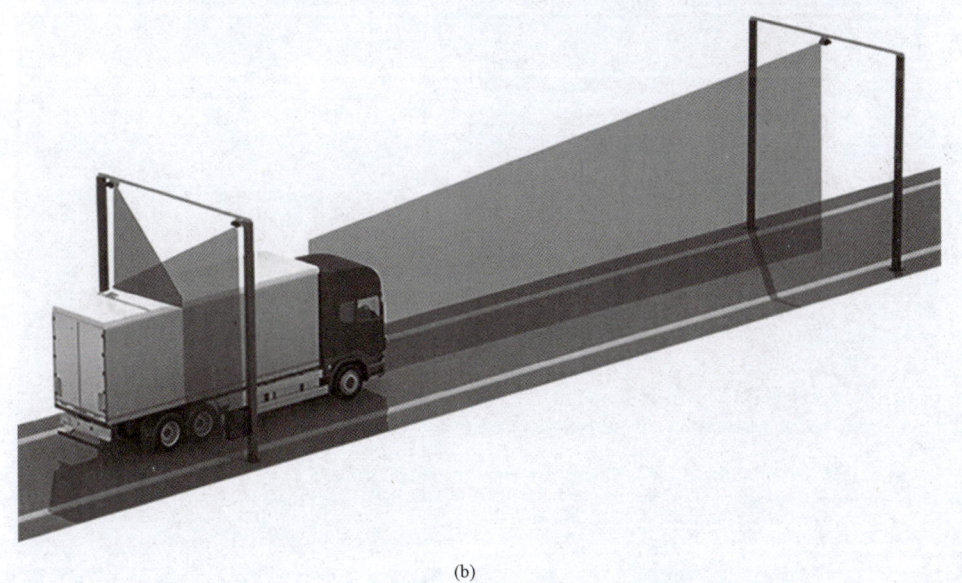

图 1-2-2　外廓尺寸测量仪工作原理及报告单
(a)测量长、宽、高、轴距及栏板高度；(b)仅测量长、宽、高

机动车轮廓检测报告

检测机构名称			检测次数：1 次	
流水号	0003662404180558	检测时间	2024-04-18 09:55:40	
号牌号码		号牌种类	大型汽车	
车架号(VIN)		车辆类型	中型厢式货车	

数据项目	标准参数	测量数据	差值	差值百分比(%)	标准限值	判定结果
车长(mm)	7470	7489	19	0.25	(±3%或±150mm)且≤8000mm	合格
车宽(mm)	2350	2311	-39	-1.66	(±3%或±150mm)且≤2500mm	合格
车高(mm)	2970	2937	-33	-1.11	(±3%或±150mm)且≤4000mm	合格
轴距(mm)	3800		-3800	-100.00		—
栏板高度(mm)						

车头图片　车身二维模型图

车身图片　车顶二维模型图

检验结果：合格　　查验员：

依据：《GB38900-2020 机动车安全技术检验项目和方法》
《GB1589-2016 汽车、挂车及汽车列车外廓尺寸、轴荷及质量限值》
《GB7258-2017 机动车运行安全技术条件》

说明："测量数据"为该车检测时数据

(c)

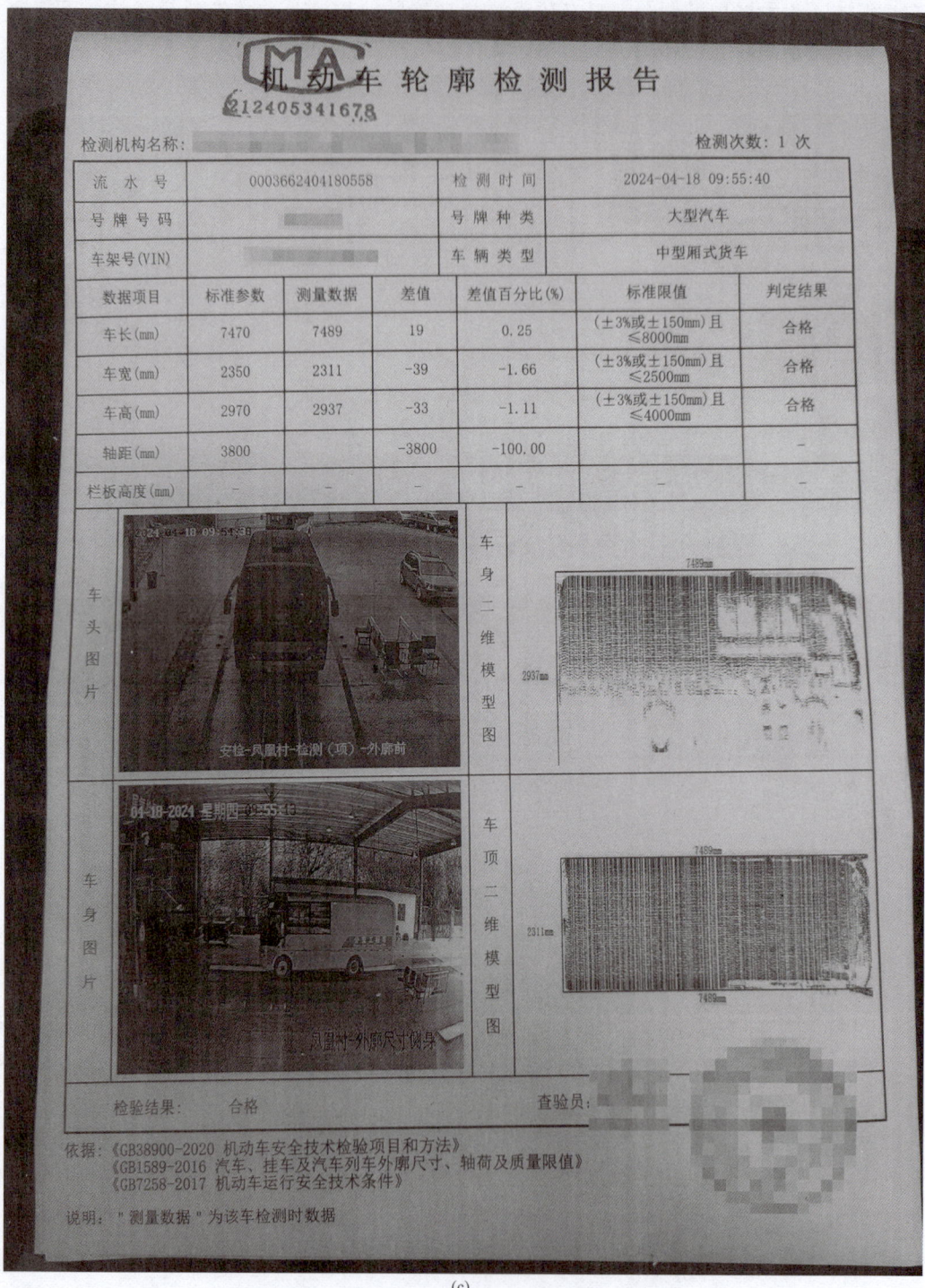

图 1-2-2　外廓尺寸测量仪工作原理及报告单(续)

(c)报告单

030

车辆检验过程是定置的检验方法：引车员按照助手提示，将车辆开到检验区内停稳，车身摆正，5 s后检验结束。

（3）外廓尺寸测量注意事项。车辆的外廓尺寸（特别是在用车），不管是何种功能、形式，都不能超出《汽车、挂车及汽车列车外廓尺寸、轴荷及质量限值》（GB 1589—2016）、《机动车运行安全技术条件》（GB 7258—2017）等规定的限值范围。

根据《汽车、挂车及汽车列车外廓尺寸、轴荷及质量限值》（GB 1589—2016）的规定，在进行外廓尺寸测量时，不计入测量尺寸范围的部件包括刮水器、凸出的车辆品牌等外部标识、灯光和信号装置、后视镜下视镜、外部遮阳装置、用于固定防雨布等物件的装置及防护设施、凸出的排气管、各类货车及挂车的工具箱冷机等，如图1-2-3所示。

凸出的排气管　　收起状态的水平长度不超过300 mm的尾板、上下走道及类似装置　　展开长度不超过2 000 mm、收起状态不超过200 mm、可拆卸或折叠的车辆后部导流装置　　后视镜下视镜

图1-2-3　外廓尺寸测量部分不计入测量范围的部件

注意：车辆外廓尺寸限值范围应根据车辆出厂日期，依据《汽车、挂车及汽车列车外廓尺寸、轴荷及质量限值》（GB 1589—2016）确定，需注意新车新标准、老车老标准。

3. 影像资料拍摄要求

外廓尺寸测量时拍摄的照片：一张应能清晰显示车辆的前部并且显示车辆前车牌号码；另一张侧面照片应能看清车辆的侧面轮廓。视频应能清晰地观察到检测全过程，如图1-2-4所示。

技能点二　核定载人数、座椅、栏板高度和悬架检查

一、核定载人数和座椅布置检查

核定载人数和座椅布置是基本的车辆检验参数，这里主要介绍其检查要求和方法。

机动车核定载人数、座椅布置、栏板高度和悬架检查

图 1-2-4　外廓尺寸测量时拍摄的照片

1. 检验要求

根据《机动车安全技术检验项目和方法》(GB 38900—2020)标准条文"6.3.3",送检车辆核定载人数和座椅布置要求如下。

(1)注册登记安全检验时,机动车的核定载人数应符合《机动车运行安全技术条件》(GB 7258—2017)中 4.4.2~4.6 的核载规定,并与机动车产品公告、机动车出厂合格证相符;机动车的座椅布置应符合《机动车运行安全技术条件》(GB 7258—2017)中 11.6 的规定,并与产品使用说明书等资料相符。

(2)在用机动车安全检验时,机动车的座位(铺位)数应与机动车行驶证签注的内容一致,座椅布置和固定方式应无改装情形。

2. 检验员工作方法

检验员采用目视检查比对的方式。注册登记安全检验时,目测核定载人数、座椅宽度、深度及驾驶室内部宽度等参数偏小或载客汽车座椅布置及固定情况异常时,使用量具测量相关尺寸。在用机动车安全检验时,机动车的座位(铺位)数应与机动车行驶证签注的内容一致,座椅布置和固定方式应无改装情形。

检验员特别注意观察座椅布置和固定方式,乘员区内的座位不得移动,座椅固定牢固,注意观察固定脚周围有无可疑的印记、孔洞等现象。机动车行驶证上标注的乘员人数应与机动车的座位数相同,并且与车门位置喷印数据相同,如图 1-2-5 所示,发现异常时,参照《机动车运行安全技术条件》(GB 7258—2017)相关要求,使用测量工具测量,确定座椅的状况是否符合要求。对违法改造的车辆,应将车辆相关信息上报公安交管部门。

图 1-2-5　车门位置喷印数据

3. 影像资料拍摄要求

车厢内部照片应完整反映座椅布置情况，侧面照片应清晰地拍摄出车门上核定载人数涂装信息。

二、栏板高度检查

1. 检验要求

根据《机动车安全技术检验项目和方法》(GB 38900—2020)标准条文"6.3.4"，栏板高度检验要求如下。

(1)注册登记安全检验和在用机动车安全检验时，机动车栏板(含盖)高度不应超出《汽车、挂车及汽车列车外廓尺寸、轴荷及质量限值》(GB 1589—2016)规定的限值。

(2)注册登记安全检验时，货车、挂车的栏板(含盖)高度应与机动车产品公告、机动车出厂合格证、驾驶室两侧喷涂的栏板高度数值相符，且误差不超过±50 mm。

(3)在用机动车安全检验时，货车、挂车的栏板(含盖)高度应与机动车登记信息、驾驶室两侧喷涂的栏板(含盖)高度数值相符，且误差不超过±50 mm。

2. 检验员工作方法

检验员用钢尺、钢卷尺等长度测量工具对货车、挂车的栏板(含盖)进行高度测量。

《汽车、挂车及汽车列车外廓尺寸、轴荷及质量限值》(GB 1589—2016)标准条文"4.5.3"规定：挂车及二轴货车的货箱栏板(含盖)高度不应超过 600 mm，二轴自卸车、三轴及三轴以上货车的货箱栏板(含盖)高度不应超过 800 mm，三轴及三轴以上自卸车的货箱栏板(含盖)高度不应超过 1 500 mm。

货车及挂车的货箱栏板高度采用专用设备或钢卷尺进行人工测量，将测量结果与机动车唯一性证书、行驶证、驾驶室两侧喷涂的栏板高度数值进行比对，涂装的字体不能有涂改等异常现象。图 1-2-6 所示为栏板高度测量及涂装信息。

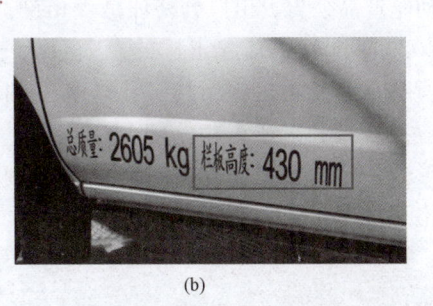

图 1-2-6　栏板高度测量及涂装信息
(a)栏板高度测量；(b)涂装信息

栏板高度测量时注意要将钢直尺放在车厢底部平坦的位置垂直测量，测量时进行影像资料采集，如图 1-2-7 所示。注册登记检验时遇到异形(货厢)，公安交管部门信息网联查询数据查不到的，可以从制造厂家查询信息，并且报给公安监管部门，查询异形(货厢)的相关资质。

图 1-2-7　栏板高度测量方法

3. 影像资料采集

车辆正后方照片、右后方斜视 45°照片应能清晰显示车辆栏板外形和牌照、检验员的测量操作，侧面照片应能清晰显示车辆外形，车门上的涂装信息应单独拍照。

三、悬架检查

1. 检验要求

根据《机动车安全技术检验项目和方法》(GB 38900—2020)标准条文"6.3.5"，悬架检验要求如下。

(1)注册登记安全检验时，货车(三轮汽车除外)、挂车、专项作业车的后轴钢板弹簧片数应与机动车产品公告、机动车出厂合格证一致，且不应有明显增宽、增厚情形；2020 年 1 月 1 日起出厂的总质量大于或等于 12 000 kg 的危险货物运输货车的后轴，所有危险货物运输半挂车，以及三轴栏板式、仓栅式半挂车应装备空气悬架。

(2)在用机动车安全检验时，货车(三轮汽车除外)、挂车、专项作业车的后轴钢板弹簧片数应与机动车登记信息一致，且不应有明显增宽、增厚情形。

2. 检验员工作方法

检验员采用目视检查的方法，比对载货汽车、挂车、专项作业车后轴钢板弹簧片数与机动车产品公告、出厂合格证是否相符；有明显增厚、增宽情形的，判定为不合格。

2020 年 1 月 1 日起出厂的总质量大于或等于 12 000 kg 的危险货物运输货车的后轴，所有危险货物运输半挂车，以及三轴栏板式、仓栅式半挂车应装备空气悬架。检验员应查看行驶证或车辆铭牌，注意车辆出厂年限。发现钢板弹簧与空气弹簧组合的复合形式，要与公安交管部门信息网联网查询比对，如果不符，则视为改造，判定为不合格，如图 1-2-8 所示。

图 1-2-8　悬架检查

3. 影像资料采集

货车（三轮汽车除外）、挂车、专项作业车的悬架照片应符合"悬架照片"的要求，如图 1-2-9 所示，对采用钢板弹簧的悬架应清晰显示钢板弹簧片数及固定情况，对采用空气悬架的应能清晰显示空气弹簧及周围主要部件。

图 1-2-9　后轴空气悬架图片

技能点三　客车出口及引道、通道、货厢和罐体检查

一、客车出口检查

1. 检验要求

根据《机动车安全技术检验项目和方法》(GB 38900—2020)标准条文"6.3.6"，得出检验客车出口要求如下。

(1)注册登记安全检验时，客车出口应满足以下要求：

1)2012 年 9 月 1 日起出厂的车长大于 9 m 的公路客车、旅游客车，以及 2018 年 1 月 1 日起出厂的车长大于 9 m 的未设置乘客站立区的客车（专用校车及乘坐人数小于 20 的其他专用客车除外）应设置两个乘客门。采用动力开启的乘客门，车门应急控制器应正常且其附近应标有清晰的符号或字样注明操作方法，字体高度应不小于 10 mm。

2)客车应急出口的数量、形式、尺寸参数、标志应符合《机动车运行安全技术条件》(GB 7258—2017)、《客车结构安全要求》(GB 13094—2017)、《专用校车安全技术条件》(GB 24407—2012)的相关规定；且 2012 年 9 月 1 日起出厂的车长大于 7 m 的客车（乘坐人数小于 20 的专用客车除外）应设置撤离舱口；2014 年 9 月 1 日起出厂的车长大于或等于 6 m 的客车（乘坐人数小于 20 的专用客车除外），如车身右侧仅有一个乘客门且在车身左侧未设置驾驶人门，应在车身左侧或后部设置应急门。

3)2013 年 9 月 1 日起出厂的设有乘客站立区的客车车身两侧的车窗，若洞口可内接一个面积大于或等于 800 mm×900 mm 的矩形，应设置为推拉式应急窗或外推式应急窗；若洞口可内接一个面积大于或等于 500 mm×700 mm 的矩形，应设置为击碎玻璃式的应急窗，并在附近配置应急锤或具有自动破窗功能；侧窗洞口尺寸在车辆制造完成后从侧窗立柱内侧测量。

4)2019 年 1 月 1 日起出厂的公路客车、旅游客车和未设置乘客站立区的公共汽车，车长大于 9 m 时车身左右两侧应至少各配置 2 个外推式应急窗并应在车身左侧设置 1 个

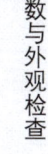

应急门,车长大于 7 m 且小于或等于 9 m 时车身左右两侧应至少各配置 1 个外推式应急窗;外推式应急窗玻璃的上方中部或右角应标记有击破点标记(邻近处应配置应急锤)。2019 年 1 月 1 日起出厂的其他车长大于 9 m 的未设置乘客站立区的客车,车身左右两侧至少各有 2 个击碎玻璃式的应急窗(车身两侧击碎玻璃式的应急窗总数小于或等于 4 个时为所有击碎玻璃式的应急窗)具有自动破窗功能的,视为合格。

(2)在用机动车安全检验时,客车出口应满足以下要求:

1)采用动力开启的乘客门,车门应急控制器应正常且其附近应标有清晰的符号或字样注明操作方法,字体高度应不小于 10 mm。

2)不应安装有保护装置以外的其他固定、锁止应急门的装置。

3)击碎玻璃式的应急窗邻近处配备的应急锤应齐全,推拉式应急窗和外推式应急窗操作装置应正常。

4)应急出口的标志应齐全清晰。

2. 检验员工作方法

检验员采用目视检查的工作方法。目测尺寸偏小的,使用长度测量工具测量相关尺寸。检验员查看客车铭牌、比对行驶证时,应仔细核对车辆出厂年限,按照客车出口的要求,进行有针对性的检查。

客车不同形式应急出口及开关如图 1-2-10 所示。检验员通过目视检查,必要时开启查看:客车的应急门和安全顶窗机件是否齐全,工作是否可靠;采用动力启闭车门的应急控制器机件是否齐全,应急控制器标志及操作说明或标志及操作说明是否齐全;应急锤及操作说明标志是否齐全。

图 1-2-10 客车不同形式应急出口及开关

(a)应急窗及应急锤;(b)应急门

3. 影像资料采集

车辆左前方斜视 45°、右后方斜视 45°、正后方、车厢内部等方位照片、视频应清晰显示客车不同形式出口的状况。

二、客车通道和引道检查

1. 检验要求

《机动车安全技术检验项目和方法》(GB 38900—2020)标准条文"6.3.7",得出客车通道和引道检验要求如下。

(1)注册登记安全检验时,客车的通道、引道应符合《机动车运行安全技术条件》(GB 7258—2017)、《客车结构安全要求》(GB 13094—2017)、《专用校车安全技术条件》(GB 24407—2012)等相关标准的规定。

(2)在用机动车安全检验时,客车的通道、引道应畅通无障碍。

2. 检验员工作方法

检验员采用目视检查的工作方法。目测通道、引道偏窄或高度不符合要求时,使用通道、引道测量装置检查。

通道、引道测量装置板如图 1-2-11 所示。垂直平板用来测量乘客门引道,通道测量装置用来测量座椅间距离及通道,应急门测量装置测量应急门通道。

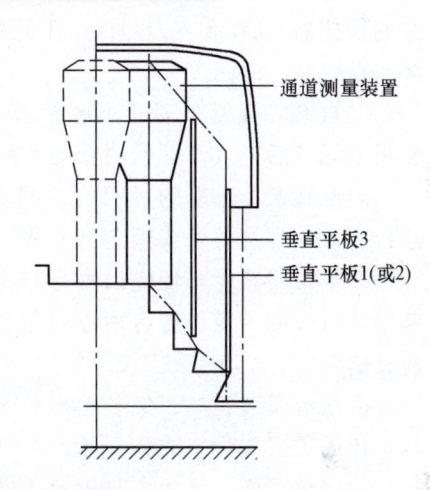

图 1-2-11 通道、引道测量装置板

3. 影像资料采集

检验员拍照时注意:座椅布置、固定安装情况、通道引道状况、安全出口、安全窗、手锤等一并拍照上传。如图 1-2-12 所示,驾驶位置、车厢内部照片应能清晰显示驾驶人座椅,所有汽车安全带应处于扣紧状态。

图 1-2-12 影像资料拍摄要求
(a)驾驶位置;(b)车厢内部

三、货厢/罐体检查

1. 检验要求

根据《机动车安全技术检验项目和方法》(GB 38900—2020)标准条文"6.3.8",得出货厢/罐体检验要求如下。

(1)注册登记安全检验时,货厢/罐体应满足以下要求:

1)车辆不应设置有货厢(货箱)加高、加长、加宽的结构、装置,不应有"拆除厢式货车顶盖""拆除仓栅式货车顶棚杆""平板货车/挂车的平板上有用于固定集装箱等的锁具""栏板货车/挂车的栏板上有方便加高栏板的铰链"等情形。

2)仓栅式载货车辆的载货部位的顶部应安装有与侧面栅栏固定的、不能拆卸和调整的顶棚杆;2018年1月1日起出厂的车辆顶棚杆间的纵向距离应小于或等于500 mm。

3)自卸式载货车辆的车厢栏板应开闭灵活,锁紧可靠;侧开式车厢栏板与立柱、底板之间及后开式车厢后栏板与车厢后断面之间应贴合。

4)厢式载货车辆的货厢的顶部应封闭、不可开启(翼开式车辆除外),其与侧面的连接应采用焊接等永久固定的方式;货厢的后面或侧面应设有固定位置的车门。

5)侧帘式载货车辆应设置有竖向滑动立柱、横向挡货杆、托盘、固货绳钩等防护装置,且车厢内应设置有用于对货物进行必要固定和捆扎的固定装置,帘布锁紧装置应锁紧可靠。

6)所有集装箱车、集装箱运输半挂车的载货部位应采用骨架式结构,集装箱不应用焊接等方式与骨架成为一体。

7)罐体式样、尺寸应与机动车产品公告相符。

(2)在用机动车安全检验时,车辆不应有"加高、加长、加宽货厢""拆除厢式货车顶盖""拆除仓栅式货车顶棚杆""换装大尺寸罐体"等非法改装情形;货厢和栏板的锁止机构应齐全、完好;货厢栏板和底板应规整。

2. 检验员工作方法

检验员采用目视检查的工作方法。目测货厢/罐体有超长、超宽、超高嫌疑时,使用长度测量工具测量相关尺寸,如图1-2-13所示。

图1-2-13 测量车辆尺寸

目视观察及比对货厢/罐体的式样、尺寸，应与公安交管部门信息网信息公告、行驶证照片一致，若发现异常，用长度测量工具测量，误差应在±1%或±50 mm 以内。检验员要依据《机动车运行安全技术条件》(GB 7258—2017)标准条文"11.3 货运机动车的特殊要求"来严格审验。

货厢和栏板的锁紧机构应工作可靠，货厢栏板和底板应完好平整。侧面栏杆不应有栏杆举升机构情形。对具有封闭式货厢的货车、挂车应打开车厢门检查，重点检查是否有非法改造厢体内部结构等违法改造情形。

较常见的货厢/罐体式样如图 1-2-14 所示。货厢/罐体的式样、尺寸异常的情形有加高、加长、加宽货厢；加装货厢，拆除厢式货车顶盖；拆除仓栅货车顶棚杆；换装大尺寸罐体等违法改装行为。

图 1-2-14　货厢/罐体式样

3. 影像资料采集

车辆左前方斜视 45°、右后方斜视 45°、侧面、正后方等方位照片、视频应清晰显示货厢/罐体式样及状况。

对于有举升功能的车辆，在拍摄正后方外检照片时，应拍摄半举升状态，能够清晰地显示该车具有的举升功能和举升状态，即是侧翻还是后翻，如图 1-2-15 所示。

图 1-2-15　具有侧翻举升功能的车辆照片

任务实施

实训　车辆特征参数检查

一、任务准备

1. 实训准备

(1) 实施场地。外观检测线。
(2) 实施设备。整车一辆(乘用车/载客汽车/货车/挂车/三轮汽车/摩托车)。
(3) 检测工具。钢直尺、钢卷尺、铅垂、水平尺、标尺(塔尺)、机动车外廓尺寸测量仪。

2. 作业要求

(1) 穿着干净、整洁的工作服。
(2) 遵守场地安全规定，注意用电安全。
(3) 正确使用检测仪器。
(4) 按照要求填写检验报告。

二、任务实施

1. 实训组织

分组进行，使用实车分组进行车辆人工检验训练(表 1-2-1)。

表 1-2-1　分组任务

时间/min	任务	操作对象
0~10	组织学生学习车辆特征参数检查方法	教师
11~30	学生分组进行车辆特征参数检查	学生
31~40	教师点评和讨论	教师

2. 实训步骤与记录

单人实操后完成下列工单内容，并提交给指导教师，现场完成后教师给予点评并作为本次实训的成绩计入学时(表 1-2-2)。

表 1-2-2　实训工单

车辆特征参数检查					
姓名		学号		班级	
指导教师		成绩		考试时间	
车辆信息正确记录：					
发动机号码			发动机排量		
车辆识别代号			行驶里程数		

续表

车辆特征参数检查				
实训内容				
检验项目	车辆特征参数检查步骤			
^	外廓尺寸	用长度测量工具测量，重中型货车、重中型专项作业车、重中型挂车应使用符合标准的自动测量装置		
^	轴距	用长度测量工具测量，有条件时可使用自动测量装置		
^	核定载人数和座椅布置	目视检查：注册登记安全检验时目测座椅宽度、深度及驾驶室内部宽度等参数偏小或载客汽车座椅布置及固定情形异常的，使用量具测量相关尺寸		
^	栏板高度	用钢尺等长度测量工具测量		
^	悬架	目视检查：目测货车(三轮汽车除外)、挂车、专项作业车的后轴钢板弹簧片数，以及 2020 年 1 月 1 日起出厂的总质量大于或等于 12 000 kg 的危险货物运输货车的后轴，所有危险货物运输半挂车，以及三轴栏板式、仓栅式半挂车的悬架类型		
^	客车出口	目视检查：目测应急出口尺寸偏小的，使用长度测量工具测量相关尺寸		
^	客车乘客通道和引道	目视检查：目测通道、引道偏窄或高度不符合要求时，使用通道、引道测量装置检查		
^	货厢/罐体	目视检查：目测货厢/罐体有超长、超宽、超高嫌疑时，使用长度测量工具测量相关尺寸		
作业工单	检验项目			判定
^	(1)外廓尺寸：			^
^	(2)轴距：			^
^	(3)核定载人数和座椅布置：			^
^	(4)栏板高度：			^
^	(5)悬架：			^
^	(6)客车出口：			^
^	(7)客车乘客通道和引道：			^
^	(8)货厢/罐体：			^
检验结果					
实训整理(7S)	整理：			
^	整顿：			
^	清扫：			
^	清洁：			
^	素养：			
^	安全：			
^	节约：			

项目一 汽车特征参数与外观检查

041

三、任务评价

进行任务评价，见表 1-2-3。

表 1-2-3　任务评价

评分项	得分条件	分值	评分要求	得分
7S/态度	作业区 7S、个人工作态度	15	未完成 1 项扣 1~3 分，扣分不得超 15 分	
专业技能、能力	1. 正确无误检查车辆外廓尺寸/轴距/栏板高度能力。 2. 正确无误检查核定载人数和座椅布置/悬架能力。 3. 正确无误检查客车出口/客车乘客通道和引道能力。 4. 正确无误检查货厢/罐体能力	50	未完成 1 项扣 1~5 分，扣分不得超 50 分	
工具及设备使用能力	岗位所需工具及设备的使用能力、查询软件的使用能力	15	未完成 1 项扣 1~5 分，扣分不得超 15 分	
资料、信息查询能力	检测资料、其他资料信息检索与查询能力	10	未完成 1 项扣 1~5 分，扣分不得超 10 分	
数据读取、分析和判断能力	数据读取、分析、判断能力	5	未完成 1 项扣 1~3 分，扣分不得超 5 分	
表单填写与报告撰写能力	电子工单、纸质工单、任务记录单填写能力	5	未完成 1 项扣 0.5~1 分，扣分不得超 5 分	
总分				

任务小结

任务完成后，学会以下技能：
1. 能够正确完成检测车辆的外廓尺寸和轴距检查，并做出判定。
2. 能够正确完成车辆荷载人数和座椅布置检查，并做出判定。
3. 能够正确完成车辆栏板高度和悬架检查，并做出判定。
4. 能够正确完成客车出入口及通道检查，并做出判定。
5. 能够正确完成货箱/罐体检查，并做出判定。

拓展阅读

机动车检测的法律依据

2004 年 5 月 1 日，我国首次以法律形式明确规定了机动车定期开展安全技术检验的制度。机动车安全技术检验按照《中华人民共和国道路交通安全法》及《中华人民共和国道路交通安全法实施条例》相关要求和标准执行；同时，为防治机动车排气对环境的污染，要求机动车尾气排放检验按照《中华人民共和国环境保护法》和《中华人民共和国大气污染防治法》相关要求和标准执行。

<h3 style="text-align:center">机动车检测的相关定义</h3>

机动车检测是指对机动车辆进行技术状况和安全性能的检查与评估，以确保车辆符合相关的技术标准和安全要求。机动车检测是一个较为综合的概念，包括对机动车的技术状况、安全性能、环保要求等进行全面检查。

机动车安全技术检验相关国家标准如下。

1. 机动车安全技术检验国家标准

机动车安全技术检验依据的国家标准主要有《机动车运行安全技术条件》(及第1、2号修改单)(GB 7258—2017)、《机动车安全技术检验项目和方法》(GB 38900—2020)及其他相关国家标准。

2. 机动车尾气排放检验国家标准

机动车尾气排放检验依据的国家标准主要有《汽油车污染物排放限值及测量方法(双怠速法及简易工况法)》(GB 18285—2018)和《柴油车污染物排放限值及测量方法(自由加速法及加载减速法)》(GB 3847—2018)，同时涉及其他相关国家标准。

<h3 style="text-align:center">免检机动车</h3>

公安部、市场监管总局、生态环境部、交通运输部联合印发《关于深化机动车检验制度改革优化车检服务工作的意见》，自2022年10月1日起，进一步优化调整非营运小微型载客汽车(9座含9座以下，面包车除外)、摩托车检验周期。对非营运小微型载客汽车，将原10年内上线检验3次调整为检验2次(第6年、第10年)，并将原15年以后每半年检验1次，调整为每年检验1次。对摩托车，将原10年内上线检验5次调整为检验2次(第6年、第10年)，10年以后每年检验1次。此次调整后，非营运小客车、摩托车在10年内，只需要在第6年、第10年到检验机构上线检验，期间每两年申领一次检验合格标志。

《报废机动车回收管理办法》第十五条规定，禁止任何单位或者个人利用报废机动车"五大总成"和其他零部件拼装机动车，禁止拼装的机动车交易。国务院出台的相关法规首次对拼装车进行了定义，即利用报废机动车"五大总成"和其他零部件拼装机动车。

《道路交通管理 机动车类型》(GA 802—2019)从技术标准上对拼装车进行了定义，即 3.3 拼装车 illegally-assembled vehicle 未经国家机动车产品主管部门许可生产的机动车；或者使用了报废、走私、事故后整车理赔机动车的发动机(驱动电机)、方向机(转向器)、变速器、前后桥、车架(车身)等五大总成之一组装的机动车。

已认证是指：通过汽车生产主管部门许可和强制性产品认证的车型并取得了汽车产品公告和强制性产品认证证书，其车辆结构、外观、特征等已经过型式试验验证。

已登记是指：通过公安交管部门的机动车登记后并取得机动车行驶证的车辆。

典型非法改装行为：改装照明灯具(提高本车照明强度和炫酷度，擅自加装或更换车灯，如加装爆闪灯、后射灯，将卤素前照灯换为氙气前照灯)、排气管(改装排气管以提高车辆动力性能、制造噪声)、轮胎规格(改装大承载量的轮胎实现超载运输)、钢板弹簧(改装加宽、加厚、增加钢板弹簧数量以实现超载运输)、车辆载货部位结构(改装是通过改变载货结构以提升运载能力,一般以平板半挂车加装锁具等结构,改装为厢式半挂车、罐式半挂车,栏板货车加高栏板或改装为罐式货车厢式,货车改装货厢顶部结构等)、座椅数量(改装为提升载客数量或乘坐舒适度)等。

试题训练

一、选择题

1. 在用机动车安全检验时,重中型货车(半挂牵引车除外)、重中型载货专项作业车、重中型挂车外廓尺寸实测值不应超出《机动车运行安全技术条件》(GB 7258—2017)、《汽车、挂车及汽车列车外廓尺寸、轴荷及质量限值》(GB 1589—2016)规定的限值,且与机动车行驶证记载的数值相比误差不超过±3%或( )mm。

　　A. ±50　　　　B. ±100　　　　C. ±150　　　　D. ±200

2. 注册登记安全检验时,货车、挂车的栏板(含盖)高度应与机动车产品公告、机动车出厂合格证、驾驶室两侧喷涂的栏板高度数值相符,且误差不超过( )mm。

　　A. ±20　　　　B. ±30　　　　C. ±40　　　　D. ±50

3. 注册登记安全检验时,货车(三轮汽车除外)、挂车、专项作业车的后轴钢板弹簧片数应与机动车产品公告、机动车出厂合格证一致,且不应有明显增宽、增厚情形;2020年1月1日起出厂的总质量大于或等于( )kg的危险货物运输货车的后轴,所有危险货物运输半挂车,以及三轴栏板式、仓栅式半挂车应装备空气悬架。

　　A. 3 500　　　B. 4 500　　　C. 7 500　　　D. 12 000

4. 注册登记安全检验时,客车出口应满足:2012年9月1日起出厂的车长大于9 m的公路客车、旅游客车,以及2018年1月1日起出厂的车长大于9 m的未设置乘客站立区的客车(专用校车及乘坐人数小于20的其他专用客车除外)应设置( )个乘客门。

　　A. 一　　　　　B. 两　　　　　C. 三　　　　　D. 四

5. 在外廓尺寸测量时拍摄的照片,一张应能清晰显示车辆前部照片并且显示车辆的前( ),另一张侧面照片能看清车辆侧面轮廓。视频应能清晰地观察到检测全过程。

　　A. 后视镜　　　B. 轮胎　　　　C. 号牌号码　　D. 引擎盖

二、判断题

1. 注册登记安全检验时,厢式载货车辆的货厢的顶部应封闭、可开启(翼开式车辆除外),其与侧面的连接应采用焊接等永久固定的方式。( )

2. 注册登记安全检验时,仓栅式载货车的载货部位的顶部应安装有与侧面栅栏固定的、能拆卸和调整的顶棚杆。( )

3. 中心螺栓和U形螺栓应紧固、无裂纹且可以拼焊。钢板弹簧卡箍不应拼焊或残损。( )

4. 在用机动车安全检验时,货车(三轮汽车除外)、挂车、专项作业车的后轴钢板

弹簧片数应与机动车登记信息一致，且不应有明显增宽、增厚情形。（　　）

三、问答题

一台 2016 年 8 月上牌的轻型栏板货车，需不需要检测栏板高度？其登记证书上记录栏板高度为 360 mm，实测高度为 450 mm，这台车能判定为合格吗？为什么？

学习任务三　车辆外观检查

工作情景描述

车辆外观检查主要采用目视和操作的检查方法进行，目测有疑问时，可使用相关的工量具及仪器配合检查。

根据车辆外观检查需求，现需要学习对车辆外观进行检查的具体检查要求和方法。车辆外观检查时，"目视"需要看些什么？"操作"需要怎么操作？

学习目标

知识目标

1. 掌握机动车需要检查的车辆外观内容；
2. 掌握机动车车身外观检验方法；
3. 掌握机动车外观标识、标志、标牌和号牌检验方法；
4. 掌握机动车外部照明和信号装置检验方法；
5. 掌握机动车轮胎检验方法。

能力目标

1. 能按照规范进行车身外观检验；
2. 能按照规范进行外观标识、标注和标牌、号牌检验；
3. 能按照规范进行外部照明和信号装置检验；
4. 能按照规范进行轮胎花纹和深度检验。

素质目标

养成团队协作与独立作业、质量优先与规范检测的职业素养。

知识准备

技能点一　车身外观检查

根据《机动车安全技术检验项目和方法》（GB 38900—2020）的规定，

机动车车身
外观检查

车辆外观检查主要针对车身外观、外观标识、标注和标牌、外部照明和信号装置、轮胎、号牌板（架）、加装/改装灯具进行检查。车辆外观检查采用目视和操作的检查方法，并根据《机动车安全技术检验项目和方法》（GB 38900—2020）中规定的配备设备，开展检查工作。下面介绍车身外观检查要求和方法。

一、检验要求

根据《机动车安全技术检验项目和方法》（GB 38900—2020）标准条文"6.4.1"，车身外观应满足相关要求。

1. 车身外观检验要求

注册登记安全检验和在用机动车安全检验时，车身外观应满足以下要求：

（1）车身前部外表面的易见部位上应至少装置一个能永久保持，且与车辆品牌/型号相适应的商标或厂标，在用机动车不应变更商标或厂标。

（2）保险杠、后视镜、下视镜等部件应完好，灯具不应破损、缺失。

（3）车窗玻璃应齐全，驾驶人视区部位应无裂纹、破损，客车、重中型货车驾驶人视区以外的车窗玻璃不应有穿孔或长度超过 25 mm 的裂纹，所有车窗玻璃不应张贴镜面反光遮阳膜。

（4）车体应周正，车体外缘左右对称部位高度差应小于或等于 40 mm。

（5）车身外部不应有明显的镜面反光现象（局部区域使用镀铬、不锈钢装饰件的除外），不应有任何可能触及行人、骑自行车人等交通参与者的外部构件，不应有可能使人致伤的尖角、锐边等凸起物。

（6）车身（车厢）及其漆面不应有超过 3 处的轻微开裂、锈蚀和明显变形。

（7）喷涂、粘贴的标识或车身广告不应影响安全驾驶。

2. 车身其他检验要求

注册登记安全检验和在用机动车安全检验时，对应车辆类型和使用性质的车辆还应满足以下要求：

（1）货车和挂车的货厢安装应牢固，其栏板和底板应规整，强度应满足使用要求，装置的安全架应完好无损。

（2）校车和车长大于 7.5 m 的其他客车不应设置有车外顶行李架；设置有车外顶行李架的客车，其车外顶行李架长度不应超过车长的 1/3 且高度不应超过 300 mm。

（3）前风窗玻璃驾驶人视区部位及驾驶人驾驶时用于观察外后视镜的部位的可见光透射比应大于或等于 70%；校车，2012 年 9 月 1 日起出厂的公路客车、旅游客车，2018 年 1 月 1 日起出厂的设有乘客站立区的客车、面包车、所有车窗玻璃可见光透射比均应大于 50%。校车、公路客车、旅游客车、设有乘客站立区的客车及面包车，所有车窗玻璃不应张贴有不透明和带任何镜面反光材料的色纸或隔热纸（客车车窗玻璃上张贴的符合规定的客车用安全标志和信息符号除外）；专用校车乘客区车窗结构应符合《专用校车安全技术条件》（GB 24407—2012）的相关规定。

（4）乘用车、旅居车、专用校车和车长小于 6 m 的其他客车的前后部应设置有保险杠，货车（三轮汽车除外）应设置有前保险杠。

(5)机动车(挂车除外)应在左右至少各设置一面外后视镜,总质量大于 7 500 kg 的货车和货车底盘改装的专项作业车应在右侧至少设置广角后视镜和补盲后视镜各一面,车长大于 6 m 的平头货车和平头客车在车前应至少设置有一面前下视镜或相应的监视装置。

(6)货车和挂车的载货部分不应设计成可伸缩的结构(中置轴车辆运输列车主车后部的延伸结构除外)或设置有乘客座椅。

(7)客车、货车的前风窗玻璃刮水器应能正常工作,关闭时刮片应能自动返回初始位置。

(8)客车、重中型货车、重中型载货专项作业车驾驶室内应设置防止阳光直射而使驾驶人产生眩目的装置。

(9)集装箱车、集装箱挂车用于固定集装箱箱体的锁止机构应齐全、完好。

(10)2019 年 8 月 1 日起出厂的平板式载货车辆的平板不应有插桩结构、凹槽、集装箱锁具等装置,且平板式载货车辆、仓栅式载货车辆的载货部位不应具有举升功能或采用自卸结构。

(11)2019 年 8 月 1 日起出厂的车厢可卸式汽车装载的货厢应为封闭式专用货厢,且车辆应装备有装卸或举升机构,能将专用货厢拖吊到车上,或能升降专用货厢/车架以实现专用货厢的交换。

(12)2019 年 1 月 1 日起出厂的危险货物运输货车、公路客车、旅游客车和未设置乘客站立区的公共汽车应装备单燃油箱,且单燃油箱的容积应小于或等于 400 L。

(13)乘用车加装的前后防撞装置及货车、专项作业车和挂车加装的防风罩、水箱、工具箱、备胎架,不应影响安全和号牌识别。

(14)三轮汽车和摩托车的前、后减振器、转向上下联板和方向把不应有变形与裂损,左右后视镜应齐全有效,坐垫、扶手(或拉带)、脚蹬和挡泥板应齐全,且牢固可靠;对无驾驶室的三轮汽车,货箱前部应安装有高出驾驶人坐垫平面至少 800 mm 的安全架。

(15)教练车(三轮汽车除外)和自学用车的车身两侧外后视镜上方或者车身前部两侧应至少各具有一面辅助外后视镜,自学用车在车内还应具有一面辅助内后视镜(原车安装有遮挡内后视镜视野范围的非玻璃材料装置时除外),每面辅助后视镜的反射面面积应不小于原车相应后视镜反射面面积的 50%。辅助后视镜应安装牢固,不应有任何可能使人致伤的尖角、锐边等凸起物。检验员坐在副驾驶位置上应能完整观察到所有辅助后视镜的反射面,并能通过辅助后视镜有效观察到车辆两侧及后方的交通状态。

3. 注册登记检验要求

注册登记安全检验时,送检机动车还应满足以下要求:

(1)货车货厢(自卸车、装载质量 1 000 kg 以下的货车除外)前部应安装有比驾驶室高至少 70 mm 的安全架。

(2)厢式货车和封闭式货车驾驶室(区)两旁应设置有车窗,货厢部位不应设置车窗[但驾驶室(区)内用于观察货物状态的观察窗、运输特定物品车辆的通气孔除外]。

(3)罐式危险货物运输车辆的罐体顶部应按《机动车运行安全技术条件》(GB 7258—

2017)要求设置倾覆保护装置(罐体顶部的管接头、阀门及其他附件的最高点应低于倾覆保护装置的最高点至少 20 mm),但 2018 年 1 月 1 日起出厂的,若罐体顶部无任何附属设备设施或附属设备设施未露出罐体,不应设置倾覆保护装置。

(4)乘用车、旅居车、专用校车和车长小于 6 m 的其他客车的前后部应设置有保险杠,货车(三轮汽车除外)应设置有前保险杠。

(5)对无驾驶室的正三轮摩托车,应采用方向把转向;对 2013 年 3 月 1 日起出厂的有驾驶室的正三轮摩托车,若采用方向盘转向,方向盘中心立柱距车辆纵向中心平面的水平距离应不大于 200 mm。

4. 新能源汽车检验要求

新能源汽车注册登记安全检验和在用机动车安全检验时,车辆还应满足以下要求:

(1)插电式混合动力汽车、纯电动汽车(换电式除外),应具有外接充电接口,且充电接口表面不应有明显变形或烧蚀痕迹。

(2)目视检查可见区域内,高、低压线束和连接器不应有断裂、破损、表面材料溶解或烧蚀痕迹;2018 年 1 月 1 日起出厂的纯电动汽车、插电式混合动力汽车,目视检查可见区域内 B 级电压电路中的 REESS(可充电储能系统)应用符合规定的警告标记予以标识。

(3)纯电动汽车、插电式混合动力汽车的 REESS 外壳不应有裂纹、外伤或电解液泄漏等情形。

二、检验员工作方法

检验员采用目视检查的工作方法。

1. GB 7258—2017 相关条文

由于车型众多,车身外观检查项目较多,检验员应多了解各车型的特点。针对不同的车型,检验员还应按照《机动车运行安全技术条件》(GB 7258—2017)标准条文进行检验工作。

2. 机动车车身前部的商标或厂标检验方法

机动车车身前部的商标或厂标,不应更改或装饰过渡,导致无法真实识别商标或厂标、号牌。在用车车身外观与行车证照片一致,不能改变商标或厂标。

3. 车身外部漆膜涂装检验方法

车身外部漆膜涂装不应有明显的镜面反光现象。送检机动车喷涂、粘贴的标识或车身广告不应该影响安全。如果影响车身颜色的辨认,就要告知送检人至公安车辆管理所办理车身颜色变更。

4. 允许加装的部件方法

允许加装的部件,不能有使人致伤的尖角、锐边等凸起物。保险杠应无明显的损坏、变形、松旷。

5. 车体周边的灯具检验方法

检验员与引车员配合检查,确保车体周边的灯具完整,对称设置功能相同的灯光的颜色、制式、发光强度基本一致。保险杠、后视镜等附件完整无破损。

6. 车窗玻璃检验方法

车窗玻璃完好，粘贴的广告等不能影响驾驶人可视区域透光率。目测观察车窗玻璃透光率有疑问的，使用透光率测试仪检验，如图 1-3-1 所示。
使用方法如下：将传感器连接到主机，打开主机电源，自校准完成之后将传感器压紧在测试玻璃面上，然后按下测试按键，仪器就会直接显示透光率值。

7. 车体周正检验方法

目视观察车体周正，对大型客车、重中型货车、重中型

图 1-3-1 透光率测试仪

载货专项作业车、重中型挂车，在平整场地上使用钢直尺，在距离地面 1.5 m 高度内，测量第一轴和最后一轴（对挂车仅测最后一轴）上方的车身两侧对称部位高度，并将测得的数据填写在外检记录单中，如图 1-3-2 所示。

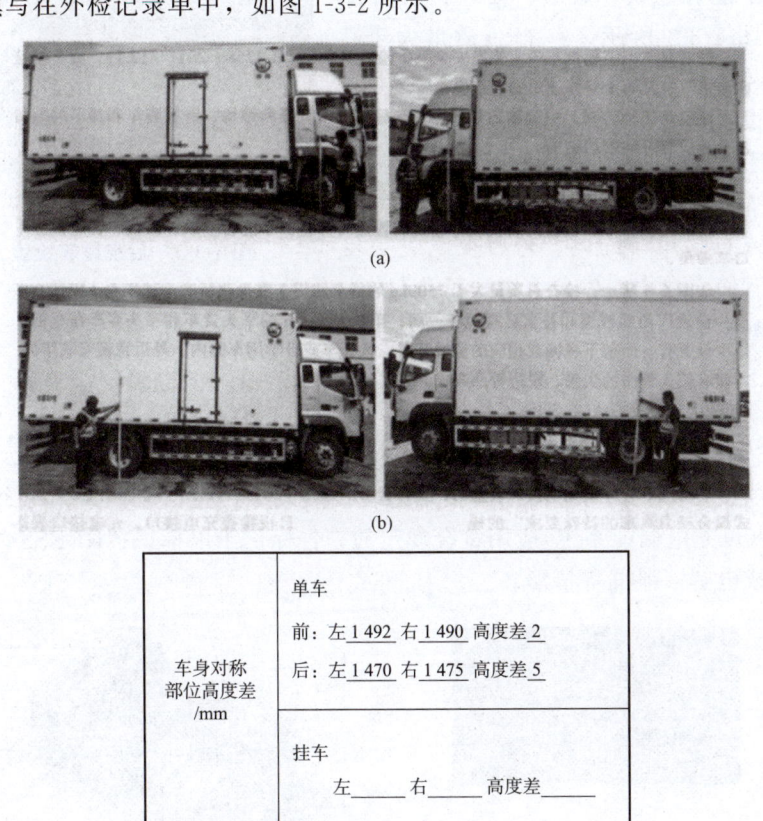

图 1-3-2 对称高度差测量及填写
(a)第一轴对称高度差测量；(b)第二轴对称高度差测量；(c)测量结果人工检验单填写

有些最后轴无车身的车辆，仅测量前部位置对称高度差。
车体外缘左右对称部位高度差应小于或等于 40 mm。两轮普通摩托车和轻便摩托车的方向把与导流板等左右对称的零部件距离地面高度差应小于或等于 10 mm；正三轮摩

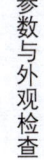

托车的驾驶室和车厢等左右对称的零部件距离地面高度差应小于或等于 20 mm。

8. 罐式危险货物运输车检验方法

检验员查验罐式危险货物运输车的罐体顶部是否按《机动车运行安全技术条件》(GB 7258—2017)的要求设置了倾覆保护装置。

9. 货箱及安全架检验方法

针对货车、三轮汽车的货箱及安全架，检验员参见《机动车运行安全技术条件》(GB 7258—2017)"12.11 货车的特殊要求"及其第 1 号修改单的规定检验。

注册登记检验时，中置轴运输列车主车后部可以有延伸结构，所有货车和挂车的载货部分不应有可伸缩的结构。

10. 后视镜等检验方法

检验员检查车辆设置的后视镜等辅助装置是否齐全，不能有空缺、破裂、安装位置不符等现象。如图 1-3-3 所示，检查总质量大于 7 500 kg 的货车和货车底盘改装的专项作业车应在右侧至少设置广角后视镜与补盲后视镜各一面；车长大于 6 m 的平头货车和平头客车在车前应至少设置有一面前下视镜或相应的监视装置。教练车或自学用车的内、外后视镜应安装牢固，不能有使人致伤的尖角、锐边等凸起物。

图 1-3-3　后视镜等检验方法

11. 电动汽车检验方法

电动汽车外观检查仅限于目视检查。

电动汽车有外接充电接口装置的，要符合《机动车运行安全技术条件》(GB 7258—2017)"12.13 纯电动汽车、插电式混合动力汽车的特殊要求"的规定。如图 1-3-4 所示，目视检查充电接口，表面不应有明显变形或烧蚀痕迹；目视可见区域内 B 级电压电路中的 REESS(可充电储能系统)应用符合规定的警告标记予以标识；REESS 外壳不应有裂纹、外伤或电解液泄漏等情形。

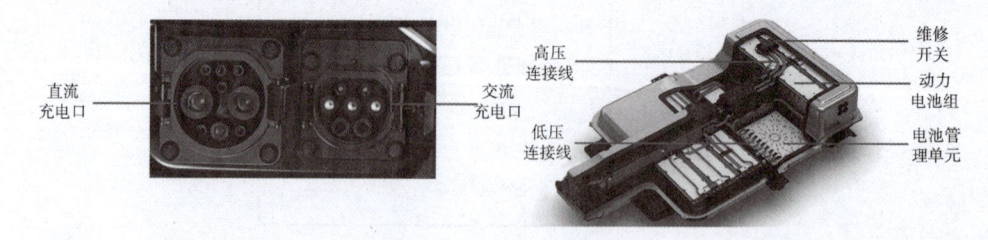

图 1-3-4　电动汽车检查

REESS 的全称为可充电储能系统，俗称动力电池箱，即可充电的且可提供电能的能量存储系统，如蓄电池、电容器等。

三、影像资料拍摄要求

车身外观检查项目照片应符合"车辆左前方斜视 45°、车辆右后方斜视 45°"照片的具体要求。

对于大型客车、重中型货车、重中型载货专项作业车、重中型挂车,要求有第一轴及最后一轴在车体周正测量时的照片。

技能点二　外观标识、标注和标牌、号牌/号牌板检查

机动车外观标识标注标牌及号牌检查

一、外观标识、标注和标牌

1. 检验要求

(1)外观标识、标注和标牌要求。注册登记安全检验和在用机动车安全检验时,对应车辆类型与使用性质的车辆外观标识、标注和标牌应满足以下要求:

1)所有货车(多用途货车除外)和专项作业车(消防车除外)均应在驾驶室(区)两侧喷涂总质量(半挂牵引车为最大允许牵引质量);其中,栏板货车和自卸车还应在驾驶室两侧喷涂栏板高度(图1-3-5),罐式汽车和罐式挂车(罐式危险货物运输车库里除外)还应在罐体两侧喷涂罐体容积及允许装运货物的种类(图1-3-6)。栏板挂车应在车厢两侧喷涂栏板高度。冷藏车还应在外部两侧易见部位上喷涂或粘贴明显的"冷藏车"字样和冷藏车类别的英文字母。喷涂的中文及阿拉伯数字应清晰,高度应大于等于80 mm。

注意: 多用途货车是指具有长头车身和驾驶室结构、核定乘坐人数小于等于5人(含驾驶人)、驾驶室高度小于等于2 100 mm、货箱栏板上端离地高度小于等于1 500 mm、最大设计总质量小于等于3 500 kg的货车。

图1-3-5　总质量及栏板高度标注 　　图1-3-6　罐式危险货物运输车罐体喷涂式样

2)所有客车(专用校车和设有乘客站立区的客车除外)及2018年1月1日起出厂的面包车乘客门附近车身外部易见位置,应用高度大于或等于100 mm的中文和阿拉伯数字标明该车提供给乘员(包括驾驶人)的座位数,如图1-3-7所示;2018年1月1日起出厂的具有车底行李舱的客车,应在行李舱打开后前部易见位置设置能永久保持的、标有所有行李舱可运载的最大行李总质量的标识。

图1-3-7　客车乘坐成员数目

项目一　汽车特征参数与外观检查

051

3)专用校车及喷涂或粘贴专用校车车身外观标识的非专用校车应由校车标志、中文字符"校车"、中文字符"核载人数：××人"、校车编号和校车轮廓标识组成，且应符合《校车标识》(GB 24315—2009)的相关规定。

4)2018年1月1日起出厂的最大设计车速小于70 km/h的汽车(低速汽车、设有乘客站立区的客车除外)应在车身后部喷涂或粘贴表示最大设计车速(单位：km/h)的阿拉伯数字，阿拉伯数字的高度应大于或等于200 mm，外围应用尺寸相匹配的红色圆圈包围。

5)教练车应在车身两侧及后部喷涂有高度大于或等于100 mm 的"教练车"字样，如图1-3-8所示。

6)气体燃料汽车、两用燃料汽车和双燃料汽车应按《天然气汽车和液化石油气汽车 标志》(GB/T 17676—1999)的规定标注其使用的气体燃料类型。

图1-3-8 教练车

7)消防车、救护车、工程救险车和警车的车身颜色与外观制式应符合《机动车运行安全技术条件》(GB 7258—2017)中的有关要求，警车、消防车、救护车、工程抢险车安装使用的标志灯具应齐全、有效，其他机动车不得喷涂、安装、使用上述车辆专用的或者与其相类似的标志图案、警报器或者标志灯具，如图1-3-9所示。

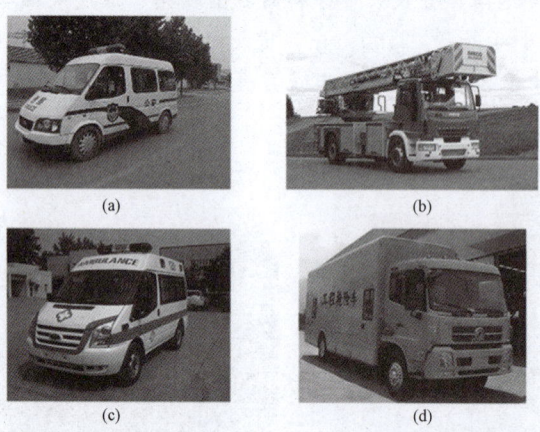

图1-3-9 警车、消防车、救护车及工程抢险车式样
(a)警车；(b)消防车；(c)救护车；(d)工程抢险车

8)残疾人专用汽车应在车身前部和后部分别设置残疾人机动车专用标志，如图1-3-10所示。

图1-3-10 残疾人机动车专用标志

(2)标牌要求。注册登记检验时,标牌还应满足以下要求。

1)标牌应固定可靠,标注的内容应清晰规范,并应符合《机动车运行安全技术条件》(GB 7258—2017)的规定,如图 1-3-11 所示。

图 1-3-11 标牌

2)纯电动汽车、插电式混合动力汽车应标明主驱动电动机型号和峰值功率,动力电池系统额定电压和额定容量(安时数);燃料电池汽车应标明储氢容器形式、容积、工作压力。

3)采用气压制动的汽车、挂车,应在产品标牌(或车辆易见部位上设置的其他能永久保持的标识)上清晰标示制动响应时间。

4)采用气压制动的汽车和具有储气筒的挂车,应在产品标牌(或车辆易见部位上设置的其他能永久保持的标识)上清晰标示储气筒额定工作气压的数值。

危险货物运输车的标志应符合《道路运输危险货物车辆标志》(GB 13392—2023)的规定。其中,道路运输爆炸品和剧毒化学品车辆还应符合《道路运输爆炸品和剧毒化学品车辆安全技术条件》(GB 20300—2018)的规定。罐式危险货物运输车辆的罐体或与罐体焊接的支座的右侧应有金属的罐体铭牌,罐体铭牌应标注唯一性编码、罐体设计代码、罐体容积等信息。

(3)重中型货车和自卸车要求。在用机动车安全检验时,重中型货车(半挂牵引车除外)和货车底盘改装的专项作业车(消防车除外)、总质量大于 3 500 kg 的挂车,以及车长大于或等于 6 m 的客车专用校车(警用大型客车除外)均应在车身(车厢)后部喷涂或粘贴/放置放大的号牌号码,如图 1-3-12 所示。

总质量大于或等于 12 000 kg 的自卸车还应在车厢左右两侧喷涂放大的号牌号码;受结构限制车厢后部无法粘贴/放置放大的号牌号码时,车厢左右两侧喷涂有放大的号牌号码的,视为合格,放大的号牌号码字样应清晰,符合《中华人民共和国机动车号牌》(GA 36—2018)中放大号的喷涂或粘贴/放置位置、尺寸、外观要求。

图 1-3-12 车身后放大号牌

2. 检验员工作方法

检验员采用目视检查的工作方法。

目测字高偏小时,使用长度测量工具测量具体数值。外观标识、标注和标牌检查还应参见《机动车运行安全技术条件》(GB 7258—2017)标准条文"4.1.2""4.7""13"

"14.7"的规定。对有质疑的车辆,用长度测量工具检验或与产品公告比对,不一致则判定不合格。

目视比对,罐式危险货物运输车的罐体上喷涂的允许装运货物的名称应与机动车产品公告和机动车出厂合格证一致。图1-3-13所示为罐式危险货物运输车的罐体喷涂示例。罐式危险货物运输车辆的罐体或与罐体焊接的支座的右侧应有金属的罐体铭牌,罐体铭牌应标注唯一性编码、罐体设计代码、罐体容积等信息。

对专门用于运送易燃和易爆物品的道路运输危险货物车辆,不再强制要求其在车身两侧喷有明显的"禁止烟火"字样或标记。部分地方的管理部门要求危险货物运输车辆在其车身上喷涂/粘贴"毒""爆""腐""严禁烟火"等中文字样,如图1-3-14所示。

检验员检查机动车应至少装置一个能永久保持的产品标牌,改装车应同时具有改装后的整车产品标牌及改装前的整车(或底盘)产品标牌。

客车检验时,所有客车(专用校车和设有乘客站立区的公共汽车除外)应在乘客门附近车身外部易见位置,用高度大于或等于100 mm的中文及阿拉伯数字标明该车提供给乘员(包括驾驶人)的座位数。校车运送学生时,应在前风窗玻璃右下角和后风窗玻璃适当位置各放置一块可以从车外清楚识别的校车标牌,如图1-3-15(a)所示;专门用于接送学生上下学的非专用校车,车身外观标识还应符合专用校车相关规定。残疾人车辆的残疾人机动车专用标志设置在车辆的前后位置,如图1-3-15(b)所示。

图1-3-13 罐式危险货物运输车的罐体喷涂示例

图1-3-14 危险货物运输车辆喷涂字样

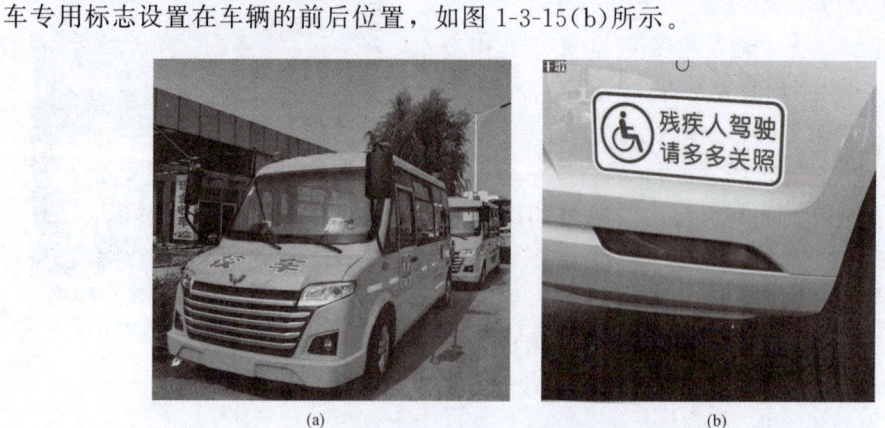

图1-3-15 车辆标识
(a)校车标识;(b)残疾人专用车标识

客车车底行李舱净高的要求和部分公路客车的随行物品存放区的设置要求自2018年1月1日起对新生产的客车实施。

3. 影像资料采集

外观标识、标注和标牌检查项目照片应符合"车辆左前方斜视45°、车辆右后方斜视45°"照片的具体要求。

对于大型客车、重中型货车、重中型载货专项作业车、重中型挂车，要求有第一轴及最后一轴在车体周正测量时的照片。

二、号牌板(架)

1. 检验要求

根据《机动车安全技术检验项目和方法》(GB 38900—2020)标准条文"6.4.5"，号牌检验要求如下。

(1)号牌/号牌板(架)检验要求。注册登记安全检验时，号牌板(架)应满足以下要求：

1)车辆应设置能够满足号牌安装要求的前、后号牌板(架)，但摩托车只需设置有能满足号牌安装要求的后号牌板(架)。前号牌板(架)应设于前面的中部或右侧(按机动车前进方向)；后号牌板(架)应设于后面的中部或左侧。

2)2013年3月1日起出厂的车辆，每面号牌板(架)上应至少设有2个号牌安装孔，且能保证用M6规格的螺栓将号牌直接牢固可靠地安装在车辆上。

3)2016年3月1日起出厂的车辆，每面号牌板(架)[三轮汽车前号牌板(架)、摩托车后号牌板(架)除外]上应设有4个号牌安装孔，且能保证用M6规格的螺栓将号牌直接牢固可靠地安装在车辆上。

4)号牌板(架)应保证安装的号牌始终处于规定的位置，应不能翻转、移动。

(2)号牌及号牌安装要求。在用机动车安全检验时，号牌及号牌安装应满足以下要求。

1)机动车号牌字符、颜色、安装等应符合《中华人民共和国机动车号牌》(GA 36—2018)的规定，机动车号牌专用固封装置应符合《机动车号牌专用固封装置》(GA/T 804—2024)的规定。

2)机动车号牌应齐全，表面应清晰、整齐、平滑、光洁、着色均匀，不应有明显的皱纹、气泡、颗粒杂质等缺陷或损伤。

3)机动车应使用机动车号牌专用固封装置固定号牌，固封装置应齐全、安装牢固。

4)使用号牌架辅助安装时，号牌架内侧边缘距离机动车登记编号字符边缘应大于5 mm，不应使用可拆卸号牌架和可翻转号牌架。

5)不应出现影响号牌正常视认的加装、改装等情形。

2. 检验员工作方法

检验员采用目视检查的工作方法。目测号牌安装位置、形式有疑问时，使用长度测量工具测量相关尺寸(使用号牌架辅助安装时号牌架内侧边缘距离机动车登记编号字符边缘的距离)。

号牌/号牌板(架)检验还应参见《机动车运行安全技术条件》(GB 7258—2017)相关条文"11.8"、《中华人民共和国机动车号牌》(GA 36—2018)等标准进行检验。

临时行驶车号牌应粘贴在车内前风窗玻璃的左下角或右下角不影响驾驶人视线的位置，载客汽车的另一张号牌应粘贴在后风窗玻璃左下角，没有前风窗玻璃的应随车携带。

号牌应无任何变形和遮盖。号牌架内侧边缘距离机动车登记编号字符边缘应大于 5 mm，不应使用可拆卸号牌架和可翻转号牌架。

安装的号牌若有任何变形、破损、字符被涂改、安装孔被破坏、底色和字符颜色异常或褪色，检验员应通知车主到公安交管部门更换，此项判定不合格。

3. 影像资料采集

号牌检查项目照片应符合车辆左前方斜视 45°、车辆右后方斜视 45°、正后方、侧面等方位照片的具体要求，如图 1-3-16 所示。

图 1-3-16　号牌影像资料

机动车外部照明和信号装置检查

技能点三　外部照明和信号装置检查

一、检验要求

根据《机动车安全技术检验项目和方法》(GB 38900—2020)标准条文"6.4"，具体检验要求如下。

（1）外部照明和信号装置检验要求。注册登记安全检验和在用机动车安全检验时，外部照明和信号装置应满足以下要求：

1）前照灯、前位灯、前转向信号灯、前部危险警告信号、示廓灯和牵引杆挂车标志灯等前部照明与信号装置应齐全，工作应正常；前照灯的远、近光光束变换功能应正常，远光照射位置不应出现异常偏高现象。

2）后位灯、后转向信号灯、后部危险警告信号、示廓灯、制动灯、后雾灯、后牌照灯、倒车灯、后反射器应齐全，工作应正常。制动灯的发光强度应明显大于后位灯的发光强度。

3）侧转向信号灯、安装的侧标志灯和侧反射器应齐全，工作应正常。

4）对称设置、功能相同灯具的光色和亮度不应有明显差异，转向信号灯的光色应为琥珀色。

5）除转向信号灯、危险警告信号、紧急制动信号、校车标志灯，扫路车、护栏清洗车等专项作业车在作业状态下的指示灯具，以及消防车、救护车、工程抢险车和警车安装使用的标志灯具外，其他外部灯具不应具有闪烁的功能。

6)对 2014 年 9 月 1 日起出厂的总质量大于或等于 4 500 kg 的货车、专项作业车和挂车,每个后位灯、后转向信号灯和制动灯的透光面面积应大于或等于一个 80 mm 直径圆的面积;如属非圆形的,透光面的形状还应能将一个 40 mm 直径的圆包含在内。

7)机动车不应安装或粘贴遮挡外部照明和信号装置透光面的护网、防护罩等装置(设计和制造上带有护网、防护罩且配光性能符合要求的灯具除外)。

8)机动车设置的喇叭应能有效发声;教练车(三轮汽车除外)还应设置辅助喇叭开关,其工作应可靠。

9)2019 年 1 月 1 日起出厂的总质量大于或等于 12 000 kg 的货车,应装备车辆右转弯音响提示装置,并在设计和制造上保证驾驶人不能关闭车辆右转弯音响提示装置。

10)目视可见的电器导线应布置整齐、捆扎成束、固定卡紧,并无破损现象。

(2)改装要求。注册登记安全检验和在用机动车安全检验时,外部照明和信号装置不得改装,车辆不应有后射灯,也不应加装强制性标准以外的外部照明和信号装置。

(3)其他要求。注册登记安全检验时,车辆外部照明和信号装置的数量、位置、光色还应符合《汽车及挂车外部照明和光信号装置的安装规定》(GB 4785—2019)等相关标准的规定。

二、检验员工作方法

检验员通过目视检查并操作。宜由两名检验员配合进行或由驾驶人配合一名检验员进行。检验员工作时参见《机动车运行安全技术条件》(GB 7258—2017)中"8.1""8.2""8.3"等相关条文的具体要求。重点检查外部照明和信号装置是否完好齐全,工作正常。对称设置、功能相同的灯具光色和亮度不应有明显差异,否则判定为不合格。对外部照明和信号装置检查有质疑的车辆,参见《汽车及挂车外部照明和光信号装置的安装规定》(GB 4785—2019)相关规定。

检验员在检验时应注意车辆所有的对外部照明和信号装置均不得进行改装,不能增加强制性标准以外的外部照明和信号装置,如货车安装的向后方照射的后射灯、闪烁的外廓信号灯、将制动灯改成爆闪灯等现象,如图 1-3-17 所示。

图 1-3-17 部分改装加装灯具
(a)加装顶部射灯;(b)加装侧射灯

对于设计和制造上带有护网、防护罩且配光性能符合要求的灯具,检验时与公告一致,视为合格。

三、影像资料采集

外部照明和信号装置、加装/改装灯具检查项目照片应符合车辆左前方斜视 45°、车辆右后方斜视 45°、正前方、正后方、侧面等方位照片的具体要求。

技能点四　轮胎规格及花纹深度检查

轮胎是影响运行安全的重要部件(图 1-3-18)，《机动车运行安全技术条件》(GB 7258—2017)中"9.1""9.2"对轮胎检验专门做了规定。检查轮胎型号、胎冠花纹深度，特别注意检查速度等级标记，应符合出厂规定，否则此次安全技术检验终止。

轮胎规格及花纹深度检查

图 1-3-18　轮胎检查示意

一、检验要求

根据《机动车安全技术检验项目和方法》(GB 38900—2020)标准条文"6.4.4"，具体检验要求如下。

(1)轮胎登记要求。注册登记安全检验和在用机动车安全检验时，轮胎应满足以下要求：

1)同轴两侧应装用同一型号、规格和花纹的轮胎，轮胎螺栓、半轴螺栓应齐全、紧固；轮胎规格应与机动车产品公告和机动车出厂合格证(在用机动车安全检验时为机动车登记信息)相符。

2)轮胎的胎面、胎壁不应有长度超过 25 mm 或深度足以暴露出轮胎帘布层的破裂和割伤及其他影响使用的缺损、异常磨损和变形，轮胎不应有不规则磨损。

3)不应出现"螺栓、螺帽和螺柱缺失或未扣紧""螺柱孔出现严重磨损""车轮法兰断裂、轮胎锁环断裂或末端互相接触""轮毂损毁或破裂"等情形。

4)2018 年 1 月 1 日起出厂的客车、货车的车轮及车轮上的所有螺栓、螺母不应安装有碍于检查其技术状况的装饰罩或装饰帽(设计和制造上为防止生锈等情形发生而配备的、易于拆卸及安装的装饰罩和装饰帽除外)，且车轮螺母、轮毂罩盖和保护装置不应有任何蝶形凸出物。

5)2020年1月1日起出厂的专用校车、车长大于9 m的未设置乘客站立区的客车及总质量大于3 500 kg的危险货物运输货车的转向轮应装备轮胎爆胎应急防护装置。

(2)轮胎使用要求。注册登记安全检验和在用机动车安全检验时,对应车辆类型和使用性质的车辆还应满足以下要求:

1)乘用车、挂车轮胎胎冠上花纹深度应大于或等于1.6 mm,摩托车轮胎胎冠上花纹深度应大于或等于0.8 mm;其他机动车转向轮的胎冠花纹深度应大于或等于3.2 mm;其余轮胎胎冠花纹深度应大于或等于1.6 mm,轮胎胎面磨损标志应可见。

2)公路客车、旅游客车和校车的所有车轮及其他机动车的转向轮不应装用翻新的轮胎。

(3)其他要求。注册登记安全检验时,送检机动车还应满足以下要求:

1)专用校车应装用无内胎子午线轮胎。

2)危险货物运输车辆及车长大于9 m的其他客车应装用子午线轮胎。

3)货车的备胎(如有)应可靠固定。

4)面包车不应使用轮胎名义宽度小于或等于155 mm的轮胎。

5)2018年1月1日起出厂的车长小于或等于7.5 m的公路客车,若设置了符合《机动车运行安全技术条件》(GB 7258—2017)中"11.2.8"规定的车内随行物品存放区,其后轮若采用单胎,则后轮的轮胎名义宽度应大于或等于195 mm。

6)使用小规格备胎的小型、微型载客汽车,其备胎附近明显位置(或其他适当位置)应装置有能永久保持的、提醒驾驶人正确使用备胎的标识,标识的相关提示内容如有文字说明,则应有中文。

二、检验员工作方法

检验员检查轮胎主要采用目视检查,并结合工具检查完成检验项目。检验员目测、操作检查胎压不正常时,使用轮胎气压表测量胎压值。检查轮胎花纹深度时,对大型客车、重中型货车、重中型载货专项作业车、危险货物运输车辆的转向轮使用轮胎花纹深度计测量。

检验同一轴两侧车轮型号、规格、花纹是否一致;轮胎是否存在异常磨损、割伤、变形、轮胎花纹中或并装轮胎间有异物嵌入等情况,这一项检查应在车辆预检时已经核查。如图1-3-19所示,同一轴上两轮胎气压、轮胎花纹深度必须相同。

检验员目测有质疑的,使用轮胎气压表冷态测量气压。轮胎气压值在车辆的胎侧、备胎附近、油箱护板、B柱等处查询。检验员还应正确识别翻新轮胎,并且清楚翻新轮胎不适用车型的情形。图1-3-20所示为翻新轮胎示例。

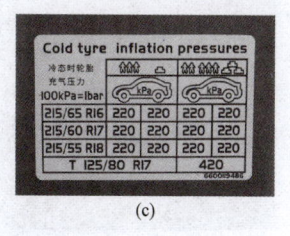

图1-3-19 轮胎气压检查及轮胎气压标注位置
(a)测量轮胎气压;(b)胎侧气压标注;(c)B柱粘贴的气压标签

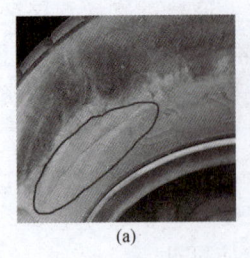

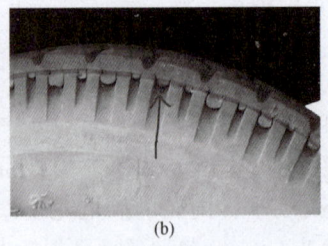

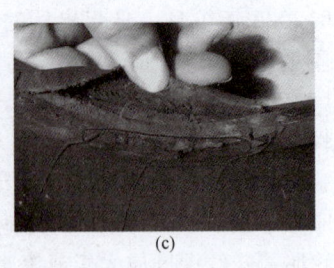

图 1-3-20　翻新轮胎示例

(a)顶翻胎痕迹；(b)胎肩翻胎痕迹；(c)全翻胎痕迹

涉及《机动车安全技术检验项目和方法》(GB 38900—2020)标准条文"6.4.4.1e"中的车辆时，检验员应检查车辆是否装备爆胎应急防护装置(Tyre Emergency Safety Device, TESD)。TESD属于汽车被动安全装置，在车辆发生爆胎瞬间，能有效避免轮毂与地面接触，使车辆转向力及制动力仍然可控，保证人员及车辆安全。其结构组成如图 1-3-21 所示。

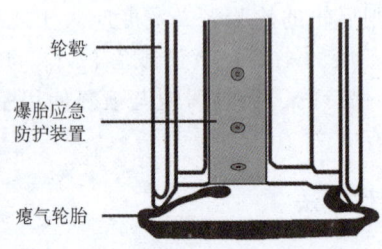

图 1-3-21　爆胎应急防护装置结构组成

对于轮胎花纹深度测量，采用轮胎花纹深度计，有条件时可使用轮胎花纹深度自动测量装置。

如图 1-3-22 所示，使用轮胎花纹深度计测量轮胎花纹深度，测量时注意应测量轮胎的主花纹沟；使深度尺垂直于胎面，并将主尺探头避开花纹沟内的磨损极限标志；如果是新胎，则注意将尺身避开胎面上凸起的胶辫。

图 1-3-22　轮胎花纹深度检测

(a)机械式深度游标卡尺测量；(b)电子式深度游标卡尺测量

轮胎检验工单填写方法如图 1-3-23 所示。

轮胎花纹深度/mm	单车	
	转向轮	A1：3.61/A2：3.51
	其他轮	B1：3.62/B2：3.71
	挂车	

(a)

轮胎花纹深度/mm	单车	
	转向轮	A1：12.2/A2：12.3/B1：12.3/B2：12.4
	其他轮	C1：12.3/C2：12.3/D1：12.3/D2：12.2
	挂车	

(b)

图 1-3-23　花纹深度检查及填写人工检验单示例

(a)两轴客车轮胎花纹深度填写；(b)四轴双转向货车轮胎花纹深度填写

填写人工记录单时：转向轮单桥转向填写"A1：×××/A2：×××"，其他轮填写"B1：×××/B2：×××"；多轴车辆双转向轮填写"A1：×××/A2：×××/B1：×××/B2：×××"，多轴其他轮填写："C1：×××/C2：×××/D1：×××/D2：×××"。编码的第一位代表所在轴(线轴车辆按线计)，依次从 1 轴开始用 A、B、C、D……表示。第二位代表车轮所在轴(或线)的位置，从左到右依次按 1、2、3……表示。

三、影像资料采集

轮胎影像资料拍摄需要车辆正前方、正后方及轮胎花纹深度测量时的照片，如图 1-3-24 所示。

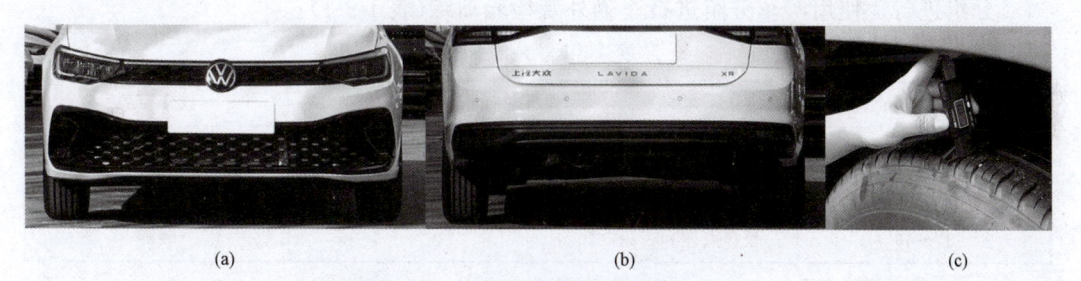

图 1-3-24　轮胎影像资料拍摄要求

(a)前轮轮胎花纹；(b)后轮轮胎花纹；(c)轮胎花纹深度测量

车辆正前方照片，应能清晰显示车辆前部外观、前号牌(摩托车产品除外)和前轮轮胎花纹。

车辆正后方照片，应能清晰显示车辆后部外观、后号牌(摩托车产品除外)和后轮轮胎花纹。

轮胎花纹深度测量照片应能清晰显示测量位置、深度尺读数、轮胎侧规格标识信息。

任务实施

实训　车辆外观检查

一、任务准备

1. 实训准备

(1)实施场地。外观检验区。
(2)实施设备。整车一辆(乘用车/载客汽车/货车/挂车/三轮汽车/摩托车)。
(3)检测工具。钢卷尺、轮胎气压表、轮胎花纹深度计、透光率测试仪。

2. 作业要求

(1)穿着干净、整洁的工作服。
(2)遵守场地安全规定,注意用电安全。
(3)正确使用检测仪器。
(4)按照要求填写检验报告。

二、任务实施

1. 实训组织

分组进行,使用实车分组进行车辆外观检验训练(表1-3-1)。

表 1-3-1　分组任务

时间/min	任务	操作对象
0~10	组织学生学习车辆外观检查方法	教师
11~30	学生分组进行车辆外观检查	学生
31~40	教师点评和讨论	教师

2. 实训步骤与记录

单人实操后完成下列工单内容,并提交给指导教师,现场完成后教师给予点评并作为本次实训的成绩计入学时(表1-3-2)。

表 1-3-2　实训工单

车辆外观检查					
姓名		学号		班级	
指导教师		成绩		考试时间	
车辆信息正确记录:					
发动机型号			发动机排量		
车辆识别代号			行驶里程数		
实训内容					

续表

<table>
<tr><td colspan="3" align="center">车辆外观检查</td></tr>
<tr><td rowspan="7">检验项目</td><td colspan="2" align="center">车辆外观检查步骤</td></tr>
<tr><td>车身外观</td><td>目视检查：对封闭式货厢的货车、挂车应打开车厢门检查。对客车、货车，操作检查前风窗玻璃刮水器。目测车窗玻璃可见光透射比、车身尺寸等参数有疑问时，使用透光率计、钢直尺、钢卷尺等工具测量相关参数。对大型客车、重中型货车、重中型载货专项作业车、重中型挂车，在平整场地上使用钢直尺，在距地1.5 m高度内，测量第一轴和最后轴(对挂车仅测最后轴)上方的车身两侧对称部位的高度</td></tr>
<tr><td>外观标识、标注和标牌</td><td>目视检查：目测标识字高偏小时，使用长度测量工具测量相关尺寸</td></tr>
<tr><td>外部照明和信号装置</td><td>目视检查并操作：检查配备情况和工作情况</td></tr>
<tr><td>轮胎</td><td>目视检查：目测胎压不正常时，使用轮胎气压表测量相关参数。检查轮胎花纹深度时，对大型客车、重中型货车、重中型载货专项作业车、危险货物运输车的转向轮使用轮胎花纹深度计测量；对大型客车、重中型货车、重中型载货专项作业车的其余轮胎及其他车型的轮胎检验时，目测轮胎胎冠花纹深度偏小的，使用轮胎花纹深度计测量；有条件时可使用轮胎花纹深度自动测量装置</td></tr>
<tr><td>号牌板(架)</td><td>目视检查：目测号牌安装位置、形式有疑问时使用长度测量工具测量相关尺寸</td></tr>
<tr><td>加装/改装灯具</td><td>目视检查：目测是否存在改装与加装</td></tr>
<tr><td rowspan="7">作业工单</td><td colspan="1" align="center">检验项目</td><td align="center">判定</td></tr>
<tr><td>(1)车身外观</td><td></td></tr>
<tr><td>(2)外观标识、标注和标牌</td><td></td></tr>
<tr><td>(3)外部照明和信号装置</td><td></td></tr>
<tr><td>(4)轮胎</td><td></td></tr>
<tr><td>(5)号牌板(架)</td><td></td></tr>
<tr><td>(6)加装/改装灯具</td><td></td></tr>
<tr><td>检验结果</td><td colspan="2"></td></tr>
<tr><td rowspan="7">实训整理(7S)</td><td>整理：</td><td></td></tr>
<tr><td>整顿：</td><td></td></tr>
<tr><td>清扫：</td><td></td></tr>
<tr><td>清洁：</td><td></td></tr>
<tr><td>素养：</td><td></td></tr>
<tr><td>安全：</td><td></td></tr>
<tr><td>节约：</td><td></td></tr>
</table>

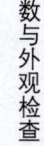

三、任务评价

进行任务评价，见表 1-3-3。

表 1-3-3　任务评价

评分项	得分条件	分值	评分要求	得分
7S/态度	作业区 7S、个人工作态度	15	未完成 1 项扣 1~3 分，扣分不得超 15 分	
专业技能、能力	1. 正确无误检查车辆外观/外观标识、标注和标牌能力。 2. 正确无误检查外部照明和信号装置/加装、改装灯具能力。 3. 正确无误检查轮胎能力。 4. 正确无误检查号牌/号牌板（架）能力	50	未完成 1 项扣 1~5 分，扣分不得超 50 分	
工具及设备使用能力	岗位所需工具及设备的使用能力、查询软件的使用能力	15	未完成 1 项扣 1~5 分，扣分不得超 15 分	
资料、信息查询能力	检测资料、其他资料信息检索与查询能力	10	未完成 1 项扣 1~5 分，扣分不得超 10 分	
数据读取、分析和判断能力	数据读取、分析、判断能力	5	未完成 1 项扣 1~3 分，扣分不得超 5 分	
表单填写与报告撰写能力	电子工单、纸质工单、任务记录单填写	5	未完成 1 项扣 0.5~1 分，扣分不得超 5 分	
总分				

任务小结

任务完成后，学会以下技能：
1. 能够正确完成检测车辆的车身外观检查，并做出判定。
2. 能够正确完成车辆外观标识、标注、标牌和号牌检查，并做出判定。
3. 能够正确完成车辆外部照明和信号参数检查，并做出判定。
4. 能够正确完成车辆轮胎规格及花纹深度检查，并做出判定。

拓展阅读

车辆外观检测是汽车运行安全检测过程的重要内容之一。

汽车在使用过程中，随着行驶里程的增加，有关零件将分别产生磨损、腐蚀、变形、老化或意外损伤等情况。其结果是不仅导致整车技术状况逐渐变坏，也使汽车的动力性下降、燃料经济性变差和工作可靠性降低，而且还会相继出现各种外观症状。有些外观症状，如车体不周正、车身和驾驶室的覆盖件开裂、油漆剥落和锈蚀等，将影响车容；有些外观症状，如前后桥、传动轴、车架和悬挂等装置有明显的弯、扭、裂、断等损伤，传动轴连接螺栓松动，转向拉杆球销的磨损松旷等，会直接影响行车安全。因此，检测人员做好车辆外观检测是必要内容。

试题训练

一、选择题

1. 注册登记安全检验时，2016年3月1日起出厂的车辆，每面号牌板（架）[三轮汽车前号牌板（架）、摩托车后号牌板（架）除外]上应设有（　　）个号牌安装孔，且能保证用M6规格的螺栓将号牌直接牢固可靠地安装在车辆上。

A. 3　　　　　　B. 4　　　　　　C. 5　　　　　　D. 2

2. 使用号牌架辅助安装时，号牌架内侧边缘距离机动车登记编号字符边缘应大于（　　）mm，不应使用可拆卸号牌架和可翻转号牌架。

A. 3　　　　　　B. 4　　　　　　C. 5　　　　　　D. 6

3. 注册登记安全检验和在用机动车安全检验时，外部照明和信号装置查验，车辆（　　）有后射灯，也（　　）加装强制性标准以外的外部照明和信号装置。

A. 可以　不应　　B. 不得　可以　　C. 不应　不应　　D. 可以　可以

4. 汽车仪表板上应设置仪表灯。仪表灯点亮时，应能照清仪表板上（　　）的仪表且不应眩目。

A. 单一　　　　　B. 其中　　　　　C. 所有　　　　　D. 中排

二、判断题

1. 目视检查加装/改装灯具时，重点检查加装/改装外部照明灯具、信号装置情形；可以加装后射灯。（　　）

2. 目视检查外部照明和信号装置时，宜由两名检验员配合进行或由驾驶员配合一名检验员进行。（　　）

3. 仪表和指示器在检验过程中，观察仪表和指示器，指示器有无异常或报警。（　　）

4. 在用机动车安全检验时，外部照明和信号装置不得改装，车辆不应有后射灯，也不应加装强制性标准以外的外部照明和信号装置。（　　）

5. 乘用车、挂车轮胎胎冠上花纹深度应大于或等于1.6 mm，摩托车轮胎胎冠上花纹深度应大于或等于0.8 mm。（　　）

三、问答题

简述车身周正测量所用工具及测量过程。

学习任务四 安全装置检查

工作情景描述

车辆安全装置是指在任何状态下能够使驾驶员有效控制车辆，避免发生事故的各类设施和设备。做好车辆安全装置检查，能有效减少或避免一些事故的发生，从而提高车辆行驶的安全性。

根据车辆安全装置检查需求，现需要掌握对车辆安全装置检查要求和方法的相关内容。下面请完成车辆安全装置检查项目，并按照规范做好相关记录。

学习目标

知识目标

1. 掌握机动车安全装置的检查内容；
2. 掌握机动车安全装置检查的检验方法；
3. 掌握机动车安全装置检验的结果填写方法。

能力目标

1. 能按照规范进行汽车安全带和车身反光标识检验；
2. 能按照规范进行车辆尾部标志板及侧、后、前下部防护板检验；
3. 能按照规范进行应急停车安全附件、应急锤、灭火装置及防抱制动装置检验。

素质目标

养成团队协作与独立作业、质量优先与规范检测的职业素养。

知识准备

技能点　安全装置检查的方法和要求

按照《机动车安全技术检验项目和方法》(GB 38900—2020)的规定，对机动车的类型和使用性质不同，应针对其配备的安全装置进行检查。车辆外安全装置检查可以采用目视和操作的检查方法，并根据《机动车安全技术检验项目和方法》(GB 38900—2020)中规定的配备设备，开展检查工作。下面介绍车辆安全装置具体检查的要求和方法。

一、安全装置检验条文要求

1. 检验项目

根据《机动车安全技术检验项目和方法》(GB 38900—2020)标准条文"表1和表2"（表1-4-1、表1-4-2），可知两个方面的内容：一是安全装置检验项目适用于载客汽车、货车、挂车、三轮车和摩托车等机动车型；二是机动车的检验项目主要包括汽车安全带，应急停车安全附件，行车记录装置，灭火器，车身反光标识，车辆尾部标志板，侧、后、前下部防护，应急锤，急救箱，防抱制动装置，辅助制动装置等。

机动车安全装置检查

表 1-4-1 机动车安全技术检验项目表(注册登记安全检验)

序号	检验项目	适用车辆类型					
		载客汽车		货车(三轮汽车除外)、专项作业车	挂车	三轮汽车	摩托车
		非营运小型、微型载客汽车	其他类型载客汽车				
5	安全装置检查						
	汽车安全带	●	●	●			
	应急停车安全附件	●	●	●		○	
	灭火器		○	○	○		
	行驶记录装置		○	○			
	车身反光标识			○	○	●	
	车辆尾部标志板			○	○		
	侧、后、前下部防护			○	○		
	应急锤		○				
	急救箱		○				
	车速限制/报警功能或装置		○	○			
	防抱制动装置		○	○			
	辅助制动装置		○	○			
	盘式制动器		○	○	○		
	制动间隙自动调整装置		○	○	○		
	紧急切断装置			○	○		
	发动机舱自动灭火装置		○				
	手动机械断电开关		○				
	副制动踏板		○	○			
	校车标志灯和校车停车指示标志牌		○				
	危险货物运输车辆标志			○	○		
	驾驶区隔离设施		○	○			

表 1-4-2　机动车安全技术检验项目表（在用机动车安全检验）

序号	检验项目		适用车辆类型				
			载客汽车		货车（三轮汽车除外）、专项作业车	挂车	三轮汽车	摩托车
			非营运小型、微型载客汽车	其他类型载客汽车				
5	安全装置检查	汽车安全带	■	■	■			
		应急停车安全附件	■	■	■		□	
		灭火器		□	□		□	
		行驶记录装置		□	□			
		车身反光标识			□	□	■	
		车辆尾部标志板			□	□		
		侧、后、前下部防护			□	□		
		应急锤		□				
		急救箱		□				
		辅助制动装置		□	□			
		紧急切断装置			□	□		
		发动机舱自动灭火装置		□				
		手动机械断电开关		□				
		副制动踏板		□	□			
		校车标志灯和校车停车指示标志牌		□				
		危险货物运输车辆标志			□	□		
		驾驶区隔离设施		□	□			
		肢体残疾人操纵辅助装置	□					

2. 检验项目对应检验方法

根据《机动车安全技术检验项目和方法》(GB 38900—2020)标准条文"表 4"（表 1-4-3），可知安全装置项目的检验方法主要可以通过目视检查、操作检查两种方法进行。

表 1-4-3 机动车安全技术检测项目对应方法

序号	检验项目		检验方法
5	安全装置检查	汽车安全带	目视检查并操作
		应急停车安全附件	目视检查
		灭火器	目视检查
		行驶记录装置	目视检查并操作
		车身反光标识	目视检查。目测逆反射系统偏小时，使用专用检验仪器
		车辆尾部标志板	目视检查。目测逆反射系统偏小时，使用专用检验仪器
		侧、后、前下部防护	目视检查。目测防护装置单薄、安装不规范时，使用长度测量工具
		应急锤	目视检查
		急救箱	目视检查
		车速限制/报警功能或装置	审查机动车产品公告、机动车出厂合格证、产品使用说明书等凭证装料
		防抱制动装置	打开电源，观察 ABS 指示灯或 EBS 指示灯；对于半挂车检查相关装置
		辅助制动装置	审查机动车产品公告等凭证资料并操作驾驶室（区）内操纵开关，无操纵开关或有疑问时检查相关装置
		盘式制动器	目视检查
		制动间隙自动调整装置	目视检查。有疑问时检查产品使用说明书等凭证资料
		紧急切断装置	目视检查
		发动机舱自动灭火装置	目视检查
		手动机械断电开关	目视检查。有疑问时操作开关，观察是否断电
		副制动踏板	目视检查。有疑问时分别踩下主、副制动踏板，判断主、副制动踏板工作是否正常
		校车标志灯和校车停车指示标志牌	目视检查
		危险货物运输车辆标志	目视检查
		驾驶区隔离设施	目视检查
		肢体残疾人操纵辅助装置	目视检查

3. 检验结果填写

根据《机动车安全技术检验项目和方法》(GB 38900—2020)标准条文，检验结果填到表 1-4-4 中。

表1-4-4　机动车安全技术检验表(人工检验部分)

序号		检验项目	判定
5	安全装置检查	汽车安全带	
		应急停车安全附件	
		灭火器	
		行驶记录装置	
		车身反光标识	
		车辆尾部标志板	
		侧、后、前下部防护	
		应急锤	
		急救箱	
		车速限制/报警功能或装置	
		防抱制动装置	
		辅助制动装置	
		盘式制动器	
		制动间隙自动调整装置	
		紧急切断装置	
		发动机舱自动灭火装置	
		手动机械断电开关	
		副制动踏板	
		校车标志灯和停车指示灯标志牌	
		危险货物运输车辆标志	
		驾驶区隔离设施	
		肢体残疾人操纵辅助装置	

二、安全装置检验操作

在用车检验时,检验员通过目视及手动操作安全带,检验车辆的安全带佩戴提醒装置是否有效。

(一)汽车安全带检查

安全带是机动车的主动安全装置,它的性能好坏影响驾乘人员的乘车安全。

1. 汽车安全带基本知识

常见的座椅安全带按固定方式不同可分为两点式、三点式、四点式、自由式。

两点式安全带与车体或座椅构架仅有两个固定点,软带从腰的两侧挂到腹部,形似腰带,在碰撞事故中可以防止乘员身体前移或从车内甩出。

三点式安全带是弥补两点式安全带缺点的一种安全带,它在两点式安全带的基础上增加了肩带，在靠近肩部的车体上有一个固定点，可同时防止乘员躯体前移和防止上半身前倾，增强了乘员的安全性，是目前使用最普遍的一种安全带。

赛车对安全带的要求更高，在比赛时制动和转弯带来的惯性力更大，也更频繁。为了更好地保护车手和帮助车手驾驶，赛车上使用了四点式、五点式甚至六点式安全带。

汽车常用安全带主要由纤维织带、卷收器、锁止器、锁扣、锁舌、固定件、固定孔等几个部件组成，如图1-4-1所示。

当安全带工作时，首先及时收紧，在事故发生的第一时刻毫不犹豫地把人"按"在座椅上。然后，待冲击力峰值变小，或人已能受到气囊的保护时，即适当放松安全带，避免因拉力过大而使人肋骨受伤。先进的安全带都带有预收紧装置和拉力限制器。

图 1-4-1　安全带组成

2. 汽车安全带检验要求

根据《机动车安全技术检验项目和方法》(GB 38900—2020)标准条文"6.5.1"，汽车安全带应满足的条件如下。

(1)注册登记安全检验时，检查汽车安全带，应满足以下几项：

1)2018年1月1日前出厂的乘用车、公路客车、旅游客车、未设置乘客站立区的公共汽车、专用校车和旅居车的所有座椅，其他汽车(低速汽车除外)的驾驶人座椅和前排乘员座椅均应装置汽车安全带；所有驾驶人座椅、前排乘员座椅(货车前排乘员的中间位置及设有乘客站立区的公共汽车除外)、客车位于踏步区的车组人员座椅，以及乘用车除第二排与第二排以后的中间位置座椅外的所有座椅，装置的汽车安全带均应为三点式(或四点式)安全带。

注：前排乘员座椅指"最前H点"位于驾驶人"R"点的横截面上或在此横截面前方的座椅。

2)2018年1月1日起出厂的乘用车、旅居车、未设置乘客站立区的客车、货车(三轮汽车除外)、专项作业车的所有座椅，以及设有乘客站立区的客车的驾驶人座椅和前排乘员座椅均应装备汽车安全带；除三轮汽车外，所有驾驶人座椅、乘用车的所有乘员座椅(设计和制造上具有行动不便乘客乘坐设施的乘用车设置的后向座椅除外)、总质量小于或等于3 500 kg的其他汽车的所有外侧座椅、其他汽车(设有乘客站立区的客车除外)的前排外侧乘员座椅，装备的汽车安全带均应为三点式(或全背式)汽车安全带。

3)专用校车和专门用于接送学生上下学的非专用校车的每个学生座位(椅)的每个铺位均应装备两点式汽车安全带。

4)汽车安全带应可靠有效，安装位置应合理，乘客座椅汽车安全带的固定点不合理，不应导致安全带卷带跨越其他乘客的上下车通道、影响其他乘客上下车。

注：乘客的上下车通道不包括停车时需临时移动、折叠座椅以便其他乘客上下车的情形。

乘用车(单排座的乘用车除外)应至少有一个座椅配置符合规定的ISOFIX儿童座椅固定装置，或至少有一个后排座椅能使用汽车安全带有效固定儿童座椅。

5)2018年1月1日起出厂的设计和制造上具有行动不便乘客(如轮椅乘坐者)乘坐设施的载客汽车、装备有担架的救护车,应装备能有效固定轮椅、担架的安全带或其他约束装置。

6)2014年3月1日起出厂的乘用车、2020年1月1日起出厂的其他汽车(乘用车、三轮汽车除外)应装备驾驶人汽车安全带佩戴提醒装置。

(2)在用机动车安全检验时,配备的所有汽车安全带应完好且能正常使用,不应出现坐垫套覆盖遮挡安全带、安全带绑定在座位下面、使用安全带插扣等情形。

3. 检验员工作方法

检验员通过目视检查并手动操作。

新车注册登记检验时,检验员应注意规定安装三点式(或四点式)、两点式安全带的车型及车辆出厂时间范围。不能出现不按规定配备安全带,安全带的机件不全,锁扣锁止、自动卷收失效、织带破损,以及存在坐垫套覆盖遮挡安全带、安全带绑定在座位下面、使用安全带插扣等情形。

4. 影像资料拍摄要求

在车厢内部拍摄时,客车及校车应能观察到坐垫平面的座椅安全带状况,拍照时所有安全带均应为扣紧状态。

(二)应急停车安全附件

如图1-4-2所示,紧急停车安全附件是在车辆发生各种原因紧急停车用的,发生事故或故障的车辆,在紧急停车后,要按规定在车的后方150 m处安放三角警告牌。

图1-4-2 三角警告牌、反光背心、停车楔

1. 检验要求

根据《机动车安全技术检验项目和方法》(GB 38900—2020)标准条文"6.5.2",注册登记安全检验和在用机动车安全检验时,应急停车安全附件应满足以下要求:

(1)汽车(无驾驶室的三轮汽车除外)应配备三角警告牌,三角警告牌的外观、形状应符合《机动车用三角警告牌》(GB 19151—2003)的要求。

(2)2018年1月1日起出厂的汽车(无驾驶室的三轮汽车除外)应配备1件汽车乘员反光背心。

(3)2018年1月1日起出厂的车长大于或等于6 m的客车和总质量大于3 500 kg的货车,应装备至少2个停车楔(如三角垫木)。

2. 检验员工作方法

紧急停车安全附件采用目视检查工作方法进行检验。检查三角警告牌、汽车乘员反光背心、停车楔的配备情况，检查三角警告牌是否为同心的等腰三角形。反光背心式样等应符合《汽车乘员反光背心》(GB/T 38046—2019)的要求。

3. 影像资料拍摄要求

应急停车安全附件检查项目照片应符合车辆右后方斜视 45°方位的要求，应能清晰地看到三角警告牌、反光背心、停车楔。

(三) 灭火器

灭火器是一种可由人力移动的轻便灭火器具，它能在其内部压力作用下，将所充装的灭火剂喷出，用来扑灭火灾。

1. 灭火器检验要求

根据《机动车安全技术检验项目和方法》(GB 38900—2020)标准条文"6.5.3"，灭火器检验应符合以下要求。

(1) 注册登记安全检验和在用机动车安全检验时，客车、危险货物运输车辆及 2018 年 1 月 1 日起出厂的旅居车应按照《机动车运行安全技术条件》(GB 7258—2017)等相关标准的规定配备灭火器，配备的灭火器应在使用有效期内，不应有欠压失效等情形。道路运输爆炸品和剧毒化学品车辆驾驶室内应配备一具干粉灭火器，在车辆两边应配备与所装载介质性能相适应的灭火器各一具。灭火器应固定牢靠，取用方便。

(2) 注册登记安全检验时，专用校车的驾驶人附近应配置 1 具质量不少于 2 kg 的 ABC 干粉灭火器，专用校车的至少一个照管人员附近应配置 1 具质量不少于 2 kg 的 ABC 干粉灭火器，2018 年 1 月 1 日起出厂的其他类型载客汽车的手提式灭火器配置应符合《客车灭火装备配置要求》(GB 34655—2017)的规定。

2. 检验员工作方法

灭火器采用目视检查的工作方法进行检验。重点检查客车、危险货物运输车、2018 年 1 月 1 日起出厂的旅居车是否按规定配备灭火器。

《客车灭火装备配置要求》(GB 34655—2017)规定了灭火装备的术语和定义、客车上配置灭火装备的基本要求、应用要求和其他要求，适用于 M2 和 M3 类客车、专用校车，但不适用于电动汽车上 D 类火灾隐患处（如锂离子电池）的灭火装备配置，自 2018 年 1 月 1 日起实施。该标准实施之前已出厂的客车，应按《机动车运行安全技术条件》(GB 7258—2017)及相关标准和规定配置相应数量的灭火器及符合规定的发动机舱自动灭火装置。灭火器在使用有效期内且放置在规定的位置，如图 1-4-3 所示。

图 1-4-3 灭火器配备示例

《公共汽车客舱固定灭火系统》(XF 1264—2015)规定了公共汽车客舱固定灭火系统的术语和定义、型号编制、要求、试验方法、检验规则、标志、包装、运输、储存，以及系统设计、安装、调试和验收、维护管理等要求，适用于以水系灭火剂和泡沫灭火剂为灭火介质的单层公共汽车客舱固定灭火系统。

道路运输爆炸品和剧毒化学品车辆驾驶室内应配备一个干粉灭火器，在车辆两边应配备与所装载介质性能相适应的灭火器各一个。灭火器应固定牢靠，取用方便。

3. 影像资料拍摄要求

在车辆右后方斜视45°、正前方、侧面、正后方等方位拍摄照片，应能清晰地看到三角警告牌、反光背心、停车楔、灭火器。

客车、危险货物运输车、2018年1月1日起出厂的旅居车的照片应能清晰显示灭火器在车辆上的安装固定情况及数量。

(四)行驶记录装置

1. 检验要求

根据《机动车安全技术检验项目和方法》(GB 38900—2020)标准条文"6.5.4"，可知行驶记录装置检验具体要求如下。

(1)注册登记安全检验和在用机动车安全检验时，以下车辆应安装有符合要求的行驶记录装置[包括汽车行驶记录仪或行驶记录功能符合《汽车行驶记录仪》(GB/T 19056—2021)的卫星定位装置等]，且行驶记录装置的连接、固定应可靠，时间、速度等信息显示功能应正常，汽车行驶记录仪主机外壳的易见部位应施加有符合规定的强制性产品认证标志：

1)公路客车、旅游客车、危险货物运输货车、校车。

2)2013年3月1日起注册登记的未设置乘客站立区的公共汽车、半挂牵引车、总质量大于或等于12 000 kg的货车。

3)2018年1月1日起出厂的设有乘客站立区的客车。

4)2019年1月1日起出厂的公路客车、旅游客车、未设置乘客站立区的公共汽车、校车、设有乘客站立区的客车以外的其他客车。

除校车、公路客车、旅游客车外的车长小于6 m的其他客车如安装了EDR，视为合格。

(2)注册登记安全检验和在用机动车安全检验时，以下车辆应安装车内外录像监控系统，且安装的车内外录像监控系统的功能应正常：

1)卧铺客车。

2)2013年5月1日起出厂的专用校车。

3)2018年1月1日起出厂的设有乘客站立区的客车。

2. 检验员工作方法

检验员通过目视检查并操作进行行车记录装置检查。

(1)行驶记录装置或卫星定位装置功能符合《汽车行驶记录仪》(GB/T 19056—2021)的要求。即使汽车在停驶状态下，相关人员也能方便地观察行车记录装置显示的信息，并且用USB端口可以完成行驶信息的采集。

(2)对新生产的乘用车,应配备事件数据记录系统(EDR)或车载视频行驶记录装置并在其产品使用说明书中标明。

(3)注册登记检验时,将机动车出厂合格证、产品使用说明书等技术凭证资料与实车比对,若不符,则判定为不合格。

(4)卧铺客车、2013年5月1日起出厂的专用校车、2018年1月1日起出厂的设有乘客站立区的客车,检验员要查看车内外录像监控系统的功能是否正常。

(5)符合要求的行驶记录装置或具有行驶记录功能的卫星定位装置的主机外表面上应有符合《汽车行驶记录仪》(GB/T 19056—2021)的"3C"标识。

3. 影像资料拍摄要求

影像资料拍摄要求如图1-4-4所示。

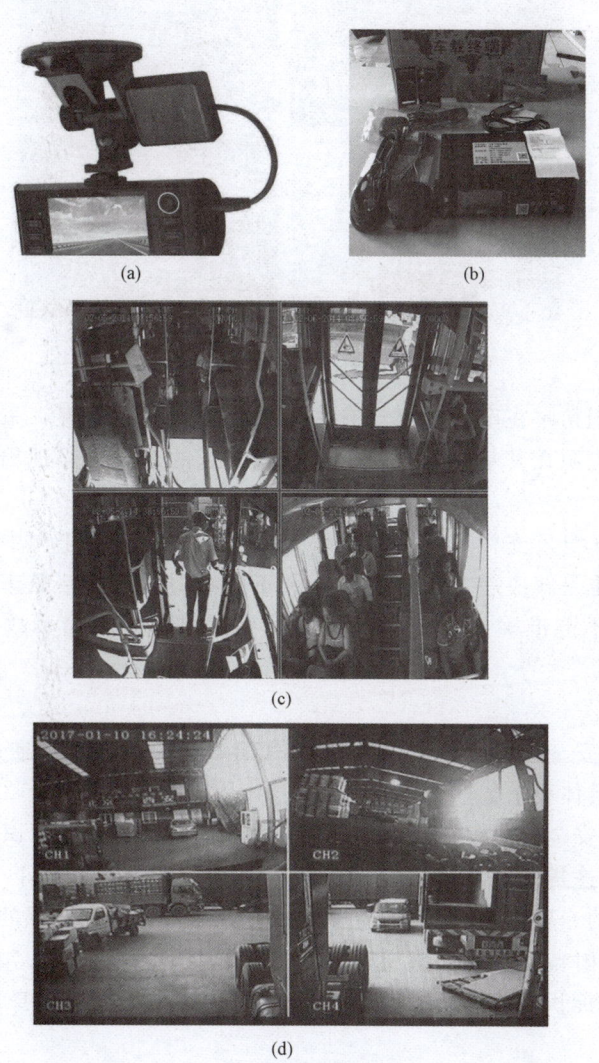

图1-4-4 影像资料拍摄要求

(a)行车记录装置;(b)卫星定位装置;(c)车内监控系统拍摄录像;(d)车外监控系统拍摄录像

(1)行驶记录装置照片应能清晰显示行驶记录装置在车辆上的安装情况；对使用行驶记录仪作为行驶记录装置的，能确认其显示部分是否易于观察、主机外表面的易见部位是否模压或印有符合规定的"3C"标识，打印凭条应清晰显示车辆基本信息。

(2)车内外录像监控系统照片应能清晰确认其安装的车内外录像监控装置的摄像头数量和安装位置。

(五) 车身反光标识

车身反光标识是指粘贴或者安装在汽车车身表面上能够反光的材料，如图1-4-5所示。

图1-4-5 车身反光标识

车身反光标识粘贴在车身轮廓，它为了增强车辆的识别性，采用了高亮度的逆反射材料，能够使光源在其基础上向处于反射光附近的观察者显现出汽车较为清晰的车身轮廓。

所以，粘贴车身反光标识，用来显著地提醒驾驶员，对于大中型车辆的交通安全是非常重要的，也是解决恶劣天气下安全开车的必要举措。粘贴车身反光标识能有效降低驾驶员因为不能准确发现前方车辆而发生追尾或者相撞事故的发生，保障交通安全。

1. 检验要求

根据《机动车安全技术检验项目和方法》(GB 38900—2020)标准条文"6.5.5"，可知车身反光标识的具体要求如下。

(1)注册登记安全检验和在用机动车安全检验时，车身反光标识应满足以下要求：

1)货车(多用途货车除外)、货车底盘改装的专项作业车和挂车(设置有符合规定的车辆尾部标志板的专项作业车、旅居挂车除外)后部车身反光标识的粘贴要求和材料类型(反光膜型或反射器型)应符合《机动车运行安全技术条件》(GB 7258—2017)、《货车及挂车 车身反光标识》(GB 23254—2009)的规定，反射器型车身反光标识的固定应可靠。

2)所有货车(半挂牵引车、多用途货车除外)、货车底盘改装的专项作业车和挂车(旅居挂车除外)，侧面粘贴的车身反光标识应符合《机动车运行安全技术条件》(GB 7258—2017)、《货车及挂车 车身反光标识》(GB 23254—2009)的规定。

3)粘贴或安装的车身反光标识应印有符合规定的强制性产品认证标志。

(2)在用机动车安全检验时,存在部分车身反光标识单元破损、丢失的,若完好的车身反光标识单元的粘贴面积符合《机动车运行安全技术条件》(GB 7258—2017)、《货车及挂车 车身反光标识》(GB 23254—2009)规定,视为合格。

2. 检验员工作方法

检验员采用目视检查的工作方法。目视逆反射系数偏小时,使用逆反射性能测试仪测试逆反射系数,如图1-4-6所示。

(1)车身反光标识检验参见《机动车运行安全技术条件》(GB 7258—2017)中"8.4 车身反光标识和车辆尾部标志板"和《货车及挂车 车身反光标识》(GB 23254—2009)的规定。

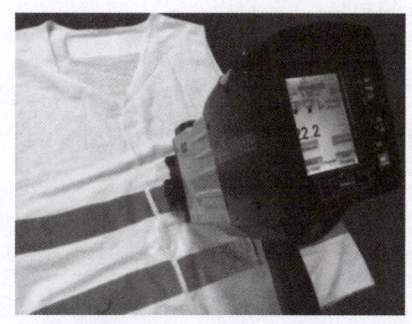

图1-4-6 逆反射系数检验仪

(2)《机动车运行安全技术条件》(GB 7258—2017)规定封闭式货车、侧帘式半挂车、总质量小于或等于3 500 kg的厢式货车、厢式专项作业车和厢式挂车可为反光膜型车身反光标识。

(3)《货车及挂车 车身反光标识》(GB 23254—2009)规定了形状和外观要求:反光膜由白色、红色单元相间的条状材料组成。反光膜的白色单元上应有印刷、水印、激光刻印、模压或者其他适当方式加施的制造商标识、材料等级标识和国家有关部门规定的其他标识,标识应易于识别。采用印刷方式加施的标识应在反光面的次表面。反光膜表面应平滑、光洁,无明显的划痕、气泡、裂纹、颜色不均匀等缺陷或损伤。

(4)外观检验员要熟悉《货车及挂车 车身反光标识》(GB 23254—2009),掌握货车、挂车的车身反光标识的相关规定。

(5)半挂牵引车应在驾驶舱后部上方设置能体现驾驶舱的宽度和高度的车身反光标识,左上角和右上角为白色单元相连。

(6)道路运输爆炸品和剧毒化学品车辆还应在车辆的后部和两侧粘贴能标识车辆轮廓的宽度为150 mm±20 mm的橙色反光带,如图1-4-7所示。

(7)设置有符合规定的车辆尾部标志板的专项作业车,可不设置后部车身反光标识。部分车型反光标识粘贴示例如图1-4-8所示。

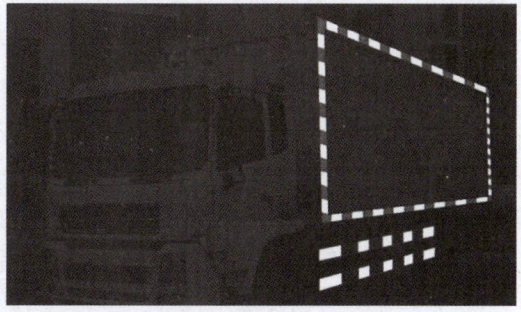

图1-4-7 橙色反光带　　　　图1-4-8 部分车型反光标识粘贴示例

3. 影像资料拍摄要求

车身反光标识检查项目照片应符合车辆左前方斜视 45°、车辆右后方斜视 45°、正前方、正后方、侧面等方位照片要求，应能清晰显示车身反光标识完好状况及粘贴方式。例如，半挂牵引车正后方照片应能清晰地看到车身上方左、右角反光标识为白色单元相连。

(六) 车辆尾部标志板

车辆尾部标志板安装在车身尾部，以增强车辆的夜间视认性，可有效降低重大交通事故发生的概率。目前，所有的货车都要装尾部反光板。

1. 检验要求

根据《机动车安全技术检验项目和方法》(GB 38900—2020)标准条文"6.5.6"，注册登记安全检验和在用机动车安全检验时，车辆尾部标志板应满足以下要求：

(1) 2012 年 9 月 1 日起出厂的总质量大于或等于 12 000 kg 的货车（半挂牵引车除外）和车长大于 8.0 m 的挂车，以及 2014 年 1 月 1 日起出厂的总质量大于或等于 12 000 kg 的货车底盘改装的专项作业车，应安装车辆尾部标志板。

(2) 车辆尾部标志板的形状、尺寸、布置和固定应符合《车辆尾部标志板》(GB 25990—2010)的规定。

2. 检验员工作方法

车辆尾部标志板采用目视检查方法进行检验。目视逆反射系数偏小时，使用逆反射性能测试仪测试逆反射系数。目测防护装置安装离地高度不够时，使用长度工具测量。

(1) 车辆尾部标志板及侧、后、前下部防护装置检验标准参见《机动车运行安全技术条件》(GB 7258—2017) 中的相关条文 "8.4" "12.8" "12.9" 及《车辆尾部标志板》(GB 25990—2010) 的要求。

(2) 所有的货车、货车底盘改装的专项作业车、挂车，均应有符合要求的侧面和后下部防护。

(3) 要重点检查机动车后下部防护装置的防护范围、连接方式、端部形式、强度等是否符合要求。必要时用长度工具测量相关尺寸，应符合《汽车及挂车侧面和后下部防护要求》(GB 11567—2017) 的规定。图 1-4-9 所示为车辆侧、后部防护装置示例。

(4) 机动车后下部防护要完好、稳固、有效，不能有固定不良、过高、变形、无防护装置等异常情形。有些专用货车和专项作业车由于客观原因无法安装后下部防护装置的，与该车型公安交管部门信息网联网查询比对后，检验判定是否合格。

图 1-4-9 车辆后部防护装置

3. 影像资料拍摄要求

车辆尾部标志板及后下部防护装置的照片应符合车辆左前方斜视 45°、右后方斜视 45°、正后方、侧面等方位照片的要求，应能清晰显示其状况。

(七)车辆侧、后、前下部防护

车辆侧、后、前下部防护安装在车身侧前部,以增强车辆的夜间视认性,可有效降低重大交通事故发生的概率。目前,所有的货车都要安装尾部反光板。

1. 检验要求

根据《机动车安全技术检验项目和方法》(GB 38900—2020)标准条文"6.5.7",车辆侧、后、前下部防护检验要求如下。

(1)注册登记安全检验和在用机动车安全检验时,防护装置应满足以下要求:

1)总质量大于 3 500 kg 的货车(半挂牵引车除外)、货车底盘改装的专项作业车和挂车,其装备的侧面及后下部防护装置应正常有效,货车列车的牵引车和挂车之间装备的侧面防护装置应正常有效。

2)罐式危险货物运输车辆的罐体及罐体上的管路和管路附件不应超出车辆的侧面及后下部防护装置,且罐体后封头及罐体后封头上的管路和管路附件外端面与后下部防护装置内侧在车辆长度方向垂直投影的距离应大于或等于 150 mm。

3)侧面防护装置的下缘离地高度、防护范围和前缘形式及后下部防护装置的离地高度、宽度、横截面宽度应符合《汽车及挂车侧面和后下部防护要求》(GB 11567—2017)的规定。

4)总质量大于 7 500 kg 的货车、货车底盘改装的专项作业车装备的前下部防护装置应正常有效。

(2)注册登记安全检验时,防护装置的外观、结构、尺寸、与车身的连接方式还应与机动车产品公告相符。

(3)在用机动车安全检验时,防护装置安装应牢固、无明显变形。

2. 检验员工作方法

车辆尾侧、后、前下部防护采用目视检查方法进行检验。目视逆反射系数偏小时,使用逆反射性能测试仪测试逆反射系数。目测防护装置安装离地高度不够时,使用长度工具测量。

(1)车辆侧、后、前下部防护装置检验标准参见《机动车运行安全技术条件》(GB 7258—2017)中的相关条文"8.4""12.8""12.9"及《车辆尾部标志板》(GB 25990—2010)的要求。

(2)所有的货车、货车底盘改装的专项作业车、挂车,均应有符合要求的侧面和后下部防护。

(3)要重点检查机动车侧面及防护装置的防护范围、连接方式、端部形式、强度等是否符合要求。必要时用长度工具测量相关尺寸,应符合《汽车及挂车侧面和后下部防护要求》(GB 11567—2017)的规定。图 1-4-10 所示为车辆侧部防护装置示例。

(4)机动车侧、后、前下部防护要完好、稳固、有效,不能有固定不良、过高、变形、无

图 1-4-10 车辆侧部防护装置

防护装置等异常情形。有些专用货车和专项作业车由于客观原因无法安装后下部防护装置的，与该车型公安交管部门信息网联网查询比对后，检验判定是否合格。

3. 影像资料拍摄要求

车辆侧、后、前下部防护装置的照片应符合车辆左前方斜视 45°、右后方斜视 45°、正后方和侧面等方位照片的要求，应能清晰显示其状况。

(八) 应急锤

应急锤也称为安全锤，作用是在车辆发生意外时，可使用应急锤击碎车窗玻璃，帮助乘客逃生，它一般安装于汽车等封闭舱室内容易取到的地方。

1. 检验要求

根据《机动车安全技术检验项目和方法》(GB 38900—2020)标准条文"6.5.8"，应急锤检验要求如下：注册登记安全检验和在用机动车安全检验时，采用密闭钢化玻璃式应急窗的客车，在相应的应急窗邻近应配备一个应急锤或采用自动破窗装置；2019 年 1 月 1 日起出厂的公路客车、旅游客车和未设置乘客站立区的公共汽车的外推式应急窗邻近处应配备有应急锤。

2. 检验员工作方法

机动车应急锤采用目视检查的工作方法进行检验。具体检查内容如下。

(1) 确认每个应急锤安装座处的应急锤是否齐全。

(2) 此项为注册登记检验项目，检验员注意车辆出厂时间。

(3) 采用密闭钢化玻璃式应急窗的客车，在应急窗附近放置应急锤；自 2019 年 1 月 1 日开始对新生产的车辆实施自动破窗功能的要求。自动破窗装置一般安装在应急窗的上角位置，如图 1-4-11 所示。应急锤应由驾驶人控制开关、应急窗附近的副控制开关、破玻装置及电池组成。当紧急情况发生时，驾驶人按压红色控制开关按钮，自动破窗装置启动击碎玻璃。

图 1-4-11 安全锤位置

3. 影像资料拍摄要求

车厢内部影像资料应能涵盖全貌。客车照片应能清晰显示应急锤、自动破窗装置安装位置及周围状况。

(九) 急救箱

1. 检验要求

根据《机动车安全技术检验项目和方法》(GB 38900—2020)标准条文"6.5.9"，急救箱检验要求如下：注册登记安全检验和在用机动车安全检验时，校车应配备急救箱，急救箱应放置在便于取用的位置并确保有效适用。

2. 检验员工作方法

检验员采用目视检查的工作方法。

(1)此项为校车注册登记检验项目,检验员注意车辆出厂时间。
(2)校车急救箱的安装位置要便于取用。

3. 影像资料拍摄要求

校车照片应能清晰显示配备的急救箱及放置在便于取用的位置。

(十)车速限制/报警功能或装置

1. 检验要求

根据《机动车安全技术检验项目和方法》(GB 38900—2020)标准条文"6.5.10",可知车速限制/报警功能或装置要求如下。

车速限制/报警功能或装置注册登记安全检验时:

(1)公路客车、旅游客车、危险货物运输货车及车长大于 9 m 的未设置乘客站立区的公共汽车,应具有限速功能或配备限速装置;车长大于或等于 6 m 的客车,应具有超速报警功能(但具有符合规定的限速功能或限速装置的除外)。

(2)2018 年 1 月 1 日起出厂的车长大于 9 m 的其他客车(除公路客车、旅游客车,未设置乘客站立区的公共汽车的客车)应具有限速功能或配备限速装置。

(3)2019 年 1 月 1 日起出厂的车长大于或等于 6 m 的旅居车应具有限速功能或配备限速装置。

(4)2019 年 1 月 1 日起出厂的三轴及三轴以上货车(具有限速功能或配备有限速装置,且限速功能或装置符合规定的除外)应具有超速报警功能。

2. 检验员工作方法

检验员通过目视检查并操作。

(1)注册登记检验时,将机动车出厂合格证、产品使用说明书等技术凭证资料与实车比对,若不符,则判定为不合格。

(2)车速限制/报警功能或装置检查为注册登记检验项目。

(3)车速限制/报警功能或装置应符合《车辆车速限制系统技术要求及试验方法》(GB 24545—2019)的要求。限速功能、限速装置和超速报警调定的最大速度应符合有关规定。

3. 影像资料拍摄要求

车速限制/报警功能或装置照片应能清晰显示其工作状态。很多车辆的行驶记录装置及卫星定位装置中具有车速限制/报警功能,就不需要再提交此项照片。

(十一)防抱制动装置

防抱制动装置就是在汽车紧急制动时,自动控制制动器制动力的大小使车轮不被抱死,处于边滚边滑(滑移率在 20% 左右)的状态,以保证车轮与地面的附着力在最大值。

1. 检验要求

根据《机动车安全技术检验项目和方法》(GB 38900—2020)标准条文"6.5.11",防抱制动装置检验要求如下。

注册登记安全检验时,以下车辆应装备防抱制动装置,且装备的防抱制动装置自检功能应正常:

(1)道路运输爆炸品和剧毒化学品车辆,以及2012年9月1日起出厂的其他危险货物运输货车。

(2)2012年9月1日起出厂的半挂牵引车及车长大于9 m的公路客车、旅游客车。

(3)2013年5月1日起出厂的专用校车。

(4)2013年9月1日起出厂的车长大于9 m的未设置乘客站立区的公共汽车。

(5)2014年9月1日起出厂的总质量大于或等于12 000 kg的货车和专项作业车。

(6)2015年7月1日起出厂的面包车。

(7)2018年1月1日起出厂的其他乘用车和客车,以及总质量大于3 500 kg且小于12 000 kg的货车和专项作业车(五轴及五轴以上专项作业车除外)、总质量大于3 500 kg的挂车。

(8)2019年1月1日起出厂的总质量小于或等于3 500 kg的货车(三轮汽车除外)和专项作业车。

2. 检验员工作方法

审查机动车出厂合格证、产品使用说明书等凭证资料。

(1)防抱制动装置检查为注册登记检验项目,检验员应了解适用的车型。

(2)打开电源,观察ABS指示灯或电子制动系统(EBS)指示灯。对于半挂车,需要实车连接牵引。打开点火开关,踩踏制动踏板,检查制动器是否有电磁阀通断的声音。

(3)防抱制动装置自检功能检验:打开点火开关至ON挡(不启动车辆),橘黄色ABS警告灯亮3~5 s后熄灭,自检结束;若ABS警告灯长亮不熄灭或不亮,说明ABS装置存在故障。

(4)检验员重点关注《机动车安全技术检验项目和方法》(GB 38900—2020)要求必须安装防抱制动系统的车型。《机动车运行安全技术条件》(GB 7258—2017)也规定了安装防抱制动装置的汽车车型范围,总质量大于12 000 kg的危险货物运输货车还应具备电子制动系统(EBS),对防抱制动装置的电气线路连接也做了相关要求。

3. 影像资料拍摄要求

客车、校车、货车(挂车)、专项作业车应能清晰显示仪表盘上的防抱制动装置处于点亮状态。拍照时,引车员将点火开关打开但不启动发动机,此时,ABS指示灯点亮,约5 s熄灭,检验员在此间隙抓紧拍照(图1-4-12)。

图1-4-12 防抱制动装置点亮状态照片

(十二)辅助制动装置

1. 检验要求

根据《机动车安全技术检验项目和方法》(GB 38900—2020)标准条文"6.5.12",辅助制动装置检验要求如下。

(1)注册登记安全检验时,以下车辆应安装缓速器或其他辅助制动装置:

1)2012年9月1日起出厂的车长大于9 m的客车(对专用校车为车长大于8 m)、总质量大于3 500 kg的危险货物运输货车、总质量大于或等于12 000 kg的货车。

2)2014年9月1日起出厂的总质量大于或等于12 000 kg的专项作业车。

(2)注册登记安全检验和在用机动车安全检验时,2019年1月1日起出厂的装备电涡流缓速器的汽车,电涡流缓速器的安装部位应设置温度报警系统或自动灭火装置。

2. 检验员工作方法

检验员检查机动车产品公告等凭证资料并操作驾驶舱内的操纵开关,无操纵开关或有疑问时检查缓速器或其他辅助制动装置。

(1)注册登记检验时,检验员在驾驶舱检查辅助制动装置控制开关或操纵手柄等,与产品说明书比对是否一致。虽然在用车不检查此项,但检验员在检验底盘部件时要注意辅助制动装置是否有改动或拆除,发现疑问,与公安交管部门信息网联网查询比对判定。

(2)根据《机动车运行安全技术条件》(GB 7258—2017)规定,总质量小于或等于3 500 kg的危险货物运输车可不装备辅助制动装置。

(3)很多纯电动大客车辅助制动装置采用的是轮边减速器或电动机能量回收装置,与普通汽车有较大的不同。检验员要注意机动车无论采取何种制动辅助装置,在产品使用说明书中均应说明辅助制动装置的类型、安装位置、安全操作等相关事项。

(4)由于电涡轮缓速器的缺点是质量重、工作时温度高,制动转矩随着温度的升高而降低。为防止高温引发火灾,安装电涡轮缓速器的汽车应装备温度报警系统或自动灭火装置,并且自2019年1月1日开始对新生产的车辆进行实施。

(5)对于采用排气辅助制动装置的机动车,检验员检查排气辅助制动装置是否有效。

3. 影像资料拍摄要求

货车、客车、校车照片应能清晰地反映辅助制动驾驶舱内操纵开关的形式及状态;无操纵开关的需要拍摄辅助制动装置照片,如图1-4-13所示。

图1-4-13 辅助制动装置操纵开关照片

(十三)盘式制动器

1. 检验要求

根据《机动车安全技术检验项目和方法》(GB 38900—2020)标准条文"6.5.13",盘式制动器检验要求如下。

注册登记安全检验时,以下车辆应装备盘式制动器:

(1)2012年9月1日起出厂的危险货物运输货车的前轮、车长大于9 m的客车(未设置乘客站立区的公共汽车除外)的前轮。

(2)2013年5月1日起出厂的专用校车的前轮。

(3)2013年9月1日起出厂的车长大于9 m的未设置乘客站立区的公共汽车的前轮。

(4)2019年1月1日起出厂的危险货物运输半挂车的所有车轮。

(5)2020年1月1日起出厂的三轴栏板式、三轴仓栅式半挂车的所有车轮。

2. 检验员工作方法

检验员采用目视检查的工作方法,查看是否配备了盘式制动器。盘式制动器检查项目为注册登记检验项目。检验员在检查时注意车辆的出厂时间,以及与车辆产品说明书的一致性。

3. 影像资料拍摄要求

拍摄照片应能清晰反映盘式制动器的状况,如图1-4-14所示。

图1-4-14 盘式制动器

(十四)制动间隙自动调整装置

1. 检验要求

根据《机动车安全技术检验项目和方法》(GB 38900—2020)标准条文"6.5.14",制动间隙自动调整装置检验要求如下。

注册登记安全检验时,2018年1月1日起出厂的以下车辆的所有行车制动器均应装备制动间隙自动调整装置:

(1)客车。

(2)总质量大于3 500 kg的货车和专项作业车(具有全轮驱动功能的货车和专项作业车除外)。

(3)总质量大于3 500 kg的半挂车。

(4)危险货物运输车辆。

2. 检验员工作方法

检验员采用目视检查的工作方法，查看是否配备了制动间隙自动调整装置。制动间隙自动调整装置检查项目为注册登记检验项目。检验员在检查时注意车辆的出厂时间，以及与车辆产品说明书的一致性。

3. 影像资料拍摄要求

拍摄照片应能清晰反映制动间隙自动调整装置的状况，如图1-4-15所示。

图1-4-15 制动间隙调整装置

(十五)紧急切断装置

1. 检验要求

根据《机动车安全技术检验项目和方法》(GB 38900—2020)标准条文"6.5.15"，紧急切断装置检验要求如下。

(1)注册登记安全检验和在用机动车安全检验时，用于运输液体危险货物的罐式危险货物运输车辆应按《道路运输液体危险货物罐式车辆 第1部分：金属常压罐体技术要求》(GB 18564.1—2019)、《道路运输液体危险货物罐式车辆 第2部分：非金属常压罐体技术要求》(GB 18564.2—2008)等规定安装紧急切断装置。

(2)注册登记安全检验时，2019年1月1日起出厂的车辆的紧急切断装置自动关闭或提示报警功能应符合《机动车运行安全技术条件》(GB 7258—2017)的要求。

2. 检验员工作方法

检验员采用目视检查的工作方法。紧急切断装置(俗称底阀或海底阀)为注册登记检验项目。

(1)所有用于运输液体危险货物的罐式危险货物运输车必须安装紧急切断装置。

(2)紧急切断阀应能自动关闭或应能提示驾驶人关闭紧急切断阀。

自2019年1月1日开始对新生产的装有紧急切断装置的罐式危险货物运输车辆实施此项规定。

(3)检查紧急切断阀是否有腐蚀、生锈、裂纹等缺陷，有无松脱、渗漏等现象。

(4)液体危险货物罐车紧急切断装置，由紧急切断阀、远程控制机构及易熔塞自动切断装置等组成，多安装于罐车储罐底部，阀门密封置于罐内。当受到强烈碰撞时，阀体将在法兰处(切断槽处)断裂，使储罐和车底管路分离，成为独立密闭的罐体，从而防止液体外漏，提高运输的安全性。

远程控制机构通过气动、液压或机械方式控制紧急切断阀的开闭。紧急切断阀非装卸状态时应处于关闭状态；装卸时管道意外碰撞，罐内液体不会泄漏。进行装卸作业时，紧急切断阀处于开启状态，遇紧急情况时，可以人工关闭，防止罐内液体泄漏。当环境温度由于火灾等原因升高至设定温度时（一般为75 ℃±5 ℃），阀内易熔塞熔化，紧急切断阀自动关闭，防止罐内液体泄漏。

如果液体危险货物罐体包含多个货仓，则应在每个货仓对应设置一个紧急切断阀。

3. 影像资料拍摄要求

影像资料拍摄要求能清晰显示紧急切断装置（又称紧急切断开关）的位置及标识。紧急切断装置如图 1-4-16 所示。

图 1-4-16　紧急切断装置

(十六) 发动机舱自动灭火装置

1. 检验要求

根据《机动车安全技术检验项目和方法》(GB 38900—2020)标准条文"6.5.16"，发动机舱自动灭火装置检验要求如下。

注册登记安全检验和在用机动车安全检验时，以下车辆应装备发动机舱自动灭火装置：

(1)2013 年 3 月 1 日起出厂的发动机后置的客车(专用校车除外)。

(2)2013 年 5 月 1 日起出厂的专用校车。

(3)2019 年 1 月 1 日起出厂的发动机前置且位于前风窗玻璃之后的可载乘员数(不包括驾驶人)不多于 22 人且不允许乘客站立的客车。

(4)2018 年 1 月 1 日起出厂的除了(1)～(3)规定客车外的其他客车。

2. 检验员工作方法

检验员采用目视检查的工作方法。

(1)发动机舱自动灭火装置为注册登记检验项目。

(2)发动机舱自动灭火装置注册登记检验时与产品说明书比对应一致。在用车主要查看发动机舱自动灭火装置固定安装位置是否发生变化及固定是否牢固。

(3)发动机舱自动灭火装置是安装于各类车辆发动机舱的消防装置，用于扑救车辆起火。常用的有气溶胶自动灭火装置与干粉自动灭火装置两种形式。

3. 影像资料拍摄要求

照片应能清晰显示自动灭火装置的位置及标识，如图 1-4-17 所示。

图 1-4-17　发动机舱自动灭火装置

(十七)手动机械断电开关

1. 检验要求

根据《机动车安全技术检验项目和方法》(GB 38900—2020)标准条文"6.5.17",手动机械断电开关检验要求如下:注册登记安全检验和在用机动车安全检验时,2013年3月1日起出厂的车长大于或等于6 m的客车,应设置能切断蓄电池和所有电路连接的手动机械断电开关。

2. 检验员工作方法

检验员采用目视检查的工作方法。检验员需要操作开关来观察手动机械断电开关是否断电。发动机舱手动机械断电开关为注册登记检验项目。

3. 影像资料拍摄要求

照片应能清晰显示手动机械断电开关的位置及标识(图 1-4-18)。

图 1-4-18 手动机械断电开关

(十八)副制动踏板

1. 检验要求

根据《机动车安全技术检验项目和方法》(GB 38900—2020)标准条文"6.5.18",副制动踏板检验要求如下。

注册登记安全检验和在用机动车安全检验时,副制动踏板应满足以下要求:

(1)教练车(三轮汽车除外)和自学用车装备的副制动踏板应牢固、动作可靠有效,安装和布置不得影响主制动踏板、加速踏板的正常操作,其组件不应与车辆其他部件发生干涉、摩擦。

(2)自学用车装备的副制动踏板应通过连杆或拉索等机械结构与主制动踏板连接、确保联动,副制动踏板的脚踏面积不应小于主制动踏板的脚踏面积。

2. 检验员工作方法

副制动踏板检验主要采用目视检查和操作检查的工作方法。一般先目视检查,再分别踩下主、副制动踏板,判断主、副制动踏板工作是否正常。

(1)注册登记安全检验和在用机动车安全检验时,检查副制动踏板的安装是否符合要求,固定是否牢固,是否与相邻其他部件发生干涉、摩擦。

副制动踏板操纵时应可靠有效。发现异常,检验员可分别踏下主、副制动踏板,观察车辆制动状况。

(2)副制动踏板操纵可分为纯机械式或液压辅助式,若副制动踏板为电子式,则确保电路连接固定完好。副制动踏板的脚踏面积不应小于主制动踏板的脚踏面积。

3. 影像资料拍摄要求

照片应能清晰显示副制动踏板的位置及周围状况。

(十九)校车标志灯和校车停车指示标志牌

校车标志灯和校车停车指示标志牌(图 1-4-19)是保障学生的生命安全和学校财产安全的一项基本保障措施。

图 1-4-19　校车标志灯和校车停车指示标志牌

1. 检验要求

根据《机动车安全技术检验项目和方法》(GB 38900—2020)标准条文"6.5.19",校车标志灯和校车停车指示标志牌检验要求如下:注册登记安全检验和在用机动车安全检验时,校车配备的校车标志灯和校车停车指示标志牌应齐全、有效。

2. 检验员工作方法

校车标志灯和校车停车指示标志牌采用目视检查工作方法进行检验。

(1)此项为注册登记检验项目,在讲解《机动车安全技术检验项目和方法》(GB 38900—2020)标准条文"6.4.2 外观标识、标注和标牌"时已强调了检验的要求及 PDA 的要求。

(2)检验员参看关于校车的相关国标,如《专用校车安全技术条件》(GB 24407—2012)、《校车标志灯》(GA/T 1004—2012)等。

(3)所有校车都要配备校车标志灯和校车停车指示标志牌。

3. 影像资料拍摄要求

照片应能清晰显示校车标志灯和校车停车指示标志牌的位置及周围状况。

(二十)危险货物运输车辆标志

危险货物运输车辆是专门用于运输剧毒化学品、爆炸品、放射性物品、腐蚀性物品等危险货物的货车,其行驶的区域会有一定的危险存在。车辆设置危险货物运输车辆标志可以给周边行人和行车以警示。

1. 检验要求

根据《机动车安全技术检验项目和方法》(GB 38900—2020)标准条文"6.5.20",危险货物运输车辆标志检验要求如下。

注册登记安全检验和在用机动车安全检验时,危险货物运输车辆标志应满足以下要求:

(1)危险货物运输车辆应装置符合《道路运输危险货物车辆标志》(GB 13392—2023)规定的标志灯和标志牌,标志灯正面为等腰三角形,标志牌的形状为菱形。

(2)道路运输爆炸品和剧毒化学品车辆应粘贴符合《道路运输爆炸品和剧毒化学品车辆安全技术条件》(GB 20300—2018)规定的橙色反光带并设置安全标示牌,安全标示牌的内容应与车辆类型相适应。

2. 检验员工作方法

危险货物运输车辆标志采用目视检查的方法进行检验。

危险货物运输车辆标志灯和标志牌应符合《道路运输危险货物车辆标志》（GB 13392—2023）的规定，如图1-4-20所示。

图1-4-20 危险货物运输车辆标志牌

3. 影像资料拍摄要求

照片应能清晰显示危险货物运输车辆的标志灯和标志牌位置及周围状况。

(二十一) 驾驶区隔离设施

驾驶区隔离设施是公交车和出租车上必备的安全装置。其主要用于保护车辆驾驶员，防止驾驶员被干扰或威胁。

1. 检验要求

根据《机动车安全技术检验项目和方法》（GB 38900—2020）标准条文"6.5.21"，驾驶区隔离设施检验要求如下。

(1) 注册登记安全检验和在用机动车安全检验时，以下客车应有防止他人侵入驾驶区的隔离设施：

1) 2019年11月1日起出厂的车长大于或等于6 m的设有乘客站立区的客车和未设置乘客站立区的公共汽车。

2) 2020年8月1日起出厂的车长大于9 m的公路客车和旅游客车。

(2) 注册登记安全检验和在用机动车安全检验时，封闭式货车在最后排座位的后方应安装隔离装置；对2018年1月1日起出厂的封闭式货车，应采用板式隔离装置。

2. 检验员工作方法

检验员采用目视检查的工作方法。

根据《机动车运行安全技术条件》国家标准第1号修改单（GB 7258—2017/XG1—2019）增加的内容，驾驶区隔离设施为注册登记检验项目。检验时对要求设置驾驶区隔离设施的车型，与公安交管部门信息网联网查询比对是否一致。

3. 影像资料拍摄要求

如图1-4-21所示，照片应能清晰显示驾驶区隔离设施设置形式及状态。

图 1-4-21　公交车驾驶区隔离设施

(二十二)肢体残疾人操纵辅助装置

肢体残疾人操纵辅助装置主要用于残疾人专用车辆，帮助残疾人驾驶车辆。

1. 检验要求

根据《机动车安全技术检验项目和方法》(GB 38900—2020)标准条文"6.5.22"，肢体残疾人操纵辅助装置检验要求如下：在用机动车安全检验时，加装肢体残疾人操纵辅助装置的汽车，操纵辅助装置铭牌标明的产品型号和产品编号应与机动车行驶证或操纵辅助装置加装合格证明记载的产品型号和产品编号一致。

2. 检验员工作方法

检验员采用目视检查的工作方法。

(1)肢体残疾人操纵辅助装置是在采用自动变速器的乘用车上加装符合残疾人类型及相关规定的驾驶辅助装置，如图 1-4-22 所示。

图 1-4-22　肢体残疾人操纵辅助装置

(2)加装的操纵辅助装置安装应牢固可靠，位置应适宜操纵，且不应与车辆的其他操纵指示系统冲突或妨碍车辆其他操纵指示系统的操作。

(3)操纵辅助装置加装后，不应改变原车结构的完整性和安全性，不能影响原车操纵件的电器功能、机械性能。操纵辅助装置铭牌标明的产品型号和产品编号应与机动车行驶证等证件的产品型号和产品编号一致。

3. 影像资料拍摄要求

操纵辅助装置照片应能清晰显示残疾人操纵辅助装置在车辆上的安装固定情况，以及能确认操纵辅助装置的产品型号和出厂编号。

任务实施

实训　安全装置检查

一、任务准备

1. 实训准备

(1)实施场地。外观检验区。
(2)实施设备。载客汽车、货车、挂车、三轮汽车、摩托车。
(3)检测工具。无。

2. 作业要求

(1)穿着干净、整洁的工作服。
(2)遵守场地安全规定，注意用电安全。
(3)正确使用检测仪器。
(4)按照要求填写检验报告。

二、任务实施

1. 实训组织

分组进行，使用实车分组进行安全装置检查训练（表1-4-5）。

表1-4-5　分组任务

时间/min	任务	操作对象
0～10	组织学生学习安全装置检查方法	教师
11～30	学生分组进行安全装置检查	学生
31～40	教师点评和讨论	教师

2. 实训步骤与记录

单人实操后完成下列工单内容，并提交给指导教师，现场完成后教师给予点评并作为本次实训的成绩计入学时（表1-4-6）。

表1-4-6　实训工单

安全装置检查					
姓名		学号		班级	
指导教师		成绩		考试时间	
车辆信息正确记录					
车辆类型			发动机排量		
车辆识别代号			行驶里程数		

续表

实训内容		
	车辆外观检查步骤	
检验项目	汽车安全带	目视检查并操作：检查各座位配备情况，检查安全带提示灯、安全带、锁扣、锁闩板、卷收器和固定装置都正常工作
	应急停车安全附件	目视检查：检查三角警示牌、反光背心、停车楔的配备是否齐全
	灭火器	目视检查：检查灭火器配备数量、规格、放置位置及有效性
	行驶记录装置	目视检查并操作：检查功能、规格及配备情况
	车身反光标识	目视检查：目测逆反射系数偏小时，使用专用检验仪器
	车辆尾部标志板	目视检查：目测逆反射系数偏小时，使用专用检验仪器
	侧、后、前下部防护	目视检查：目测防护装置单薄、安装不规范时，使用长度测量工具
	应急锤	目视检查：检查配备情况
	急救箱	目视检查：检查配备情况、放置位置及有效性
	车速限制/报警功能或装置	审查机动车产品公告、机动车出厂合格证、产品使用说明书等凭证资料
	防抱制动装置	打开电源，观察 ABS 指示灯或 EBS 指示灯；对于半挂车检查相关装置
	辅助制动装置	审查机动车产品公告等凭证资料并操作驾驶室（区）内操纵开关，无操纵开关或有疑问时检查相关装置
	盘式制动器	目视检查：目测受检车型的配备情况
	制动间隙自动调整装置	目视检查：有疑问时检查产品使用说明书等凭证资料
	紧急切断装置	目视检查：检查受检车型的配备情况及功能
	发动机舱自动灭火装置	目视检查：检查受检车型的配备情况
	手动机械断电开关	目视检查：检查受检车型的配备情况及功能
	副制动踏板	目视检查：有疑问时分别踩下主、副制动踏板，判断主、副制动踏板工作是否正常
	校车标志灯和校车停车指示标志牌	目视检查：目测受检车型配置是否齐全及有效性
	危险货物运输车辆标志	目视检查：检查受检车型配备情况及规格
	驾驶区隔离设施	目视检查：检查受检车型配备情况及规格
	肢体残疾人操纵辅助装置	目视检查：检查加装与登记的一致性

续表

	检验项目	判定
作业工单	(1)汽车安全带	
	(2)应急停车安全附件	
	(3)灭火器	
	(4)行驶记录装置	
	(5)车身反光标识	
	(6)车辆尾部标志板	
	(7)侧、后、前下部防护	
	(8)应急锤	
	(9)急救箱	
	(10)车速限制/报警功能或装置	
	(11)防抱制动装置	
	(12)辅助制动装置	
	(13)盘式制动器	
	(14)制动间隙自动调整装置	
	(15)紧急切断装置	
	(16)发动机舱自动灭火装置	
	(17)手动机械断电开关	
	(18)副制动踏板	
	(19)校车标志灯和校车停车指示标志牌	
	(20)危险货物运输车辆标志	
	(21)驾驶区隔离设施	
	(22)肢体残疾人操纵辅助装置	
检验结果		
实训整理(7S)	整理：	
	整顿：	
	清扫：	
	清洁：	
	素养：	
	安全：	
	节约：	

三、任务评价

进行任务评价，见表 1-4-7。

表 1-4-7 任务评价

评分项	得分条件	分值	评分要求	得分
7S/态度	作业区 7S、个人工作态度	15	未完成 1 项扣 1~3 分，扣分不得超 15 分	
专业技能、能力	1. 正确无误检查车辆外观/外观标识、标注和标牌能力。 2. 正确无误检查外部照明和信号装置/加装、改装灯具能力。 3. 正确无误检查轮胎能力。 4. 正确无误检查号牌/号牌板（架）能力	50	未完成 1 项扣 1~5 分，扣分不得超 50 分	
工具及设备使用能力	岗位所需工具及设备的使用能力、查询软件的使用能力	15	未完成 1 项扣 1~5 分，扣分不得超 15 分	
资料、信息查询能力	检测资料、其他资料信息检索与查询能力	10	未完成 1 项扣 1~5 分，扣分不得超 10 分	
数据读取、分析和判断能力	数据读取、分析、判断能力	5	未完成 1 项扣 1~3 分，扣分不得超 5 分	
表单填写与报告撰写能力	电子工单、纸质工单、任务记录单填写	5	未完成 1 项扣 0.5~1 分，扣分不得超 5 分	
总分				

任务小结

任务完成后，学会以下技能：
1. 能按照规范进行汽车安全带和车身反光标识检验。
2. 能按照规范进行车辆尾部标志板及侧、后、前下部防护检验。
3. 能按照规范进行应急停车安全附件、应急锤、灭火装置及防抱制动装置检验。

拓展阅读

安徽省安庆市太湖县"2021·9·5"货车翻坠重大事故、福建省南平市延平区"11·11"较大道路运输事故、甘肃平凉段"7·26"重大道路交通事故等历历在目，市场监管部门作为机动车检测机构的监管部门多人被追责。

事故车辆为道路运输营运车辆，机动车安全技术检验报告及营运车辆技术等级评定是营运车辆上路营运的重要许可，报告合格与否直接决定车辆是否上路营运。

按照《道路运输车辆技术管理规定》(2023)第二十八条规定"从事道路运输车辆检验检测业务的机动车检验检测机构有下列行为之一的，交通运输主管部门不予采信其出具的检验检测报告，并抄报同级市场监督管理部门处理。(一)不按技术标准、规范对道路运输车辆进行检验检测的；(二)未经检验检测出具道路运输车辆检验检测结果的；(三)不如实出具道路运输车辆检验检测结果的。"

试题训练

一、选择题

1. 汽车装备的汽车安全带应齐全且(　　)安全带均应能正常使用。
   A. 所有　　　　　B. 第一排　　　　　C. 其中一个　　　　　D. 中间排

2. 汽车(无驾驶室的三轮汽车除外)应配备1个机动车用三角警告牌，属于(　　)以后的还应配备1件反光背心。
   A. 2015年1月1日　　　　　　　　B. 2016年1月1日
   C. 2018年1月1日　　　　　　　　D. 2020年1月1日

3. 安全装置检查时，目视检查灭火器。重点检查客车、危险货物运输车、(　　)起出厂的旅居车按规定配备灭火器情况。
   A. 2013年1月1日　　　　　　　　B. 2014年1月1日
   C. 2015年1月1日　　　　　　　　D. 2018年1月1日

4. 2013年3月1日起出厂的车长大于或等于(　　)m的客车，应设置能切断蓄电池和所有电路连接的手动机械断电开关。
   A. 6　　　　　　B. 7　　　　　　C. 8　　　　　　D. 9

5. 安全装置检查时，对(　　)起出厂的发动机后置的客车(专用校车除外)目视检查安装发动机舱灭火装置情况。
   A. 2017年3月1日　　　　　　　　B. 2016年3月1日
   C. 2015年3月1日　　　　　　　　D. 2013年3月1日

二、判断题

1. 安全装置检查时，重点检查安全带的锁扣锁止有效性和安全带的自动伸缩性，以确保其功能有效。　　　　　　　　　　　　　　　　　　　　　(　　)
2. 车辆外观检查时，目视检查应急停车安全附件，重点检查三角警告牌、汽车乘员反光背心、停车楔的配备情况。　　　　　　　　　　　　　　　(　　)
3. 安全装置检查时，检查2013年1月1日起出厂的旅居车是否配备灭火器。(　　)
4. 安全装置检查紧急切断装置拍照时，不用清晰显示紧急切断装置操纵开关。
   　　　　　　　　　　　　　　　　　　　　　　　　　　　　　　　　(　　)

三、问答题

对2019年出厂的面包车进行安全装置检查时，需要检查哪些项目？

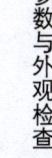

学习任务五　车辆底盘动态检验和底盘部件检查

工作情景描述

车辆底盘动态检验可以利用仪器设备对车辆底盘系统进行全面检测和评估，这种检验是为了判定车辆底盘系统的性能指标，对于保障车辆安全使用和节省费用具有重要的意义。

车辆底盘部件检查可以通过目视、耳听、感知及借助手锤和仪器等工具进行，进而判定机动车的转向系部件、传动系部件、行驶系部件、制动系部件和其他部件是否符合运行安全要求，从而确保车辆的行车安全。

根据车辆底盘动态检验和车辆底盘部件检查要求，现需要学习对车辆底盘动态检验和部件检查的要求与方法。下面请完成车辆底盘动态检验和底盘部件检查项目，并按照规范做好相关记录。

学习目标

知识目标

1. 掌握机动车转向系、制动系、行驶系、传动系和其他部件的动态检验内容与检验方法；
2. 掌握机动车底盘部件的检验内容和检验方法；
3. 掌握底盘动态检验和底盘部件检查结果填写要求。

能力目标

1. 能按照规范进行汽车转向系、制动系、行驶系、传动系和其他部件的检查；
2. 能按照规范完成机动车底盘的动态检验。

素质目标

养成团队协作与独立作业、质量优先与规范检测的职业素养。

知识准备

技能点一　车辆底盘动态检验

车辆底盘动态检验是指在行驶状态下，采取蛇行前进及点制动的方式，判断送检机动车的转向系、传动系、制动系、仪表和指示器是否符合运行安全要求。下面介绍车辆底盘动态检验条文的要求和方法。

一、车辆底盘动态检验条文要求

1. 检验项目

车辆底盘动态检验条文见《机动车安全技术检验项目和方法》(GB 38900—2020)标准条文"表 1"和"表 2"(具体见表 1-5-1 和表 1-5-2)。

表 1-5-1　机动车安全技术检验项目表(注册登记安全检验)(底盘动态检验)

序号	检验项目		适用车辆类型					
			载客汽车		货车(三轮汽车除外)、专项作业车	挂车	三轮汽车	摩托车
			非营运小型、微型载客汽车	其他类型载客汽车				
6	底盘动态检验	转向	○	●	●		●	●
		传动	○	●	●		●	●
		制动	○	●	●		●	●
		仪表和指示器	○	●	●		●	●

表 1-5-2　机动车安全技术检验项目表(在用机动车安全检验)(底盘动态检验)

序号	检验项目		适用车辆类型					
			载客汽车		货车(三轮汽车除外)、专项作业车	挂车	三轮汽车	摩托车
			非营运小型、微型载客汽车	其他类型载客汽车				
6	底盘动态检验	转向	□	■	■	□	■	■
		传动	□	■	■	□	■	■
		制动	□	■	■	□	■	■
		仪表和指示器	□	■	■	□	■	■

2. 检验项目对应检验方法

根据《机动车安全技术检验项目和方法》(GB 38900—2020)标准条文"表 4",底盘动态检验方法具体见表 1-5-3。

表 1-5-3　机动车安全技术检验项目对应检验方法

序号	检验项目		检验方法
6	底盘动态检验	制动	以不低于 20 km/h 的速度正直行驶，双手轻扶方向盘，急踩制动踏板后迅速放松
		转向	检验员操作车辆，起步并行驶 20 m 以上，利用目视、耳听、操作感知等方式检查。对大型客车、重中型货车、重中型载货专项作业车、危险货物运输车使用转向角测量仪测量方向盘最大自由转动量
		传动	
		仪表和指示器	检验过程中，观察仪表和指示器

3. 检验结果填写

根据《机动车安全技术检验项目和方法》(GB 38900—2020)标准条文，将检验结果填到表 1-5-4 中。

表 1-5-4　机动车安全技术检验表(人工检验部分)

序号	检验项目		检验方法
6	底盘动态检验	转向	
		传动	
		制动	
		仪表和指示器	

二、车辆底盘动态检验

车辆底盘需要进行动态检验的主要有转向系、传动系、制动系、仪表和指示器，下面进行详细介绍。

(一)转向系

转向系的性能影响汽车的行车安全，这里学习其具体检验要求和方法。

1. 检验要求

根据《机动车安全技术检验项目和方法》(GB 38900—2020)标准条文"6.6.1"，可知转向系检验要求如下：车辆的方向盘应转动灵活，操纵方便，无卡滞现象，最大自由转动量应符合《机动车运行安全技术条件》(GB 7258—2017)的相关规定；对于使用方向把的三轮汽车、摩托车，转向轮转动应灵活。

2. 检验员工作方法

(1)转向系底盘动态检验采取静态、动态两种方式。

(2)静态检验时，测量最大自由转动量应符合《机动车运行安全技术条件》(GB 7258—2017)的相关规定。

引车员将车辆摆正，并按照图 1-5-1 所示将转向力-转向角检验仪安装到被测车辆的方向盘上，安装时保证 3 个固定脚长度一致，并将螺栓扭紧，保证检测仪与车辆方向盘接合牢固。

图 1-5-1 转向测量仪安装示意

测量过程：打开电源开关，仪器进入测试界面，将操作仪器清零，或调整角度传感器旋钮，使仪器的角度指示值为 0，固定传感器旋钮，进入仪器测量过程。逆时针旋转仪器，当力值显示为 5～40 N（对于不同车型，力值会有差异），并且达到左限度时（车轮不动），按"保存"键，然后顺时针旋转仪器；当力值显示为 5～40 N（对于不同车型，力值会有差异），并且达到右限度时（车轮不动），再次按"保存"键，完成方向盘最大自由转动量的测量。

检验员将测量结果填写到表 1-5-5 的方向盘最大自由转动量填写位置中。

表 1-5-5　方向盘最大自由转动量填写位置

轮胎花纹深度/mm	单车 转向轮：_____ 其他轮：_____	车身对称部位高度差/mm	单车 前：左____ 右____ 高度差____ 后：左____ 右____ 高度差____
	挂车 _____		挂车 左____ 右____ 高度差____
车厢栏板高度/mm	单车 _____	方向盘最大自由转动量/°	_____
	挂车 _____		

（3）进行底盘动态检验的车辆，在动态检验时要蛇行前进。检验员将车辆起步，车速高于 20 km/h，轻抚方向盘，检验员判定车辆是否保持直行并且方向盘工作无异常，随即蛇行前进，此过程中检验员需判断：转向是否灵活；车辆能否自动回正；转向过程中是否感觉到卡滞、异响；有转向助力的车辆是否会出现助力时有时无的现象。

(二) 传动系

传动系的性能影响汽车的动力传递，这里学习其具体检验要求和方法。

1. 检验要求

根据《机动车安全技术检验项目和方法》(GB 38900—2020)标准条文"6.6.2"，传动系应满足以下要求：

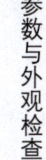

(1)车辆换挡应正常,变速器倒挡应能锁止;
(2)离合器接合应平稳,无打滑、分离不彻底等现象。

2. 检验员工作方法

传动系动态检验在进行转向系、制动系检验的过程中一并进行。

(1)引车员在车辆起步、换挡、停车过程中检验离合器及变速器的工作情况:离合器接合应平稳,无打滑、分离不彻底等现象;变速器挡位锁止正常,不能出现跳挡和乱挡现象;倒挡锁工作正常。自动变速器各挡位工作正常,并且仪表盘显示与变速器挡位同步。

(2)自2019年1月1日起,对新生产的汽车开始实施变速器出现功能限制使用情形时,对驾驶人应有警示信息提示的要求。

(3)底盘动态检验的全过程,检验员要注意观察传动系工作有无异响、卡滞;传动轴及驱动桥不能出现异响,应保证工作平顺。

(4)为了防止汽车在行驶过程中误挂入倒挡,减少汽车损失,避免事故发生,汽车通常设计有变速器倒挡锁止机构。一般情况下,必须在车辆完全停稳后才能挂上倒挡。

(三)制动系

制动系的性能影响汽车的行车安全,这里学习其具体检验要求和方法。

1. 检验要求

根据《机动车安全技术检验项目和方法》(GB 38900—2020)标准条文"6.6.3",制动系检验要求如下:车辆正常行驶时不应有车轮卡滞、抱死现象;制动时制动踏板动作应正常,响应迅速,无方向盘抖动、跑偏现象。

2. 检验员工作方法

(1)车辆起步,加速至20 km/h并保持,在加速过程中,检验员注意车辆是否有自行制动现象;然后轻抚方向盘,急踩制动踏板,并迅速松开,检验员在点制动过程中感觉制动协调是否良好,有无制动跑偏,制动踏板是否灵活,方向盘是否抖动。

检验员若判断踏板沉重,必要时采用踏板力计检测踏板力,测量前将传感器可靠地安装在被测车辆的制动踏板上或驻车制动上,连接传感器与测试主机的连接线,按下测试按钮即可显示。

(2)有防抱制动装置的被检机动车,引车员踩下制动踏板时,仪表盘黄色ABS灯亮,松开制动踏板,ABS灯熄灭,说明防抱制动装置工作正常。

(四)仪表和指示器

仪表和指示器能监测车辆的工作状况,以确保汽车的行车安全,这里学习其具体检验要求和方法。

1. 检验要求

根据《机动车安全技术检验项目和方法》(GB 38900—2020)标准条文"6.6.4",仪表和指示器检验要求如下:车辆配备的车速表等各种仪表和指示器不应有异常情形。

2. 检验员工作方法

仪表和指示器检验在进行转向系、制动系检验的过程中一并检验。

方法:在车辆工作过程中,检验员注意观察仪表盘上仪器仪表工作是否存在异常。

如图 1-5-2 所示。

图 1-5-2　仪表和指示器显示

(五)影像资料拍摄要求

底盘动态检验需要上传过程照片及视频,而且视频应能清晰地反映开始检验时被检车辆前号牌号码及结束时的后号牌号码,如图 1-5-3 所示,检验过程能清晰地观察到车辆底盘动态检验的蛇行行驶过程及车辆制动过程。

图 1-5-3　底盘动态检验场景

技能点二　车辆底盘部件检查

车辆底盘部件检查(地沟检查)要求车辆停放在地沟上方的指定位置,使用专用手锤和专用仪器等工具,并由驾驶室操作人员配合,对车辆转向系部件、传动系部件、行驶系部件、制动系部件和车辆其他部件进行检查。

检查小型、微型载客汽车的车辆底盘部件时,对不具备地沟条件的,可采用其他能观察到车辆底盘部件的方式。

检查大型客车、重中型货车、重中型专项作业车的转向机构时应使用底盘间隙仪,如图 1-5-4 所示。

机动车底盘部件检查

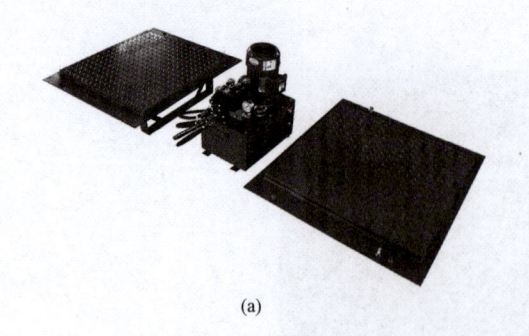

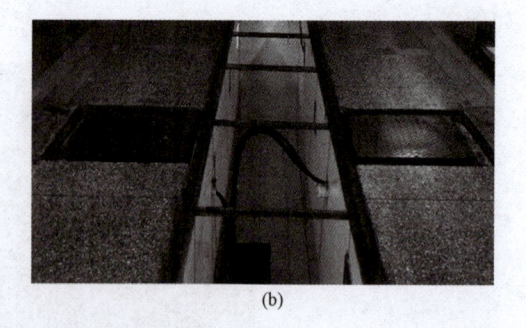

图 1-5-4　底盘间隙仪与安检线底盘间隙仪
(a)底盘间隙仪；(b)安检线底盘间隙仪

一、车辆底盘部件检查条文要求

1. 检验项目

根据《机动车安全技术检验项目和方法》(GB 38900—2020)标准条文"表1"和"表2"，可知机动车安全技术检验车辆底盘部件检测项目，具体见表1-5-6和表1-5-7。

表1-5-6　机动车安全技术检验项目表(注册登记安全检验)(车辆底盘部件检查)

序号	检验项目	适用车辆类型				
		载客汽车		货车(三轮汽车除外)、专项作业车	挂车	三轮汽车	摩托车
		非营运小型、微型载客汽车	其他类型载客汽车				
7	转向系部件	○	●	●		●	
	传动系部件	○	●	●		●	
	行驶系部件	○	●	●	●	●	
	制动系部件	○	●	●	●	●	
	其他部件	○	●	●	●	●	

表1-5-7　机动车安全技术检验项目表(在用机动车安全检验)(车辆底盘部件检查)

序号	检验项目	适用车辆类型				
		载客汽车		货车(三轮汽车除外)、专项作业车	挂车	三轮汽车	摩托车
		非营运小型、微型载客汽车	其他类型载客汽车				
7	转向系部件	□	■	■		■	
	传动系部件	□	■	■		■	
	行驶系部件	□	■	■	■	■	
	制动系部件	□	■	■	■	■	
	其他部件	□	■	■	■	■	

2. 检验项目对应检验方法

根据《机动车安全技术检验项目和方法》(GB 38900—2020)标准条文"表4",底盘部件的检验方法见表1-5-8。

表 1-5-8　机动车安全技术检验项目表(在用机动车安全检验)

序号	检验项目		检验方法
7	车辆底盘部件检查	转向系部件	车辆停放在地沟上方的指定位置,使用专用手锤等工具检查,并由操作人员配合;检查大型客车、重中型货车、重中型专项作业车的转向机构时应使用底盘间隙仪
		传动系部件	
		行驶系部件	
		制动系部件	
		其他部件	

3. 检验结果填写

根据《机动车安全技术检验项目和方法》(GB 38900—2020)标准条文,将检验结果填入表1-5-9。

表 1-5-9　机动车安全技术检验表(人工检验部分)

序号	检验项目		检验方法
7	车辆底盘部件检查	转向系部件	
		传动系部件	
		行驶系部件	
		制动系部件	
		其他部件	

二、车辆底盘部件检查

车辆底盘部件检查由引车员与车辆底盘部件检验员在地沟工位(也可以采用举升机等设备)共同完成。

(一)地沟及检验工具要求

根据承检车型检验项目要求,在地沟出口的合适位置应配备底盘间隙仪。进行三轮汽车底盘部件检查时,地沟上方需要有滑板小车。

在地沟中的检验员要配备安全帽、护目镜、手电、检验手锤等工具及防护用品。地沟内的检验员与引车员要有通信装置,引车员按照车辆底盘部件检验员指令配合工作。

(二)转向系部件

转向系的性能影响汽车的行车安全,这里学习转向系部件的检验要求和检验方法。

1. 检验要求

根据《机动车安全技术检验项目和方法》(GB 38900—2020)标准条文"6.7.1",转向系部件应满足以下要求:

(1)各部件不应松动、变形、开裂;

(2)横、直拉杆和球销总成不应有拼焊、损伤、松旷、严重磨损等情形；
(3)转向节臂、转向球销总成等连接部位不应松旷；
(4)转向过程中不应有干涉或摩擦现象；
(5)转向器、转向油泵、转向油管等不应有漏油现象。
转向系主要组成部件如图 1-5-5 所示。

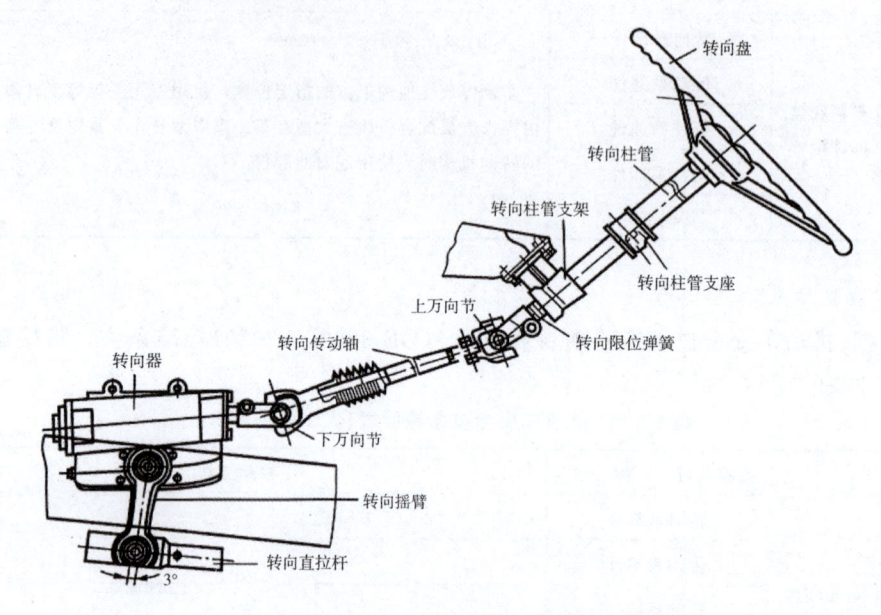

图 1-5-5　转向系主要组成部件

2. 检验员工作方法

转向系检查时，重点检查转向机及固定支架、轴、万向节、转向机及横直拉杆、开口销、转身摇臂、轴、螺母、转向主销、套、轴承、转向角限位各部件。

引车员将被检车辆停在地沟上方指定位置，然后熄火挂空挡。引车员按照地沟内检验员通知信号转动方向盘配合。被检车辆是大型客车、重中型货车、重中型专项作业车时，需要将转向桥停放到底盘间隙仪工作台面中央位置，如图 1-5-6 所示。

图 1-5-6　被检车辆停放位置

检验员在灯光的辅助下观察转向助力装置部件是否有渗漏；转向节球形支承部件紧固、锁止、限位情况；横、直拉杆应无拼焊情况；在转动方向盘的情况下，转向过程中应无干涉或摩擦痕迹现象,如图 1-5-7 所示。

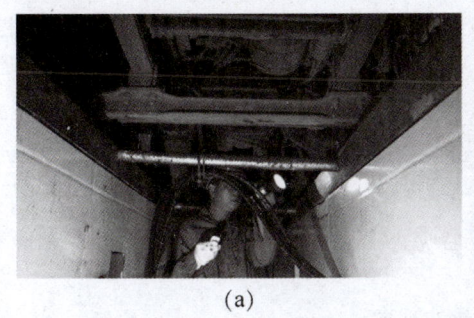

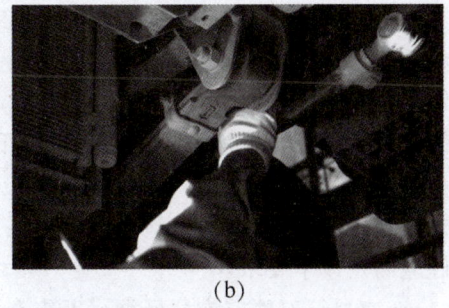

图 1-5-7 转向系部件检验
(a)转向系部件检验场景;(b)干涉、摩擦及渗漏检验

使用底盘间隙仪进行检验。底盘间隙仪及控制手柄操作面板如图 1-5-8 所示,检测台由控制手柄、泵站系统及左、右滑板机构组成。

图 1-5-8 底盘间隙仪及控制手柄操作面板示意
(a)底盘间隙仪运动方位示意;(b)控制手柄操作面板示意

控制手柄由电动机开关、"↑""↓""←""→"按钮组成。其中,"STOP"控制泵站电动机停止;"START"控制泵站电动机启动;"↑"按键控制左、右滑板机构前后运动,按键控制形式为点动模式;"↓"按键控制左、右滑板机构执行完前后运动后,按此键实现一键复位;"←"按键控制左滑板机构向外运动,按键控制形式为点动模式;"→"按键控制右滑板机构完成向外运动后,按此键实现一键复位。

泵站系统包括液压泵站和电气控制箱,用于控制油泵电动机的运转和控制滑板的工作台面移动。

左、右滑板机构均由工作台面、导向机构、滑动座等组成。左滑板机构可沿前、后、左、右四个方向移动;右滑板机构可沿前、后两个方向移动。

(1)检查纵向间隙。引车员踩踏汽车制动踏板使前轮制动,检验员点动或长按移动按钮"↑",3~5 s 后松开,然后按移动按钮"↓",工作台面纵向移动并回位。

主要检查内容:转向节主销与转向节、前桥主销支承孔是否松旷;转向器直、横拉杆球头销是否松旷;转向器支架连接是否松动;钢板弹簧 U 形螺栓是否松动;独立悬架下摆臂铰接处是否松动和传力斜拉杆胶垫是否磨损松旷等。

(2)检查横向间隙。引车员松开汽车制动踏板,检验员按下移动按钮"←",3~5 s

后松开,然后按下按钮"→",3~5 s后再松开,工作台面横向移动并回位。

主要检查内容:左右轮毂轴承和主销铰接是否松旷;左右钢板弹簧及销是否松旷;左右悬挂其他连接是否松动;前部车架有无裂纹和悬架系统各零件有无裂纹等。

(三)传动系部件

传动系的性能影响汽车的动力传递,下面学习传动系部件的检验要求和检验方法。

1. 检验要求

根据《机动车安全技术检验项目和方法》(GB 38900—2020)标准条文"6.7.2",传动系部件应满足以下要求:

(1)变速器等部件应连接可靠,不应有漏油现象;

(2)传动轴、万向节及中间轴承和支架不应有可视的裂损与松旷现象。

2. 检验员工作方法

检验员检查传动系时,检查内容包括变速器及分动器支架连接是否可靠,是否有松动现象;变速器、差速器应无严重漏油现象;传动轴、万向节、中间轴承凸缘连接应无松脱,驱动桥外壳、中间轴承及支架应无裂纹与松旷等影响运行安全的情形(图1-5-9)。

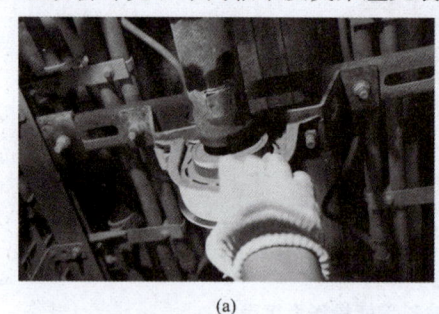

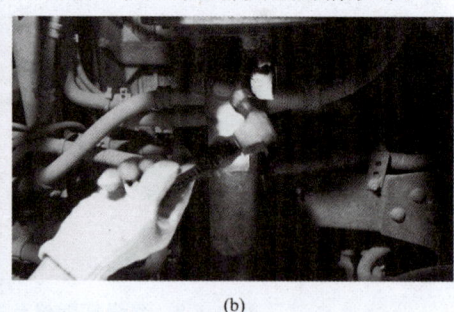

图 1-5-9　传动系部件检查

(a)漏油检查;(b)松动检查

以上目视检查有异常时,采用专用手锤轻敲或用钩子勾动连接部件进行检查。传动系组成如图1-5-10所示。

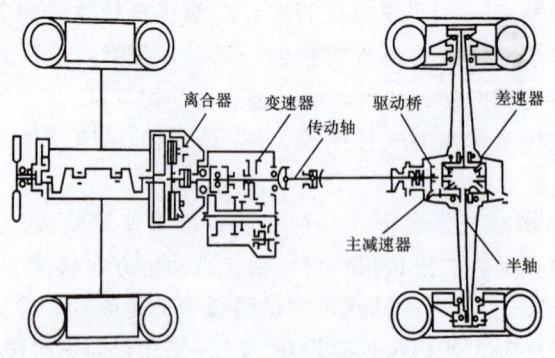

图 1-5-10　传动系组成

(四)行驶系部件

行驶系的性能影响汽车的正常行驶功能,下面学习行驶系部件的检验要求和检验方法。

1. 检验要求

根据《机动车安全技术检验项目和方法》(GB 38900—2020)标准条文"6.7.3",行驶系部件应满足以下要求:

(1)车桥不应有可视的裂纹、损伤及变形;

(2)车架纵梁、横梁不应有明显变形、损伤,铆钉、螺栓不应缺少或松动;

(3)钢板吊耳及销不应松旷,中心螺栓、U形螺栓和螺母应齐全紧固、不松旷;

(4)车桥与悬架之间的拉杆和导杆不应松旷与移位,减振器不应漏油,杆衬套不应出现开裂、与销轴分离等现象;

(5)空气悬架的控制管路和空气弹簧不应漏气,空气弹簧不应有可视的裂损。

2. 检验员工作方法

(1)车桥与悬架之间的各拉杆和导杆应无松旷与移位,螺栓和铆钉应无松动。

(2)车架的纵梁和横梁应无裂纹与影响车辆正常行驶的变形。检查紧固车架、车厢及附件支架各部的螺栓、拖钩、挂钩是否紧固。

(3)减振器应无漏油,螺栓、铆钉应齐全。

(4)货车和挂车钢板应无裂纹与断片不存在、增加钢板弹簧片数或改变钢板弹簧形式的情形。可以用专用手锤敲击、钩动钢板吊耳及销,中心螺栓、U形螺栓应无松旷、松动等现象。

(5)空气悬架的控制管路和空气弹簧不应漏气,空气弹簧不应有可视的裂损。检查内容如图1-5-11所示。

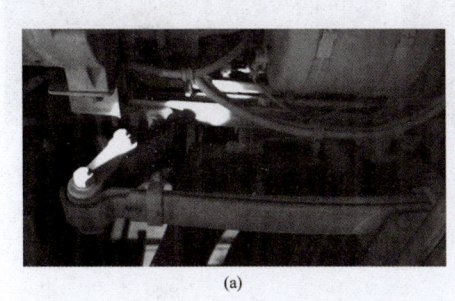

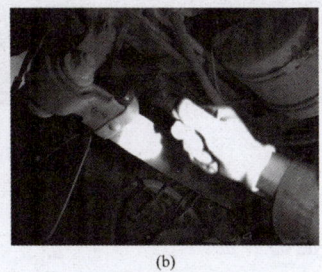

图 1-5-11 汽车行驶系部件检查

(a)检查车架横梁破损裂纹;(b)检查车架横梁松动

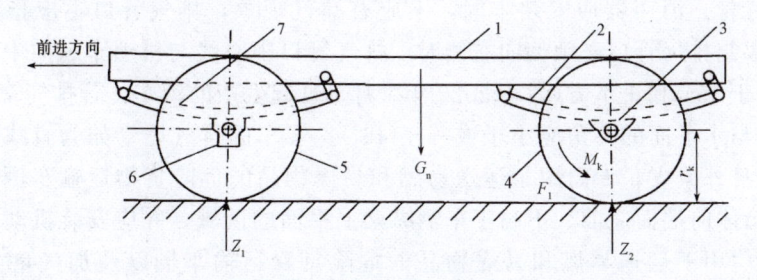

行驶系组成如图1-5-12所示。

图 1-5-12 行驶系组成

1—车架;2—后悬架;3—驱动桥;4—后轮;5—前轮;6—从动桥;7—前悬架

(五)制动系部件

制动系的性能影响汽车的行车安全,这里学习制动系部件的检验要求和检验方法。

1. 检验要求

根据《机动车安全技术检验项目和方法》(GB 38900—2020)标准条文"6.7.4",制动系部件应满足以下要求:

(1)制动系应无擅自改动,不应从制动系统获取气源作为加装装置的动力源;

(2)制动主缸、轮缸、管路等不应漏气、漏油,制动软管不应有明显老化、开裂、被压扁、鼓包等现象;

(3)制动系管路与其他部件无摩擦和固定松动现象。

2. 检验员工作方法

检验员要重点检查制动系部件有无擅自改动的情况;气压制动的车辆是否有用制动气源做其他用途(如做车轮喷淋装置)的现象;检查制动软管是否有老化、开裂、磨损等现象[图1-5-13(a)]。

引车员踩下制动踏板,检验员检查制动系管路与其他部件有无摩擦和固定松动现象;检查制动主缸、轮缸、制动管路等有无漏气、漏油的现象[图1-5-13(b)]。

图1-5-13 制动系部件检查
(a)软管软化开裂;(b)制动管路漏油

(六)其他部件检查

1. 检验要求

根据《机动车安全技术检验项目和方法》(GB 38900—2020)标准条文"6.7.5",其他部件应满足以下要求:

(1)发动机的固定应可靠。

(2)排气管、消声器应安装牢固,不应有漏气现象,排气管口不应指向车身右侧(如受结构限制排气管口必须偏向右侧时,排气管口中心线与机动车纵向中心线的夹角应小于或等于15°)和正下方(对于2020年1月1日起生产的汽车,若排气管口朝下,则其气流方向与水平面的夹角应小于或等于45°);客车的排气尾管如为直式的,排气管口应伸出车身外蒙皮;专门用于运送易燃和易爆物品的危险货物运输车辆,排气管应装在罐体/箱体前端面之前、不高于车辆纵梁上平面的区域,并应安装机动车排气火花熄灭器;专门用于运送易燃和易爆物品的危险货物运输车辆以及加气量大于或等于375 L的气体燃料汽车,机动车尾部应安装接地端导体截面面积大于或等于100 mm²

的导静电橡胶拖地带,且拖地带接地端应接地。

(3)电器导线应布置整齐、捆扎成束、固定卡紧,并无破损现象。

(4)燃料箱应固定可靠、不漏油;燃料管路不应有明显老化,与其他部件不应有碰擦。

(5)承载式车身底部应完整,不应有影响车身强度的变形和破损。

(6)轮胎内侧不应有不规则磨损、割伤、腐蚀。

2. 检验员工作方法

(1)发动机与车身固定连接件紧固、无严重锈蚀、减振垫完好。

(2)检查电器导线是否布置整齐、捆扎成束、固定卡紧及线路有无破损现象;检查接头是否牢固并有绝缘套,在导线穿越洞时是否装设绝缘套管,要注意改动或加装的线路套管、固定是否合适。

(3)排气管、消声器部件应齐全、外表完好、固定可靠,排气管口不应指向车身右侧。对于安检环检一体的机构,检验员在地沟检验时,应对排气系统进行详细检查,核对后处理装置。

(4)燃料箱及管路固定可靠,不得有改动、加装燃料箱的现象。

(5)载客汽车、校车等承载式车身的车辆,车身底部不能有较大的变形和破损。

(6)外观检验时,检查轮胎外侧及胎冠部位;地沟检验则检查轮胎内侧不应有变形、割伤或裂伤不得露出子午线或大于 25 mm。

(七)影像资料拍摄要求

车辆底盘部件检查要求上传全程监控视频。对于车间视频,被检车辆驶入工位时应能清晰地看到前方车牌,驶出时应能看到后方车牌;对于地沟中的视频,应能看到车辆底盘及检验员的工作过程。车辆底盘部件检查地沟影像资料如图 1-5-14 所示。

图 1-5-14 车辆底盘部件检查地沟影像资料
(a)传动系部件检查;(b)转向架部件检查

(八)底盘动态检验和车辆底盘部件检查结果填写

根据实际检查情况填写底盘动态检验和车辆底盘部件检查结果。表 1-5-10 所示为大、中型客车底盘动态检验和车辆底盘部件检查结果填写示例。

表 1-5-10　大、中型客车底盘动态检验和车辆底盘部件检查结果填写示例

序号	检查项目		判定
6	底盘动态检验	转向	○
		传动	○
		制动	○
		仪表和指示器	○
7	车辆底盘部件检查	转向系部件	○
		传动系部件	○
		行驶系部件	○
		制动系部件	○
		其他部件	○

任务实施

实训一　底盘动态检验

一、任务准备

1. 实训准备

(1) 实施场地。外观检验区。

(2) 实施设备。载客汽车、货车、挂车、三轮汽车、摩托车。

(3) 检测工具。转向角测量仪。

2. 作业要求

(1) 穿着干净、整洁的工作服。

(2) 遵守场地安全规定，注意用电安全。

(3) 正确使用检测仪器。

(4) 按照要求填写检验报告。

二、任务实施

1. 实训组织

分组进行，使用实车分组进行车辆底盘动态检验训练(表 1-5-11)。

表 1-5-11　分组任务

时间/min	任务	操作对象
0~10	组织学生学习底盘动态检验方法	教师
11~30	学生分组进行底盘动态检验	学生
31~40	教师点评和讨论	教师

2. 实训步骤与记录

单人实操后完成下列工单内容,并提交给指导教师,现场完成后教师给予点评并作为本次实训的成绩计入学时(表 1-5-12)。

表 1-5-12　实训工单

<table>
<tr><td colspan="6" align="center">底盘动态检验</td></tr>
<tr><td align="center">姓名</td><td></td><td align="center">学号</td><td></td><td align="center">班级</td><td></td></tr>
<tr><td align="center">指导教师</td><td></td><td align="center">成绩</td><td></td><td align="center">考试时间</td><td></td></tr>
<tr><td colspan="6">车辆信息正确记录:</td></tr>
<tr><td colspan="2">车辆类型</td><td colspan="2"></td><td>发动机排量</td><td></td></tr>
<tr><td colspan="2">车辆识别代号</td><td colspan="2"></td><td>行驶里程数</td><td></td></tr>
<tr><td colspan="6" align="center">实训内容</td></tr>
<tr><td rowspan="4" align="center">检验项目</td><td colspan="5" align="center">底盘动态检验步骤</td></tr>
<tr><td align="center">制动</td><td colspan="4">以不低于 20 km/h 的速度正直行驶,双手轻扶方向盘,急踩制动踏板后迅速放松</td></tr>
<tr><td align="center">转向</td><td rowspan="2" colspan="4">检验员操作车辆,起步并行驶 20 m 以上,利用目视、耳听、操作感知等方式检查。对大型客车、重中型货车、重中型载货专项作业车、危险货物运输车使用转向角测量仪测量方向盘最大自由转动量</td></tr>
<tr><td align="center">传动</td></tr>
<tr><td rowspan="5" align="center">作业工单</td><td colspan="4" align="center">检验项目</td><td align="center">判定</td></tr>
<tr><td colspan="4">(1)制动</td><td></td></tr>
<tr><td colspan="4">(2)转向</td><td></td></tr>
<tr><td colspan="4">(3)传动</td><td></td></tr>
<tr><td colspan="4">(4)仪表和指示器</td><td></td></tr>
<tr><td align="center">检验结果</td><td colspan="5"></td></tr>
<tr><td rowspan="7" align="center">实训整理(7S)</td><td colspan="5">整理:</td></tr>
<tr><td colspan="5">整顿:</td></tr>
<tr><td colspan="5">清扫:</td></tr>
<tr><td colspan="5">清洁:</td></tr>
<tr><td colspan="5">素养:</td></tr>
<tr><td colspan="5">安全:</td></tr>
<tr><td colspan="5">节约:</td></tr>
</table>

三、任务评价

进行任务评价,见表1-5-13。

表 1-5-13 任务评价

评分项	得分条件	分值	评分要求	得分
7S/态度	作业区7S、个人工作态度	15	未完成1项扣1~3分,扣分不得超15分	
专业技能、能力	1. 正确无误检验车辆转向能力。 2. 正确无误检验车辆传动能力。 3. 正确无误检验车辆制动能力。 4. 正确无误检验车辆仪表和指示器能力	50	未完成1项扣1~5分,扣分不得超50分	
工具及设备使用能力	岗位所需工具及设备的使用能力、查询软件的使用能力	15	未完成1项扣1~5分,扣分不得超15分	
资料、信息查询能力	检测资料、其他资料信息检索与查询能力	10	未完成1项扣1~5分,扣分不得超10分	
数据读取、分析和判断能力	数据读取、分析、判断能力	5	未完成1项扣1~3分,扣分不得超5分	
表单填写与报告撰写能力	电子工单、纸质工单、任务记录单填写	5	未完成1项扣0.5~1分,扣分不得超5分	
总分				

实训二 底盘部件检查

一、任务准备

1. 实训准备

(1)实施场地。底盘动态检测区。
(2)实施设备。载客汽车、货车、挂车、三轮汽车、摩托车。
(3)检测工具。专用手锤、底盘间隙仪。

2. 作业要求

(1)穿着干净、整洁的工作服。
(2)遵守场地安全规定,注意用电安全。
(3)正确使用检测仪器。
(4)按照要求填写检验报告。

二、任务实施

1. 实训组织

分组进行,使用实车分组进行车辆底盘部件检查训练(表1-5-14)。

表 1-5-14　分组任务

时间/min	任务	操作对象
0~10	组织学生学习底盘部件检查方法	教师
11~30	学生分组进行底盘部件检查	学生
31~40	教师点评和讨论	教师

2. 实训步骤与记录

单人实操后完成下列工单内容，并提交给指导教师，现场完成后教师给予点评并作为本次实训的成绩计入学时(表 1-5-15)。

表 1-5-15　实训工单

<table>
<tr><td colspan="6">底盘部件检查</td></tr>
<tr><td colspan="2">姓名</td><td></td><td>学号</td><td>班级</td><td></td></tr>
<tr><td colspan="2">指导教师</td><td></td><td>成绩</td><td>考试时间</td><td></td></tr>
<tr><td colspan="6">车辆信息正确记录：</td></tr>
<tr><td colspan="2">车辆类型</td><td colspan="2"></td><td>发动机排量</td><td></td></tr>
<tr><td colspan="2">车辆识别代号</td><td colspan="2"></td><td>行驶里程数</td><td></td></tr>
<tr><td colspan="6">实训内容</td></tr>
<tr><td rowspan="2">检验项目</td><td colspan="5">底盘部件检查步骤</td></tr>
<tr><td colspan="5">车辆停放在地沟上方的指定位置，使用专用手锤等工具检查，并由操作人员配合；检查大型客车、重中型货车、重中型专项作业车的转向机构时应使用底盘间隙仪</td></tr>
<tr><td rowspan="6">作业工单</td><td colspan="4">检验项目</td><td>判定</td></tr>
<tr><td colspan="4">(1)转向系部件</td><td></td></tr>
<tr><td colspan="4">(2)传动系部件</td><td></td></tr>
<tr><td colspan="4">(3)行驶系部件</td><td></td></tr>
<tr><td colspan="4">(4)制动系部件</td><td></td></tr>
<tr><td colspan="4">(5)其他部件</td><td></td></tr>
<tr><td colspan="2">检验结果</td><td colspan="4"></td></tr>
<tr><td rowspan="7">实训整理(7S)</td><td colspan="2">整理：</td><td colspan="3"></td></tr>
<tr><td colspan="2">整顿：</td><td colspan="3"></td></tr>
<tr><td colspan="2">清扫：</td><td colspan="3"></td></tr>
<tr><td colspan="2">清洁：</td><td colspan="3"></td></tr>
<tr><td colspan="2">素养：</td><td colspan="3"></td></tr>
<tr><td colspan="2">安全：</td><td colspan="3"></td></tr>
<tr><td colspan="2">节约：</td><td colspan="3"></td></tr>
</table>

三、任务评价

进行任务评价，见表 1-5-16。

表 1-5-16　任务评价

评分项	得分条件	分值	评分要求	得分
7S/态度	作业区 7S、个人工作态度	15	未完成 1 项扣 1~3 分，扣分不得超 15 分	
专业技能、能力	1. 正确无误检查车辆转向系部件能力。 2. 正确无误检查车辆传动系部件能力。 3. 正确无误检查车辆行驶系部件能力。 4. 正确无误检查车辆制动系部件能力。 5. 正确无误检查车辆其他部件能力。	50	未完成 1 项扣 1~5 分，扣分不得超 50 分	
工具及设备使用能力	岗位所需工具及设备的使用能力、查询软件的使用能力	15	未完成 1 项扣 1~5 分，扣分不得超 15 分	
资料、信息查询能力	检测资料、其他资料信息检索与查询能力	10	未完成 1 项扣 1~5 分，扣分不得超 10 分	
数据读取、分析和判断能力	数据读取、分析、判断能力	5	未完成 1 项扣 1~3 分，扣分不得超 5 分	
表单填写与报告撰写能力	电子工单、纸质工单、任务记录单填写	5	未完成 1 项扣 0.5~1 分，扣分不得超 5 分	
总分				

任务小结

任务完成后，学会以下技能：
1. 能够正确完成车辆转向系动态检验，并做出判定。
2. 能够正确完成车辆传动系动态检验，并做出判定。
3. 能够正确完成车辆行驶系动态检验，并做出判定。
4. 能够正确完成车辆制动系动态检验，并做出判定。
5. 能够正确完成底盘部件检查，并做出判定。

拓展阅读

汽车综合性能是汽车品质优劣的表现，营运车辆结构复杂、使用环境多变，为确保使用过程中维持良好的性能状态，必须通过严格的参数测试，以确定其能否满足国家标准和法规的要求、是否需要修理、修理后的汽车状态是否已经恢复。作为一名车辆检测人员，需要做到知行合一，遵循职业道德，做好汽车的综合检测。

1. 传动系的分类及组成

（1）机械式传动系。机械式传动系主要由离合器、变速器、万向传动装置和驱动桥组成。其中，万向传动装置由万向节和传动轴组成，驱动桥由主减速器和差速器组成

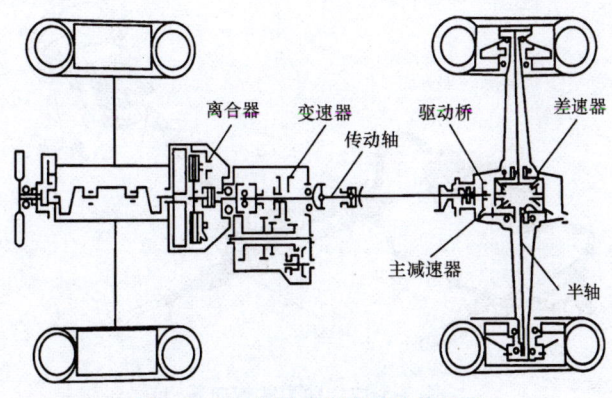

(图1-5-15)。

图 1-5-15　机械式传动系统的组成

(2)液力机械式传动系。液力机械式传动系的特点是将液力传动与机械传动有机地组合起来，以液体为传动介质，利用其在主动元件和从动元件之间循环流动过程中动能的变化来传递动力。液力机械式传动系用自动变速器取代机械式传动系的摩擦式离合器和普通齿轮变速机构，其他组成部件与机械式传动系相差不大。

新能源汽车传动系可分为串联、并联、混联三种。

2. 机动车转向系的分类和组成

(1)转向系的组成。转向系主要由转向操纵机构、转向器和转向传动机构三大部分组成(图1-5-16)。

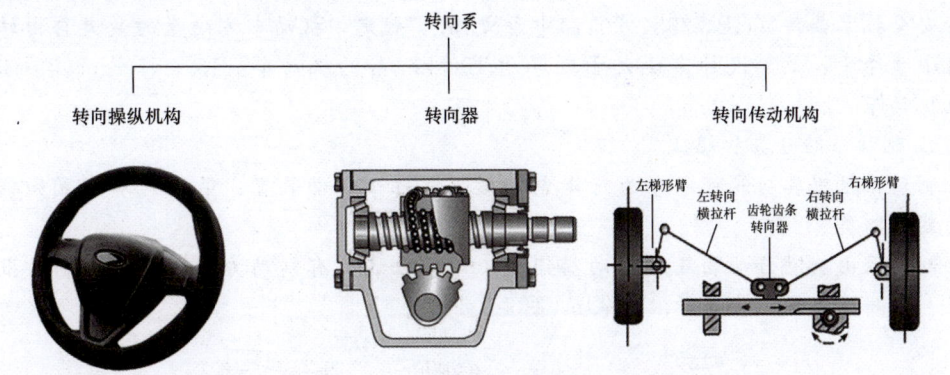

图 1-5-16　转向系主要组成部分

(2)转向系的分类。

1)机械式转向系。机械式转向系以驾驶人的体力作为转向能量，汽车转向时，驾驶人对转向盘(方向盘)施加一个转向力矩，该力矩经转向器放大后传到转向摇臂，再经转向直拉杆、转向节臂传给左转向节，使左转向节及其所安装的左转向轮偏转。同时，左转向节带动右转向节及其所安装的右转向轮偏转相应的角度。

2)动力式转向系。动力式转向系是在机械式转向系的基础上加设一套转向加力器而成的。动力式转向系是兼用驾驶人体力和发动机动力(或电动机动力)作为转向能源的转向系(图1-5-17)。

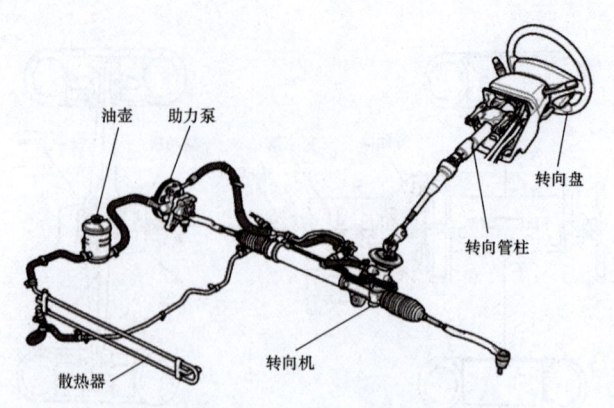

图 1-5-17 动力式转向系

3)转向盘自由行程。转向盘自由行程又称为转向盘最大自由转动量,即原地不动的情况下,转向盘可以自由转动的最大角度。在转向盘转动过程的开始阶段,驾驶人对转向盘施加的力很小,因为只是用这个力矩来克服转向系内部的摩擦,并使各传动件的运动间隙消除,这一阶段称为转向盘的空转阶段。转向盘在空转阶段中的角速度称为转向盘自由行程(图 1-5-18)。

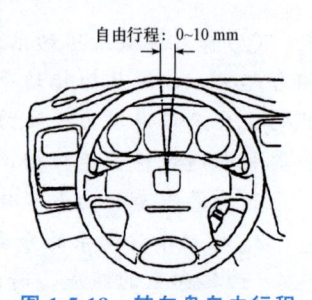

图 1-5-18 转向盘自由行程

转向盘自由行程过大会降低转向灵敏度。根据《机动车运行安全技术条件》(GB 7258—2017)中条文"6.4"规定,机动车方向盘的最大自由转动量应小于等于:最大设计车速大于或等于 100 km/h 的机动车:15°;三轮汽车:35°;其他机动车:25°。

3. 制动系的分类和组成

制动系根据其功能可以分为行车制动装置、驻车制动装置、第二制动装置和辅助制动装置四类。

制动系由制动传动装置和制动器组成。制动系还具有制动力调节装置、制动报警装置、气压压力保护装置等附加装置(图 1-5-19)。

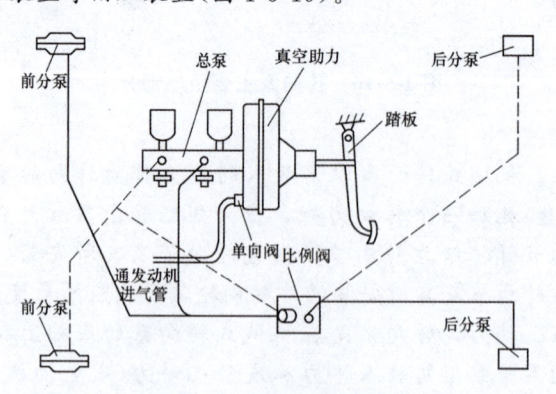

图 1-5-19 制动系的组成

(1)制动传动装置。汽车制动传动装置将驾驶人或其他动力源的作用力传递到制动器,同时控制制动器工作,从而获得所需要的制动力矩。其一般分为液压制动传动装置、气压控制制动传动装置、气液综合式制动传动装置三种形式。

1)液压制动传动装置。液压制动传动装置利用制动液作为传力介质,其机械效率高,传力比大,易于实现对各车轮制动力的合理分配,制动能源是人力,只适用于微型、轻型汽车的鼓式制动形式。

2)气压控制制动传动装置。气压控制制动传动装置的制动能源是空气压缩机产生的压缩空气。这种类型的传动装置具有操纵轻便、省力的优点,广泛用于中型、重型汽车。

3)气液综合式制动传动装置。气液综合式制动传动装置由空气加力器与液压控制传动装置组成。常用的空气加力器有真空加力器和压缩空气加力器。真空加力器是利用发动机工作时在进气管中形成的真空度(或利用真空泵)为动力源的动力制动传动装置。压缩空气加力器用带空气压缩机气压制动系统与液压制动系统组合而成,气压可通过串联的制动气室和液压主缸转换为液压能。

(2)制动器。制动器在制动系中用来产生阻碍车辆运动或运动趋势的力,即利用固定元件与旋转元件表面之间的摩擦而产生制动力矩,分为鼓式制动器和盘式制动器两大类。

1)鼓式制动器。旋转元件为制动鼓,固定元件为制动蹄,工作表面为圆柱面。
2)盘式制动器。旋转元件为制动盘,固定元件为制动钳,工作表面为端面。

4. 防抱制动系统

装备了防抱制动系统(ABS)的汽车,制动时既可缩短制动距离、提高制动时方向的稳定性(使汽车沿直线减速停止,防止甩尾、侧滑)、确保制动时有良好的转向能力,又能改善轮胎的磨损状况,提高轮胎使用寿命。

5. 机动车行驶系的功用和组成

(1)机动车行驶系的功用。机动车行驶系将整个机动车连成一个整体,承受机动车的总质量,接收传动系传来的转矩,并通过驱动轮与路面间的附着作用,产生牵引力,保证机动车正常行驶;尽可能缓和不平路面对车身造成的冲击和振动,保证机动车行驶的平顺性;并且与转向系配合,保证机动车转向时的操纵稳定性。各类机动车的行驶系在结构上有较大的区别。汽车与挂车的行驶系类似,但与摩托车有很大的区别。

(2)机动车行驶系的组成。机动车行驶系主要由车架、车桥、车轮与轮胎、悬架四部分组成(图1-5-20)。

1)车架。车架是连接在各车桥之间形似桥梁的一种结构,是整个汽车的骨架和基体,也是整个汽车的安装基础,用于安装汽车的各总成和部件,使它们保持正确的相对位置,并承受来自车上和地面的各种静动荷载。

图1-5-20 轮式汽车行驶系的组成

目前,按车架纵梁、横梁结构特点,汽车车架的结构形式基本上可分为边梁式车架、中梁式车架、综合式车架和承载式车身(无梁式车架)。

①边梁式车架。边梁式车架由两根位于两边的纵梁和若干根横梁组成,用铆接法或焊接法将纵梁与横梁连接成坚固的刚性构架。这种车架便于安装驾驶室、车厢及一些特种装备和布置其他总成,有利于改装变型车和发展多品种汽车。因此,它被广泛用在载货汽车、挂车和大多数的特种汽车上。

②中梁式车架。中梁式车架只有一根位于中央贯穿前后的纵梁,因此也称为脊梁

式车架，中梁的断面可以做成管形或箱形。这种结构的车架有较大的扭转刚度，使车轮有较大的运动空间，因此被用在某些轿车和货车上。

③综合式车架。前部是边梁式车架结构，而后部是中梁式车架结构的车架称为综合式车架，也称为复合式车架，如图1-5-21所示。这种车架同时具有中梁式和边梁式车架的特点，车架的边梁用以安装发动机，悬伸出来的支架可以固定车身。

④承载式车身。将所有部件固定在车身上，所有的力也由车身来承受，这种车身称为承载式车身。目前大多数轿车采用承载式车身，如图1-5-22所示。

图 1-5-21　综合式车架　　　　图 1-5-22　承载式车身

2) 车桥。车桥通过悬架与车架（或承载式车身）相连，两端安装车轮。车架所受的垂直荷载通过车桥传到车轮。

根据车辆悬架类型及传动系（前置发动机前轮驱动、前置发动机后轮驱动、四轮驱动等）的不同，按车轮不同运动方式，车桥可分为转向桥、驱动桥、转向驱动桥和支承桥四种类型。

①转向桥。转向桥通过转向节的摆动带动车轮偏转一定的角度以实现汽车转向，它承受车轮与车架之间的垂直荷载，纵向的道路阻力、制动力和侧向力，以及由这些力所形成的力矩。

②驱动桥。驱动桥的基本功能是增大由传动轴或变速器传来的转矩，并将动力合理地分配给左右驱动轮。另外，还承受作用于路面和车架或车身之间的垂直力、纵向力与横向力。驱动桥一般由主减速器、差速器、车轮传动装置和驱动桥壳等组成。

③转向驱动桥。转向驱动桥具有转向和驱动两种功能，既包括一般驱动桥具有的主减速器、差速器及半轴等部件，也包括一般转向桥所具有的转向节壳体、主销和轮毂等部件。

④支承桥。支承桥通常只起支承作用，属于从动桥，主要由车桥和轮毂等部分组成。发动机前置前轮驱动乘用车的后桥属于支承桥；单桥驱动的三轴机动车的后桥设计成支承桥，挂车上的车桥也是支承桥。

3) 车轮与轮胎。车轮与轮胎又可以称为车轮总成，位于车身（车架）与路面之间，支承机动车及其装载质量；缓冲车轮受路面不平引起的冲击振动；提高机动车通过性；传递机动车与路面之间的各种力和力矩；抵抗侧滑并产生回正力矩，保证机动车正常的转向及行驶。

①车轮。车轮是介于轮胎和车轴之间承受负荷的旋转组件，通常由轮辋（俗称轮圈）、轮辐组成。轮辋是在车轮上安装和支承轮胎的部件；轮辐是在车轮上介于车轴和轮胎之间的支承部件。

②轮胎。轮胎按结构可以分为内胎轮胎、无内胎轮胎；按帘线排列方向可分为普

通斜交胎、子午线胎；按使用季节可分为夏季轮胎、冰雪地轮胎、全天候轮胎。

轮胎的侧面标有轮胎的规格：外胎直径 D、轮辋直径（又称轮胎内径）d、扁平比（断面高 H 和断面宽 B 的比值）。斜交轮胎用 B-d 表示，国产子午线轮胎用 BRd 表示，其中 R 代表子午线轮胎。轮胎的速度性能要和汽车的最高速度相匹配，轮胎需要表明其速度级别。轮胎的负荷能力是指在一定行驶速度和相应充气压力时的最大荷载质量，可用"层级（PR）""荷重指数""负荷级别"等表示。轮胎标识如图 1-5-23 所示。

4）悬架。

①悬架的功用。

悬架是车架（或承载式车身）与车桥（或车轮）之间所有传力连接装置的总称。悬架把路面与车轮之间摩擦所产生的驱动力和制动力传递到车架（或承载式车身）上，保证机动车的正常行驶；吸收各种摇摆和振动，保障乘客和货物的安全；使车轮按一定轨迹相对于车架或车身跳动，起到导向作用；防止车身在转向等行驶情况下发生过大的侧向倾斜。

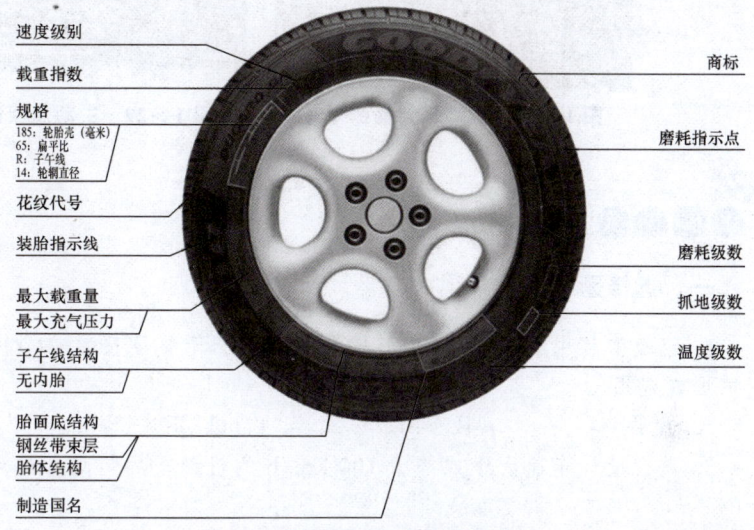

图 1-5-23　轮胎标识

②悬架的分类。

a. 按结构分。悬架按系统结构可以分为独立悬架和非独立悬架。

独立悬架采用的车桥是断开式的，两侧车轮分别独立地与车架或车身弹性连接；当一侧车轮受到冲击时，其运动不会直接影响另一侧车轮（图 1-5-24）。

非独立悬架是两侧车轮安装于同一整体式车桥上，车轮与车桥一起通过弹性元件悬挂在车架或车身上；当一侧车轮受到冲击时会直接影响另一侧车轮，左右两轮都会运动（图 1-5-25）。

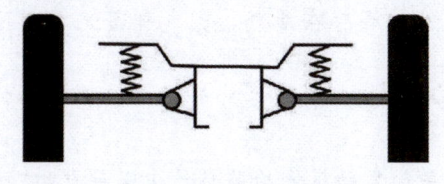

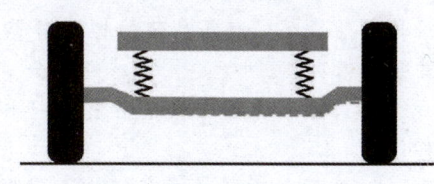

图 1-5-24　独立悬架　　　　**图 1-5-25　非独立悬架**

b. 按控制形式分类。悬架按控制形式可分为被动式悬架和主动式悬架。

被动式悬架采用钢板弹簧，特点是车辆姿态（状态）只能被动地取决于路面、行驶状况和车辆的弹性元件、导向装置及减振器这些机械零件（图 1-5-26）。

主动式悬架采用空气弹簧及其电控系统，可以根据路面和行驶工况自动调整悬架的刚度和阻尼，从而使车辆能主动地控制垂直振动及其车身或车架的状态（图 1-5-27）。

图 1-5-26　被动悬架钢板弹簧 　　　　图 1-5-27　主动悬架空气弹簧

试题训练

一、选择题

1. 钢板弹簧中心螺栓和U形螺栓应紧固、无裂纹且（　　）拼焊。钢板弹簧卡箍不应拼焊或残损。
   A. 允许　　　　B. 可以　　　　C. 不应　　　　D. 必须

2. 最大设计车速大于或等于100 km/h的机动车的转向盘最大自由转动量应小于等于（　　）。
   A. 5°　　　　　B. 15°　　　　C. 25°　　　　D. 30°

3. 转向系部件应满足各部件（　　）松动、变形、开裂。
   A. 不应　　　　B. 可以　　　　C. 必须　　　　D. 应该

4. 传动系部件应满足变速器等部件连接可靠，（　　）有漏油现象。
   A. 不应　　　　B. 可以　　　　C. 必须　　　　D. 应该

二、判断题

1. 在底盘动态检验中，转向系不用检查转向盘转向是否沉重，转向盘间隙是否过大。（　　）

2. 底盘动态检验中，传动系重点检查换挡是否正常、变速器倒挡能否锁止、离合器接合是否平稳、离合器有无打滑现象、离合器分离是否彻底。（　　）

3. 车辆底盘部件检查采用目视结合强光手电照射和手锤敲击的方式。重点检查减振器漏油情况；空气悬架的控制管路和空气弹簧是否存在漏气，空气弹簧是否有可视的裂损情况。（　　）

4. 车桥与悬架之间的各种拉杆和导杆不应有变形，各接头和衬套可以轻微松旷或移位。（　　）

5. 采用气压制动的车辆，达到额定气压后关闭发动机，检验员给引车员发出"踩制动踏板"的指令，引车员踩下制动踏板，检验员在地沟检查所有车轮的制动气室制动管路有无漏气声。（　　）

三、问答题

在底盘部件检查时，需要检查哪些部件？主要用到什么工具？

项目二
汽车性能检测

项目概述

根据《机动车安全技术检验项目和方法》(GB 38900—2020)的标准条文,汽车性能检测包括整备质量(空车质量)、制动系统性能检测、车身电气系统检测、转向操纵系统性能检测、发动机排放系统性能检测。这些检测项目可以确定车辆的基准质量,确保车辆的制动系统、电气系统、转向系统的正常、可靠运行,并确保车辆的排放系统符合国家和地方的污染物排放标准。通过这些检测项目,车辆的性能得到保障,可以给驾乘人员提供安全、可靠、环保的驾驶体验,同时也保障了驾乘人员和其他道路用户的安全和舒适。

学习任务一 整备质量检验

机动车传动系统总成结构概述　机动车转向系统总成结构概述

工作情景描述

汽车的主要性能包括动力性、燃油经济性、制动性、操纵稳定性、平顺性及通过性。汽车整备质量影响汽车经济性,因此要做好汽车性能检测,严格控制整备质量,提高车辆燃油经济性能,从而提高行车效率。

根据汽车整备质量检测要求,现需要学习汽车整备质量检测要求和方法。请完成车辆整备质量项目,并按照规范做好相关记录。

学习目标

知识目标

1. 掌握机动车整备质量设备要求;
2. 掌握地磅和轴(轮)重仪的类型和结构;
3. 掌握整备质量的检验要求和检验方法。

机动车制动系统总成结构概述　机动车行驶系统总成结构概述

能力目标

1. 能按照规范进行车辆整备质量的检验；
2. 能按照规范操作车辆整备质量的检验设备。

素质目标

养成团队协作与独立作业、质量优先与规范检测的职业素养。

技能点　整备质量(空车质量)检验的方法和要求

一、送检机动车检验要求

汽车的整备质量也称为汽车"空车质量"，是指汽车按出厂技术条件装备完整(如备胎、工具等安装齐备)，各种油水添满后的质量。整备质量与汽车的设计水平、制造水平及工业化水平密切相关，是影响汽车油耗的一个重要参数。这里介绍整备质量的检验设备和检测方法。

二、整备质量(空车质量)检验设备

整备质量检验需要专门的设备，这里介绍对设备的要求和各种检测设备。

(一)整备质量设备要求

根据《机动车安全技术检验项目和方法》(GB 38900—2020)标准条文"附录C"的"C.1"，整备质量检测要求如下：整备质量/空车质量可选择地磅或轴(轮)重仪(包括带称重功能的平板试验台)等方式进行测量。三轴及三轴以上车辆若采用轴(轮)重仪测量，应保证轴(轮)重仪有足够的有效测量长度，确保并装双轴、并装三轴的同侧轮同时停在一块称重板上。安装时所有称重板上表面应水平，高度差均不应超过±5 mm。

(二)地磅的分类及结构组成

地磅是用于机动车检验整备质量/空车质量的设备，又称为电子汽车衡。

1. 地磅的分类

按照最大承载质量，地磅可分为20 t、50 t、100 t等型号规格。

被检车辆的全部车轮不能够在同一称重板的地磅上，安装时称重板要与地面水平，高度差不超出±5 mm。

在地磅的前方或后方中央增加一块板，可进行正三轮汽车的检验。地磅称重示意如图2-1-1所示。

2. 地磅的结构组成

地磅由检验流程控制及信息采集系统、称重部分(硬件部分)、接线盒等零部件、打印机、显示大屏幕(检验助手)、计算机及称重管理软件和稳压电源等外部设备组成，如图2-1-2和图2-1-3所示。

(1)检验流程控制及信息采集系统由检测车辆位置的监视与定位装置、探测装置、系统大屏幕显示器(检验助手)、检验及信息采集装置等组成，依靠系统软件、摄像及

照片装置等将被检车辆的整个检验过程及检验数据收集上传、打印。

（2）称重部分(硬件部分)主要由承载器、称重显示仪表(以下简称仪表)、称重传感器(以下简称传感器)、连接件、限位装置及接线盒等零部件组成。

称重传感器安装在承重台下方，利用电阻应变式原理称重，即称重传感器的弹性体上粘贴有应变计，组成惠斯通电桥。当弹性体承受荷载发生形变时，各应变计随之产生与荷载成比例的应变，由输出电压即可测出外加荷载的大小，电子称重仪表显示称重结果，同时软件系统将检验结果及检验视频、照片上传至车辆检验系统，在检验报告中打印出检验结果。

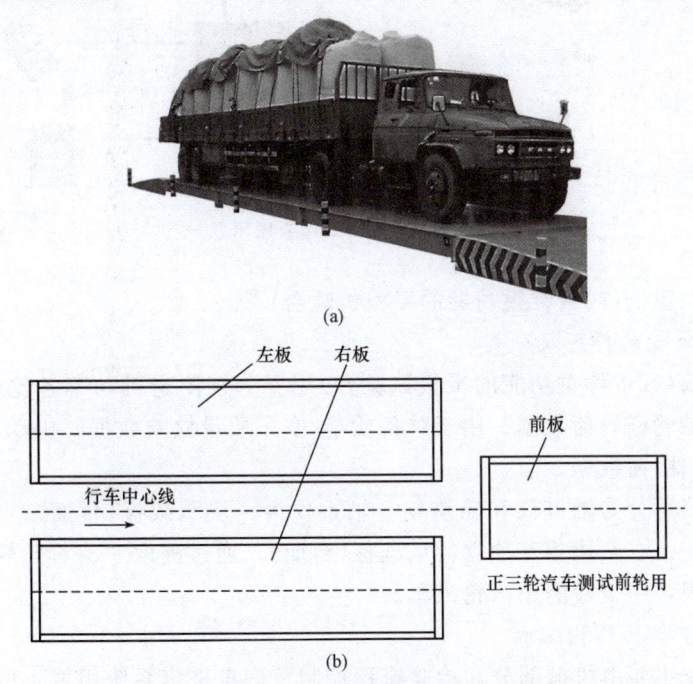

图 2-1-1 地磅称重示意

(a)地磅称重；(b)具有正三轮汽车检验功能的地磅

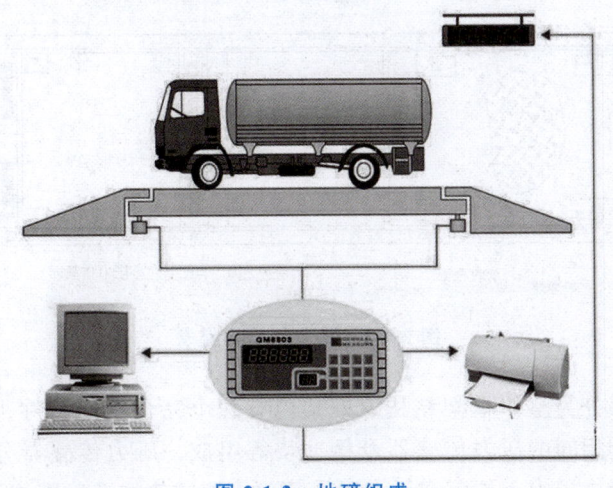

图 2-1-2 地磅组成

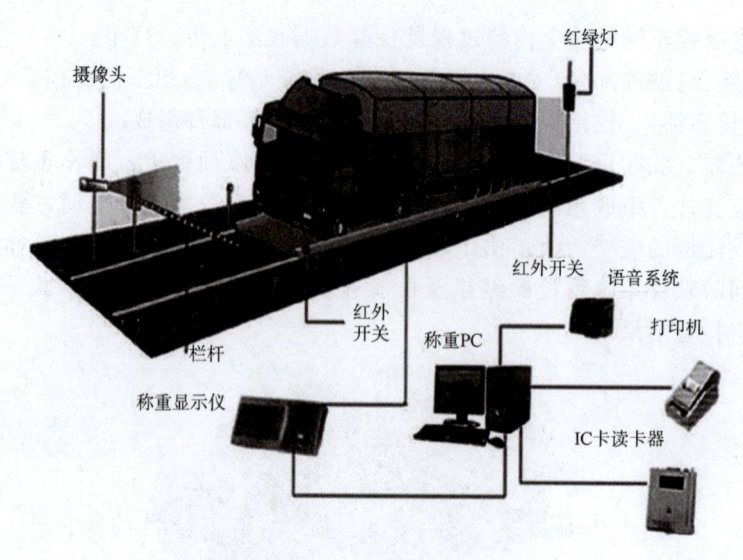

图 2-1-3 地磅工作原理示意

(三)轴(轮)重仪(或带称重功能的平板试验台)

1. 轴(轮)重仪的作用及分类

轴(轮)重仪(或带称重功能的平板试验台)用于分别测定机动车各轮(轴)的垂直荷载,提供车辆的轮(轴)荷数据、用于整备质量/空车质量检验数据、机动车制动检测计算时所需的轮(轴)荷数据。

轴(轮)重仪可分为轴重仪和轮重仪。轴重仪为一块承载板(台面),直接测量出轴荷;轮重仪分左、右两块相互独立的承载板(台面),通过测取左、右轮轮荷计算轴荷,也可以加装前板,用于检测正三轮汽车。

2. 轴(轮)重仪的结构组成

轴(轮)重仪主要由机械部分和检验流程控制及信息采集系统组成。以轴重仪为例,其结构组成如图 2-1-4 所示。

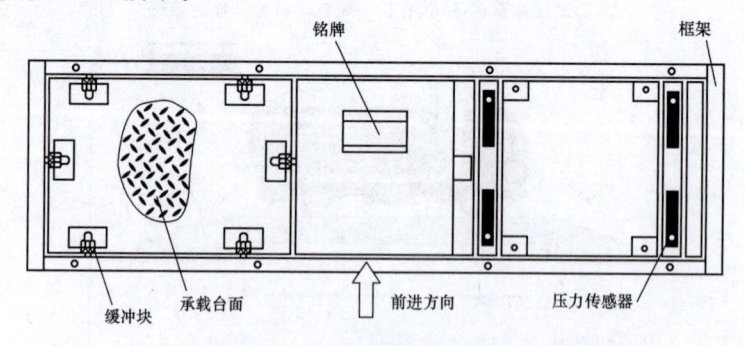

图 2-1-4 轴重仪结构组成

轮重仪机械部分为整体框架结构,框架内有两个完全相同的称重台。每个称重台由承载台面、四个相同的压力传感器及缓冲块等组成。压力传感器分布在承重板四个角上,这样,车轮作用力无论落在平台哪个部位,测试值的准确度均不受影响。

3. 安装要求

轴(轮)重仪(或带称重功能的平板试验台)安装时称重板要与地面水平,两侧承载台面的高度差不超出±5 mm,如图 2-1-5 所示。

图 2-1-5 轴(轮)重仪

4. 轴(轮)重仪的工作方法

被检车辆正直居中行驶,依次逐轴停放在轴(轮)重仪上,并按规定时间(不少于 3 s)停放,测出静态轴(轮)荷,如图 2-1-6 和图 2-1-7 所示。

图 2-1-6 第一轴静态轴荷检测    图 2-1-7 第二轴静态轴荷检测

压力传感器承受车轮荷载发生形变时,各应变计随之产生与荷载成比例的应变,由输出电压即可测出外加荷载的大小,检验助手显示称重结果,同时检验及信息采集装置将检验结果及检验视频、照片上传至车辆检验系统,在检验报告中打印出检验结果。

带称重功能的平板试验台机构原理及安装与轴(轮)重仪基本相同。

三、整备质量(空车质量)检验方法

整车质量也就是汽车在正常条件准备行驶时的质量和随车附件(备胎、随车工具等)的总质量,是影响汽车油耗的一个重要参数。这里介绍整车质量的检验要求和检验方法。

(一)送检车辆要求

1. 相关国标条文要求

根据《机动车安全技术检验项目和方法》(GB 38900—2020)标准条文"附录 C"的"C.2",送检车辆检验要求如下。

(1)测量整备质量时,应符合《道路车辆 质量词汇和代码》(GB/T 3730.2—1996)规定关于车辆质量的要求。

(2)测量空车质量时,引车员乘坐在车上,按送检状态测试(对于汽车列车可在列车状态下测量),不应装载货物/其他乘坐人员。

2. 检验员注意事项

被检车辆允许加装的部件(如备胎架、防风罩、工具箱等装置),不计入整备质量/空车质量。

专项作业车中加装的不能拆卸的设施,如安装有车用起重尾板的车型,检验时用测出的总质量减去登记的尾板质量,为该车的整备质量/空车质量。在用车检验员需要核验变更登记手续;若没有,则要进行加装检验申请变更加装尾板质量。

(二)应用地磅和应用轴(轮)重仪测量方法

根据《机动车安全技术检验项目和方法》(GB 38900—2020)标准条文"附录C"的"C.3和C.4",应用地磅和应用轴(轮)重仪测量方法要求如下。

1. 应用地磅的测量方法

(1)将车辆平稳缓慢地行驶至地磅上,等平稳静止后,测得整备质量/空车质量。

(2)挂车的整备质量可先测得汽车列车的整备质量、牵引车的整备质量,然后计算得出汽车列车的整备质量与牵引车的整备质量的差值,作为挂车的整备质量。

(3)挂车的空车质量可先测得汽车列车的空车质量,然后减去引车员质量(按75 kg计)和牵引车登记的整备质量,差值作为挂车的空车质量。

2. 应用轴(轮)重仪的测量方法

(1)轴(轮)重仪测量时,将车辆依次逐轴(对并装双轴和并装三轴视为一轴)平稳缓慢行驶至称重板上,待平稳静止后,测得该轴轴荷;计算所有轴荷之和,计为该车的整备质量/空车质量。

(2)对于挂车的整备质量/空车质量测量,按上述1.中(2)、(3)的测量方法进行测量。

(三)整备质量检验方法

1. 应用地磅的检验方法

引车员以低于5 km/h的车速驾驶被检车辆直线行驶,并尽可能停在秤台中心位置,待车辆停稳后开始称量(图2-1-8)。被检车辆的质量之和不得大于地磅的最大称质量,以免损坏部件。称量后车辆驶下秤台,检验空秤,确认称重显示仪表回零后,才能认定称量结果有效。

2. 轴(轮)重仪的检验方法

引车员以低于5 km/h的车速驾驶被检车辆直线驶上轴(轮)重仪(或带称重功能的平板试验台)的承载台面中间位置上,车辆停稳3 s以上开始称量。称重传感器受力后所发出的电信号经过处理就可以准确地计算出左、右轮荷值,进而计算出轴荷值。

图 2-1-8　整备质量检验

注意事项：在使用轴(轮)重仪进行检测时，需确保被检车辆并装轴同侧轮同时停在同一块称重板上测量，否则不能使用轴(轮)重仪检测；在所有轴测量完成后，将所有轴的质量相加即可得到车辆的整备质量。

3. 挂车整备质量/空车质量测量方法

测量挂车的整备质量/空车质量时，可以在列车拆解状态下单独测量，也可以组成汽车列车进行测量。

(1)挂车整备质量测量方法。测量挂车整备质量时，可以按照上述(二)1.(1)的要求直接测量，也可以按照上述(二)1.(2)的要求首先测得汽车列车的整备质量、牵引车的整备质量，然后计算汽车列车的整备质量与牵引车的整备质量的差值，作为挂车整备质量，即

$$挂车整备质量 = 列车整备质量 - 牵引车整备质量$$

(2)挂车空车质量测量方法。测量挂车空车质量时，可以按照上述(二)1.(1)的要求直接测量，也可先与牵引车组成汽车列车一起检验得到汽车列车空车质量，然后无须再解开挂车测量牵引车的质量，直接计算得到挂车空车质量，即

$$挂车空车质量 = 列车空车质量 - 牵引车整备质量 - 引车员体重(75\ kg)$$

4. 注意事项

(1)根据 2020 年 1 月《交通运输部办公厅　工业和信息化部办公厅　公安部办公厅　市场监管总局办公厅关于做好〈车用起重尾板安装与使用技术要求〉贯彻实施工作的通知》(交办运函〔2020〕38 号)的要求，允许货车、挂车安装车用起重尾板。测量整备质量(空车质量)时，应在实际测得的质量结果(测量时有车用起重尾板)上减去尾板的质量，获得整备质量(空车质量)。

(2)测量整备质量(空车质量)时，引车员驾驶被检车辆缓慢启动，车辆停止时缓慢制动，保证车辆在运行过程中不产生剧烈晃动，避免影响检测数据的准确性。

(四)整备质量/空车质量限值要求

根据《机动车安全技术检验项目和方法》(GB 38900—2020)标准条文"6.8.1",整备质量/空车质量限值要求如下。

(1)注册登记安全检验时,机动车的整备质量应与机动车产品公告、机动车出厂合格证相符,且误差满足:重中型货车、重中型专项作业车、重中型挂车不超过±3%或±500 kg,轻微型货车、轻微型挂车、轻微型专项作业车不超过±3%或±100 kg,三轮汽车不超过±5%或±100 kg,摩托车不超过±10 kg。

(2)在用机动车安全检验时,2015年3月1日起注册登记的货车、重中型挂车的空车质量与机动车注册登记时记载的整备质量技术参数相比,误差应满足:重中型货车、重中型挂车不超过±10%或±500 kg;轻微型货车不超过±10%或±200 kg,且轻型货车的空车质量应小于4 500 kg。

任务实施

实训　整备质量/空车质量测量

一、任务准备

1. 实训准备

(1)实施场地。仪器设备检测实训区。

(2)实施设备。载客汽车、货车、挂车、三轮汽车、摩托车。

(3)检测工具。轴(轮)重仪。

2. 作业要求

(1)穿着干净、整洁的工作服。

(2)遵守场地安全规定,注意用电安全。

(3)正确使用检测仪器。

(4)按照要求填写检验报告。

二、任务实施

1. 实训组织

分组进行,使用实车分组进行整备质量/空车质量测量训练(表1-5-17)。

表1-5-17　分组任务

时间/min	任务	操作对象
0~10	组织学生学习整备质量/空车质量测量方法	教师
11~30	学生分组进行整备质量/空车质量测量	学生
31~40	讲师点评和讨论	教师

2. 实训步骤与记录

以单人实操后完成下列工单内容,并提交给指导老师,现场完成后老师给予点评并作为本次实训的成绩计入学时(表 1-5-18)。

表 1-5-18　实训工单

整备质量/空车质量测量					
姓名		学号		班级	
指导教师		成绩		考试时间	
车辆信息正确记录:					
发动机号码			发动机排量		
车辆识别代号			行驶里程数		
实训内容					
检验项目	整备质量/空车质量测量				
^	采用轴(轮)仪检验台				
作业工单	检验项目				判定
^	整备质量/空车质量				
检验结果					
进行实训整理(7S)	整理:				
^	整顿:				
^	清扫:				
^	清洁:				
^	素养:				
^	安全:				
^	节约:				

三、任务评价

进行任务评价，见表 1-5-19。

表 1-5-19 任务评价

评分项	得分条件	分值	评分要求	得分
7S、态度	作业区7S、个人工作态度	15	未完成1项扣1~3分，扣分不得超15分	
专业技能、能力	正确无误检验车辆联网查询能力	50	未完成1项扣1~5分，扣分不得超50分	
工具及设备使用能力	岗位所需工具及设备的使用能力、查询软件的使用能力	15	未完成1项扣1~5分，扣分不得超15分	
资料、信息查询能力	检测资料、其他资料信息检索与查询能力	10	未完成1项扣1~5分，扣分不得超10分	
数据读取、分析和判断能力	数据读取、分析、判断能力	5	未完成1项扣1~3分，扣分不得超5分	
表单填写与报告撰写能力	电子工单、纸质工单、任务记录单填写	5	未完成1项扣0.5~1分，扣分不得超5分	
	总分			

任务小结

任务完成后，学会以下的技能。
能按照规范进行整备质量/空车质量检测并判定。

拓展阅读

仪器设备项目检验需要在固定的检验车间进行，采用全自动化检验，部分摩托车检验可以采用人工检验。检验登录员将车辆信息正确填写完整后，引车员将被检车辆驶入检验工位进行仪器设备项目检验。在实际工作中，要始终遵守职业要求，注重安全操作规范，提高专业素养，不断提升自己的知识和技能水平。

试题训练

一、选择题

1. 电子式轴（轮）荷检验台每块承重台面一般固定（   ）只压力应变传感器。
   A. 1　　　　　B. 2　　　　　C. 3　　　　　D. 4

2. 应用轴（轮）重仪的测量方法：轴（轮）重仪测量时，将车辆依次逐轴（对并装双轴和并装三轴视为一轴）平稳缓慢行驶至称重板上，待平稳静止后，测得该轴轴荷；计算（　　），计为该车的整备质量/空车质量。

  A. 第一轴轴荷之和　　　　　　　　B. 第二轴轴荷之和
  C. 第三轴轴荷之和　　　　　　　　D. 所有轴荷之和

3. 注册登记安全检验时，机动车的整备质量应与机动车产品公告、机动车出厂合格证相符，且误差满足：重中型货车、重中型挂车、重中型专项作业车不超过（　　）。

  A. ±3％或±500 kg　　　　　　　　B. ±3％或±100 kg
  C. ±5％或±100 kg　　　　　　　　D. ±3％或±200 kg

4. 注册登记安全检验时，机动车的整备质量应与机动车产品公告、机动车出厂合格证相符，且误差满足：轻微型货车、轻微型挂车、轻微型专项作业车不超过（　　）。

  A. ±3％或±500 kg　　　　　　　　B. ±3％或±100 kg
  C. ±5％或±100 kg　　　　　　　　D. ±3％或±200 kg

5. 在用机动车安全检验时，2015 年 3 月 1 日起注册登记的货车、重中型挂车的空车质量与机动车注册登记时记载的整备质量技术参数相比，误差应满足：重中型货车、重中型挂车不超过（　　）。

  A. ±10％或±100 kg　　　　　　　B. ±10％或±500 kg
  C. ±10％或±200 kg　　　　　　　D. ±3％或±500 kg

6. 在用机动车安全检验时，2015 年 3 月 1 日起注册登记的货车、重中型挂车的空车质量与机动车注册登记时记载的整备质量技术参数相比，误差应满足：轻微型货车不超过（　　），且轻型货车的空车质量应小于 4 500 kg。

  A. ±10％或±100 kg　　　　　　　B. ±10％或±500 kg
  C. ±10％或±200 kg　　　　　　　D. ±3％或±500 kg

二、判断题

1. 无论轴（轮）荷检验台的结构如何，在允许使用的范围内，测量结果应与车轮在承载板上停放的位置无关。（　　）

2. 测量空车质量时，引车员乘坐在车上，按送检状态测试（对于汽车列车可在列车状态下测量），允许适当装载货物/其他乘坐人员。（　　）

3. 被检车辆正直居中行驶，依次逐轴停放在轴（轮）重仪上，并按规定时间（不少于 3 s）停放，测出静态轴（轮）荷。（　　）

学习任务二　制动系统性能检测

工作情景描述

汽车制动性能直接影响汽车的行车安全，因此要做好汽车性能检测，确保汽车性能，从而保证行车安全。

根据汽车制动系统检测要求，现需要学习汽车制动系统性能检测要求和方法。请你完成车辆制动系统性能检测项目，并按照规范做好相关记录。

学习目标

知识目标

1. 熟悉机动车滚筒反力式制动检验台和平板制动检验台的结构与原理；
2. 掌握机动车滚筒反力式制动检验台进行制动检验的要求和方法；
3. 掌握机动车平板制动检验台的检验要求和检验方法；
4. 掌握机动车路试制动和驻车制动检验的要求与方法。

能力目标

1. 能按照规范利用滚筒反力式制动检验台完成机动车制动检验；
2. 能按照规范利用平板制动检验台完成机动车制动检验；
3. 能按照规范完成路试制动检验和路试驻车制动检验。

素质目标

养成团队协作与独立作业、质量优先与规范检测的职业素养。

知识准备

滚筒反力式制动检验台结构及检验方法

技能点一　滚筒反力式制动检验台结构及检验方法

滚筒反力式制动检验是一种在汽车检测线上使用的检验方法，用于对车辆的制动系统进行性能检测。这种检验方法可以快速、方便地检验大量车辆，准确测量车辆的制动性能，并评估制动系统的工作状态和效果。滚筒反力式制动需要专门的检验台，下面具体介绍。

一、滚筒反力式制动检验台结构组成

（一）台式制动检验设备要求

1. 相关国标条文要求

根据《机动车安全技术检验项目和方法》（GB 38900—2020）标准条文"附录 D"的"D.1.1"，检验设备相关要求如下。

（1）机动车制动检验应采用滚筒反力式制动检验台或平板制动检验台，并应根据所检验车辆的轴荷选择相应承载能力的制动检验台。

（2）轴（轮）重仪应水平安装，安装时所有称重板上表面与地平面的高度差均不应超过±5 mm。

（3）滚筒反力式制动台前后地面的附着系数应不小于0.7。

（4）用于检验多轴及并装轴车辆的滚筒反力式制动检验台，应具有台体举升功能，

且空载检测高度应满足：滚筒中心距为 460 mm、主副滚筒高度差为 30 mm 时，副滚筒上母线与地面水平面的高度差为 40_0^{+5} mm。当滚筒中心距增大或减小 10 mm 时，副滚筒上母线与地面水平面的高度差相应增大或减小 2 mm；当主副滚筒高度差减小 10 mm 时，副滚筒上母线与地面水平面的高度差相应增大 4 mm。

(5)停机滑移率符合标准的有关要求，对带有第三滚筒的制动台，驱动电动机自动停机时的滑移率应在 25%～35% 范围内。

(6)用于检验多轴及并装轴车辆的滚筒反力式制动检验台，可用于两轴汽车制动检验。

2. 仪器设备注意事项

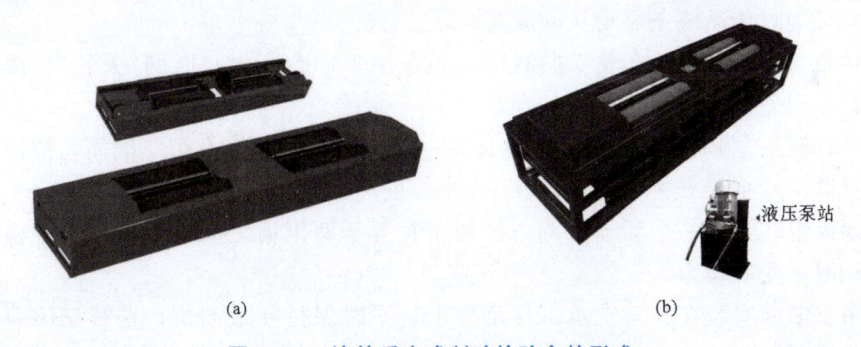

(1)滚筒反力式制动检验台的附属设备轴（轮）重仪的结构原理，已经在整备质量/空车质量检验中讲解，此处不再赘述。

(2)检验时，根据所检验车辆的轴荷选择相应承载能力的滚筒反力式制动检验台或平板制动检验台。

(3)具有举升功能的滚筒反力式制动检验台，可用于两轴车辆的空载制动检验。

(4)一般情况下，10 t、13 t 滚筒反力式制动台的前后 6 m、3 t 滚筒反力式制动台的前后 3 m，需要有附着系数较大的摩擦带。

(二)滚筒反力式制动检验台分类

滚筒反力式制动检验台的形式如图 2-2-1 所示。根据检验类型的不同，滚筒反力式制动检验台可分为独立结构式和具有加载功能的复合结构式两种形式。

图 2-2-1 滚筒反力式制动检验台的形式
(a)独立结构式；(b)具有加载功能的复合结构式

根据单轴承载轴荷的不同，滚筒反力式制动检验台可分为 3 t、10 t、13 t 等型号规格。

(三)不具有加载功能的滚筒反力式制动检验台结构组成及工作原理

1. 结构组成

如图 2-2-2 所示，不具有加载功能的滚筒反力式制动检验台由结构完全相同的左右两套车轮制动力测试单元和一套指示与控制装置组成。车轮制动力测试单元由驱动装置、滚筒组、举升装置、制动力测试装置等构成。

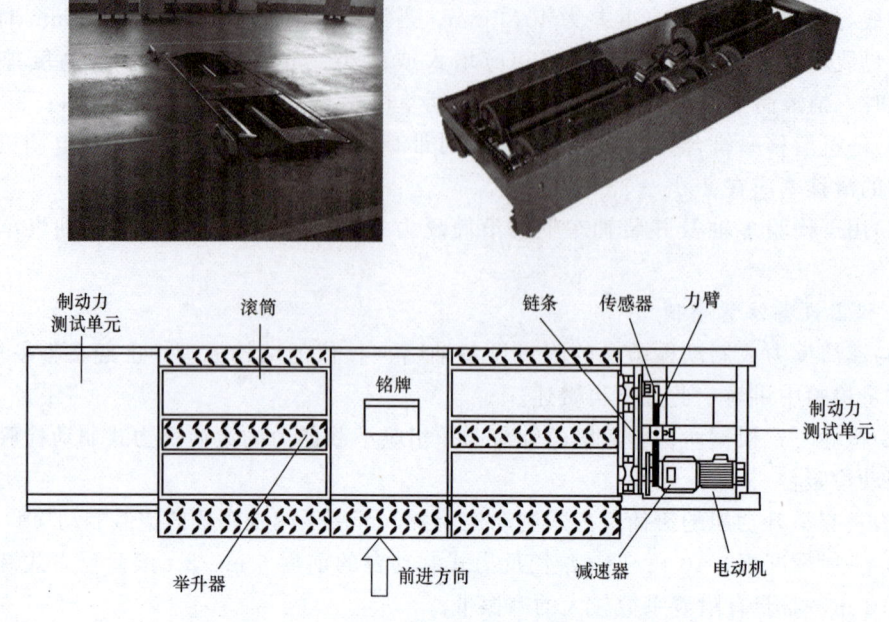

图 2-2-2　滚筒反力式制动检验台基本结构

(1) 举升装置。举升装置设置在主副滚筒间，便于车辆出入制动试验台。

(2) 驱动装置。驱动装置由电动机、减速器和链传动组成。电动机通过减速器驱动主滚筒，又通过传动链条驱动从动滚筒。

电动机功率不够，在车轮反向制动力的作用下，会产生短时的"丢转"，滑移率控制出现偏小误差。

(3) 滚筒组。制动力测试单元独立设置一对主、从动滚筒及第三滚筒，滚筒表面当量附着系数不应小于0.7。

1) 滚筒组相当于一个活动路面，被测车轮置于两滚筒之间，用来支承被检测车轮并在制动时承受制动力。

2) 第三滚筒安装在弹簧支承的浮动臂上，平时保持在最高位。在第三滚筒上安装有转速传感器。

检测时，被检车辆的车轮置于主、从动滚筒之间，同时压下第三滚筒并保持可靠接触。当两个车轮制动测试单元的第三滚筒同时被压下时，通过开关和延时继电器的作用，两主动滚筒的驱动电动机相继启动，同时带动主筒转动。主动滚筒带动车轮旋转，车轮又带动第三滚筒旋转，相应接触点的速度相等。

第三滚筒上的转速传感器检测被测车轮的转动情况。转速传感器产生一个脉冲信号，送到控制系统，再换算成车轮的线速度。当被检车轮制动时，主滚筒的线速度与第三滚筒的线速度随车轮的线速度发生变化；当转速下降至接近抱死时，控制装置转速传感器送出的相应脉冲信号使驱动电动机停止工作，主动滚筒停止，以防止滚筒剥伤轮胎并保护驱动电动机。

第三滚筒滑移率是指制动台驱动电动机自动停机瞬间，主滚筒线速度与第三滚筒的线速度之差与主滚筒线速度的比值。滚筒反力式制动检验台的停机滑移率应在25%~35%范围内。

（4）制动力测试装置。制动力测试装置主要由测力杠杆和传感器组成。测力杠杆一端与传感器连接；另一端与减速器壳体连接。被测车轮制动时，测力杠杆与减速器壳体将一起绕主动滚筒（或绕减速器输出轴、电动机枢轴）轴线摆动。传感器将测力杠杆传来的、与制动力成比例的力（或位移）转变成电信号输送到指示及控制装置。

（5）指示与控制装置。指示与控制装置由指示仪表或计算机控制系统组成。计算机控制系统将引车员工作指令发送到指示仪表显示器上，引车员按照指令操作被检车辆。计算机控制系统将检验数据分析计算，将结论上传。

2. 工作原理

制动检测时，被检车辆轮胎停于主副滚筒之间后触发光电开关，控制仪表或计算机系统采集到车轮到位信号后启动电动机，经变速器、链条和主、副滚筒带动车轮匀速旋转，控制仪器提示驾驶人踩下制动踏板，在车轮制动器的作用下车轮开始减速。此时，轮胎对滚筒表面产生一个与电动机旋转力矩方向相反的等值反作用力，在反作用力的作用下，与减速器外壳相连的测力杠杆向滚筒转动的反方向摆动，测力杠杆一端的传感器受力，输出与制动器作用力大小成比例的电信号，经放大滤波后送往仪表或A/D变换器变换成数字信号，经计算机或仪表计算处理后，显示结果、打印输出。另外，在实际使用时，第三滚筒的转速信号被输入控制仪表或计算机系统，测试中当车轮与滚筒之间的滑移率达到25%（出厂默认值）时（滑移率是指踩制动踏板后车轮转速下降的值与未踩制动时车轮的转速值之比），控制仪表或计算机就会发出停止电动机指令，测试完毕。

（四）具有加载功能的滚筒反力式制动检验台结构组成及工作原理

具有加载功能的滚筒反力试验台是在不具有加载功能的滚筒反力试验台的基础上，将台体分为上、下两部分，在底部的安装举升机构将上台体举升。

具有加载功能的滚筒反力式制动检验台进行空载检验时的工作原理与不具有加载功能的滚筒反力式制动检验台一致，因此，具有加载功能的滚筒反力试验台可以进行两轴车辆的制动检验。

具有加载功能的滚筒反力式制动检验台对多轴车辆的中间轴进行制动检测时，根据指示与控制装置发出的指令，气囊在外部气源的作用下开始举升制动台，到位开关和称重传感器对举升状态进行监控，当满足副滚筒上母线离地100 mm（或轴荷达到11 500 kg）时停止举升，设备开始检测。检测完毕后，制动台下降至初始状态，被检轴驶离设备。

具有加载功能的滚筒反力式制动检验台还具有称重功能。当汽车轮胎停于主副滚筒之间时，称重传感器会因车轮的压迫而产生向下的形变，此时传感器内部的电路就会产生一定的电压输出且与承受的重力成正比。从传感器输出的电信号经放大滤波后，送往仪表或A/D变换器变换成数字信号，经计算机或仪表计算处理后，显示结果、打印输出。

(五)滚筒反力式制动检验台安装及滚筒附着系数要求

1. 滚筒反力式制动检验台的安装

安装滚筒反力式制动检验台时,副滚筒离地初始高度应与前述"(一)1.(4)"的要求要相符,否则应及时调整。

一般采用高度游标卡尺或水平尺及钢板尺进行测量。

采用高度游标卡尺测量时,将高度游标卡尺的底座放在地面上保持水平,将测臂延长到副滚筒上母线位置,调整紧度,待游标卡尺稳定后读出数据,即副滚筒离地高度差,判断是否符合要求。

不具备游标卡尺时,可以采用水平尺和钢板尺测量。将水平尺的一端置于副滚筒上母线位置,一端在地面位置,将水平尺调整水平后,用钢板尺测出水平尺离地高度,即为副滚筒离地高度差,判断是否符合要求。

2. 滚筒组附着系数要求

轮胎与滚筒间的附着系数将直接影响制动台所能测得的制动力大小。因此,滚筒表面不能有以下现象:滚筒表面有油、水;滚筒表面粘有熔烧铝矾土砂砾或剥落;滚筒表面糊有轮胎橡胶;使用时间较长后滚筒表面已经光滑等。滚筒剥落部分修复后,滚筒表面应平整,不能出现修补处与原有表面凹凸不平。

二、滚筒反力式制动检验台检验方法

(一)检验步骤

1. 空载制动检验步骤

根据《机动车安全技术检验项目和方法》(GB 38900—2020)标准条文"附录D"的"D.1.3",滚筒反力式制动检验台检验检验步骤如下:

(1)被检车辆正直居中行驶,依次逐轴停放在轴(轮)重仪上,并按规定时间(不少于3s)停放,测出静态轴(轮)荷。

(2)被检车辆正直居中行驶,将被测试车轮停放在制动台滚筒上,变速器置于空挡,松开制动踏板,制动数据清零;对于全时四驱和适时四驱车辆,非测试轮应处于附着系数符合要求的辅助自由滚筒组上,变速器置于空挡;采用具有举升功能的滚筒反力式制动检验台时,对于多轴车辆及并装轴车辆,台体在前述"一、(一)1.(4)"中规定的空载检测高度与制动检验状态一致时,测得该轴空载轴荷(或测出左、右轮空载轮荷计算得出该轴空载轴荷)。

(3)启动滚筒电动机,稳定3s后实施制动,逐渐慢踩制动踏板,踩到底(或踩至规定制动踏板力),测得左、右车轮制动力增长全过程的数值及左、右车轮最大制动力,并依次测试各车轴;对驻车制动轴,操纵驻车制动操纵装置(半挂牵引车测试时可与半挂车组合成铰接汽车列车后同时实施检验),依次测得各驻车轴的驻车制动力数值,并按《机动车安全技术检验项目和方法》(GB 38900—2020)"附录D"的"D.1.5.1"要求计算轴制动率、不平衡率、驻车制动率、整车制动率。

(4)可采取相关措施防止被检车辆在滚筒反力式制动检验台上后移,以适应制动检验需要。

2. 加载制动检验步骤

根据《机动车安全技术检验项目和方法》(GB 38900—2020)标准条文"附录D"的"D.3",得知加载制动检验应采用具有台体举升功能的滚筒反力式制动检验台进行,具体方法如下:

(1)被检车辆正直居中行驶,将被测试车的加载轴停放在制动台滚筒上,变速器置于空挡,松开制动踏板。

(2)通过举升台体对测试轴加载,举升至副滚筒上母线离地 100^{+5}_{0} mm(或轴荷达到 11 500 kg 时),停止举升;测得该轴加载状态下的轴荷,或测出左、右轮轮荷计算得出该轴加载状态下的轴荷。

(3)启动滚筒电动机,稳定 3 s 后实施制动,将制动踏板逐渐慢踩到底或踩至规定制动踏板力,测得左、右车轮制动力增长全过程的数值及左、右车轮最大制动力;并按《机动车安全技术检验项目和方法》(GB 38900—2020)"附录D"的"D.1.5.1"要求计算加载轴制动率、加载轴制动不平衡率。

(4)重复步骤(1)~(3),依次测试各加载轴。

(5)检验过程。制动检验流程如下:

1)引车员按照助手提示居中开到制动检验工位。

2)引车员按照助手提示,依次将被检车轴驶入轮工位(轴)重仪中央位置。

3)引车员将被检车轴正直居中,驶入制动台滚筒中央位置后,空挡怠速,引车员按照助手提示操作,测出空载制动数据。

4)对于三轴及三轴以上车辆的中间轴,测完空载制动数据后,制动上台体举升大于 100 mm,引车员根据助手提示操作,测出加载制动数据。

(二)影像资料拍摄要求

(1)行车制动检验照片应能清晰显示被检车辆每轴(轮)在制动设备上时的后号牌号码,视频应能清晰显示检测全过程,特别是制动时制动灯的情况。

(2)驻车制动检验照片应能清晰显示被检车辆驻车轴(轮)在制动设备上时的后号牌号码,视频应能清晰观察到检测全过程,特别是驻车制动时制动灯的情况。

(三)检验方法

1. 两轴车辆检验方法

(1)第一步:进行轴(轮)重检验。引车员将被检车辆正直居中驶入轮重工位,按照助手提示,依次将被检车辆第一轴、第二轴驶上轴(轮)重仪。当被检车辆驶上轴(轮)重仪平台中心停稳(空挡怠速)后,保持不少于 3 s,此时传感器将测得的数值通过电信号传递给控制系统,控制软件将检验过程及数据分析、计算、输出上传到检验软件控制系统。检验完成后,助手提示驶离,引车员将车辆被捡轴驶离,进行下一轴轴(轮)重检验。

(2)第二步:进行空载制动检验。引车员将被检车辆正直居中驶上滚筒反力式制动检验台。按照助手提示,依次将被检车辆第一轴、第二轴驶上制动台进行检验。

引车员将被检车轴正直居中驶入制动台滚筒中央位置后,空挡怠速。此时,制动台举升机降下,车轮与滚筒表面接触紧密,稳定后,具有称重功能的制动台会测出轮重。随后电动机启动,带动滚筒旋转,滚筒带动车轮旋转,稳定后(大约 3 s),助手提示引车员踩制动踏板(引车员注意观察检验显示器,在"踩制动"提示前,切勿踩制动踏板),引车员缓慢均匀地将制动踏板踩到底(不得急踩或过慢踩下制动踏板)并保持住,直到助手提示松开制动踏板,引车员才能松开制动踏板,然后举升机升起,引车员按照助手提示将被检车轴驶离。

若被检车轴带有驻车制动,在行车制动检验完成后。电动机又带动滚筒旋转,稳定后助手提示拉驻车制动手柄,引车员将驻车制动手柄拉紧并保持,直到助手提示松开驻车制动手柄。

2. 三轴及三轴以上的车辆检验方法

三轴及三轴以上的车辆的空载制动检验步骤与二轴车辆一致。需要做加载的三轴及三轴以上的车辆,除第一轴和最后一轴外,中间轴均做加载检验。

当被检车轴为中间轴时,空载制动检验做完后,举升装置将上台体举升副滚筒上母线离地 100_0^{+5} mm(或轴荷达到 11 500 kg 时),稳定后,引车员按照助手提示操作:第一步,保持,测量出轴重;第二步,电动机带动滚筒旋转,滚筒带动车轮旋转,稳定后,助手提示踩制动踏板,引车员缓慢均匀地将制动踏板踩到底,保持住,直到助手提示松开制动踏板。

若被检车轴带有驻车制动,应在上台体降下后进行驻车制动检验。检验结束后,引车员按照助手提示将被检车轴驶离制动台。

3. 检验过程需要注意的问题

(1)如果车轮抱死而检验台未及时停机或车轮与滚筒打滑,且被测轴后移时,应立即松开制动器,以保护轮胎及设备。

(2)制动台左、右滚筒的驱动电动机应分别启动,注意观察左右滚筒的同步性及工作是否平稳。

(3)为防止轻型车辆踩下制动踏板车轮抱死后车辆后移,可在非被测轴车轮后方加垫三角块。

(4)引车员注意观察检验显示器,在"踩制动"提示时缓踩制动踏板。引车员若有急踩制动踏板、提前踩、滞后踩、踩踏板过程中抖动、提前踩死制动踏板等做法,会造成制动检验结果不合格(不是被检车辆制动故障原因造成的不合格)。

(5)试验表明,滚筒台检测制动性能与踩下制动踏板动作的快慢具有明显的相关性。"急踩"测得的轮制动力的上升斜率较大于"缓踩",制动协调时间较短,制动力呈增大趋势,但主要源于车辆悬架的冲击、振动差异对检测结果的影响。"缓踩"制动踏板,不能检测制动协调时间。

(6)具有加载功能的滚筒反力制动试验台,注意左右滚筒举升时的同步性及举升高度是否大于 100_0^{+5} mm(或轴荷达到 11 500 kg)。

(7)对于装有分时开关的四驱车辆,检验前将车辆可切换至两驱模式或更换检验方法。

(8)滚筒反力式制动检验台检验方法是一种静态检验,一辆整车检测需要前后轴制动分别测量,不能反映汽车制动时前后轴动态荷载的变化,不能测量整车制动时的制动协调时间,不能全面地反映出制动性能,以及影响制动的其他因素,如悬架或钢板弹簧的刚度问题等。

(四)特殊情形处置

1. 标准条文

根据《机动车安全技术检验项目》(GB 38900—2020)标准条文"附录 D"的"D.1.6",特殊情形按以下方式处置:

(1)在滚筒反力式制动检验台上检验时,被测试车轮在滚筒上抱死但整车制动率未达到合格要求时,应在车辆上增加足够的附加质量或相当于附加质量的作用力(在设备额定荷载以内,附加质量或作用力应在该轴左、右车轮之间对称作用,不计入静态轴荷)后,重新测试;对于非营运小型、微型载客汽车,可换用平板制动检验台或采用路试检验。

(2)在滚筒反力式制动检验台上检测受限的车辆或底盘动态检验过程中点制动时无明显跑偏。但左、右轮制动力差不合格的车辆,应换用平板制动检验台或采用路试检验。

(3)对残疾人专用汽车,应通过操纵辅助装置检验制动性能。检验行车制动性能时施加在制动和加速迁延手柄表面上的正压力不应大于 300 N;检验驻车制动性能时驻车制动辅助手柄的操纵力不应大于 200 N。

(4)总质量大于 750 kg 且小于或等于 3 500 kg 的挂车,应组合成汽车列车进行制动性能检验。路试制动性能检验时应符合《机动车安全技术检验项目和方法》(GB 38900—2020)"6.8.2.5"要求;台试制动性能检验时,不进行加载制动性能检验,性能应符合《机动车安全技术检验项目和方法》(GB 38900—2020)"6.8.2.2"要求。

(5)对于摩托车检验时,可采用移动式检验台方式或人工检验方式开展制动性能检验,摩托车排量不超过 250 mL 或电动机额定功率不超过 30 kW 的可以对制动实行人工检验。人工检验摩托车制动性能时,静态条件下操纵制动手柄或者制动踏板,检验员前后推动车辆不应有明显位移,车辆制动器自动回位应正常,重复 3 次;在 15~25 km/h 车速时操纵制动手柄或者制动踏板,车辆制动应响应良好,并能及时停车。

2. 检验员工作方法

(1)对于非营运小型、微型载客汽车在滚筒反力式制动检验台上检验时,被测试车轮在滚筒上抱死但整车制动率未达到合格要求时,可换用平板制动检验台(复检全部制动性能并利用平板制动检验台的测试数据进行重新计算和判定)或采用路试检验。

(2)总质量大于 750 kg 且小于或等于 3 500 kg 的挂车,应组成汽车列车进行制动性能检验,且无须进行加载制动性能检验。

(3)摩托车检验时可采用移动式检验台方式或人工检验方式检验制动性能。

(五)制动性能复检项目

1. 标准条文

根据《机动车安全技术检验项目和方法》(GB 38900—2020)标准条文"附录 D"的"D.4",制动性能复检项目应符合以下要求:复检项目为上次检验不合格项目,但对于行车制动检验项目中,出现某一轴制动性能不合格的,只复检该轴制动性能;出现整车制动性能不合格的,复检整车制动性能。

2. 检验员工作方法

(1)轴行车制动性能检验不合格时,车辆维修调试后复检该轴轴制动率与轴制动不平衡率,并重新计算及评价整车制动率(驻车不重新计算与评价)。

(2)整车制动率检验不合格时,车辆维修调试后,全部复检制动各项目。

(3)驻车制动率检验不合格时,车辆维修调试后,复检驻车制动性能。

技能点二　平板制动检验台结构及检验方法

平板制动检验是一种用于评估汽车制动系统性能的检测方法,能够发现制动失效情况、评估制动性能,并确保车辆的安全行驶。与滚筒反力式制动检验不同,平板制动检验是将车辆停放在静止的平板上进行检测,通过施加一定的制动力来测量制动效果。

一、平板制动检验台结构组成及工作原理

1. 结构组成

目前较常采用的是四平板式的平板制动检验台。根据配置的不同,能完成制动力、轴(轮)荷等多种测试项目。在模拟实际平坦道路的平板上,汽车以一定的速度行驶,实施紧急制动,一次完成动态测定制动力、轮重检测项目。平板制动检验台若需要检测摩托车(正三轮摩托车),还可以采用五板形式。

平板制动检验台通常由四块表面轧花的平板、力传感器、支承钢球、底架及指示与控制装置等组成,如图 2-2-3 所示。四块平板前、后各两块并列布置,板间间距与受检车轮距相适应。各块平板如同路面,均支承在钢球上,各自独立,可做纵向移动。

平板制动试验台由几块平整的检测板组合安装而成,形成一段模拟真实的路面,检测板工作面采用特殊的粘砂处理工艺(工作面可用钢丝网格或喷镍,根据客户需要配置),使表面与车辆轮胎之间具有很高的附着系数。

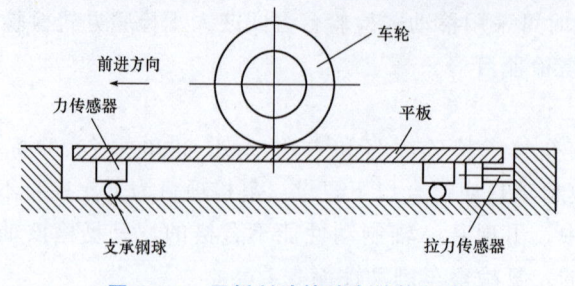

图 2-2-3　平板制动检验台结构组成

2. 工作原理

检测时,机动车辆以一定的速度(5～10 km/h)行驶到该平板上并实施制动,此时轮胎对台面产生一个沿行车方向的切向力。车辆驶上检测台面后的全过程中,装在平板制动检测板下面的轮重传感器和制动力传感器将车辆轮胎传递的力转换成电信号,经放大滤波后,送往 A/D 变换器变换成数字信号,由计算机处理后显示结果打印输出。

二、平板制动检验台检验方法

1. 标准条文

根据《机动车安全技术体验项目和方法》(GB 38900—2020)标准条文"附录 D"的"D.1.4",可知平板制动检验台检验步骤如下:

(1)检验员将被检车辆以 5～10 km/h 的速度滑行,置变速器于空挡后(对自动变速器车辆可位于"D"挡),正直平稳驶上平板。

(2)当被测试车轮均驶上平板时,急踩制动,使车辆停止,测得各车轮的轮荷[对小(微)型载客汽车、总质量小于或等于 3 500 kg 的其他汽车(三轮汽车除外)应为动态轮荷,对于并装双轴、并装三轴车辆的左、右同侧车轮可以按照 1 个车轮计]、最大轮制动力、轮制动力增长全过程的数值等,并按照《机动车安全技术检验项目和方法》(GB 38900—2020)"附录 D"的"D.1.5.2"规定计算轴的制动率、不平衡率、整车制动率等指标。

(3)重新启动车辆,待车辆驻车制动轴驶上平板时操纵驻车制动操纵装置,测得驻车制动力数值,按照《机动车安全技术检验项目和方法》(GB 38900—2020)"附录 D"的"D.1.5.2"规定计算驻车制动率。

(4)车辆制动停止时如被测试车轮已离开平板,则此次制动测试无效,应重新测试。

2. 检验工作方法

(1)检验方法。制动检测时,引车员按照助手提示,将受检车辆以 5～10 km/h 的车速正直居中驶向制动试验台,当前后轮分别驶达平板后置变速器于空挡,控制系统指令显示在助手显示器上,引车员根据助手提示操作,急踩制动踏板,汽车便在惯性的作用下,通过车轮在平板上施加一个与制动力大小相等、方向相反的作用力,使平板沿纵向位移,力传感器测量并记录各板的动态制动力和轮重变化情况,并绘制出制动力、轮重变化曲线;车辆在平板上停稳后,测量车辆的静态稳定轴重,然后起步拉驻车制动手柄并测量驻车制动效果。控制系统将检测结果上传到检验系统平台。

(2)检验注意事项。

1)总质量小于或等于 3 500 kg 的其他汽车(三轮汽车除外),测得的轮荷应为动态轮荷。

2)引车员要保持车辆正直居中驶到平板上,行驶过程中不得偏斜、不得打方向。偏驶或打方向会造成车辆侧向力过大,影响检测结果真实性。

3)引车员要注意车辆的行驶速度不要超出 10 km/h,车速过大会导致轴荷严重转移,甚至后轴跳起,影响后轴制动测量。

三、制动性能参数计算

1. 标准条文

根据《机动车安全技术检验项目和方法》(GB 38900—2020)标准条文"附录 D"的"D.1.5.2",用平板制动检验台检验时制动性能参数计算方法如下:

(1)轴制动率为测得的该轴左、右车轮最大制动力之和与该轴轴荷之百分比,对小(微)型载客汽车、总质量小于或等于 3 500 kg 的其他汽车(三轮汽车除外),轴荷取左、右轮制动力最大时刻所分别对应的左、右轮动态轮荷之和,对其他机动车轴荷取该轴静态轴荷。

(2)以同轴左、右轮制动力之和达到最大制动力的时刻为取值终点,取制动力增长过程中测得的同时刻左右轮制动力差最大值为左右车轮制动力差的最大值,用该值除以左、右车轮最大制动力中的大值(当后轴制动力小于该轴轴荷的 60% 时为该轴轴荷),得到轴制动不平衡率。

(3)整车制动率、驻车制动率等指标的计算同《机动车安全技术检验项目和方法》(GB 38900—2020)"附录 D"的"D.1.5.1"。

2. 制动性能参数计算取值说明

在平板台进行制动性能检验是一个动态过程,制动过程数据变化很快。由于制动时的车辆重心转移,随着制动力的增长,前轴轮重同步增长;对于后轴,随着制动力的增长,轮重同步减小。

3. 制动性能参数计算

制动性能参数计算方法参见上述"1.",采用滚筒制动检验台和平板制动检验台的计算方法大致相同。

技能点三　路试制动检验和路试驻车制动检验

路试制动性能检验一般是在受检的车辆上装置检测仪器,如五轮仪、便携式路试检验仪等,使车辆在道路上行驶,检测车辆的制动距离、制动减速度和制动响应时间。路试检测是检验机动车辆制动性能最基本的方法,也是最可靠的方法。

路试制动检验

车辆驻车检验

一、路试行车制动检验

1. 标准条文

根据《机动车安全技术检验项目和方法》(GB 38900—2020)标准条文"附录 D"的"D.2.1",行车制动要求如下:

(1)路试制动性能检验应在纵向坡度不大于 1%、轮胎与地面间的附着系数不小于 0.7 的硬实、清洁、干燥的水泥或沥青路面上进行。检验前应对检验场地进行安全检查,并采取必要的防护及封闭措施,确保检验过程的安全。检验时车辆变速器应置于空挡(对自动变速器车辆应位于"D"挡)。

(2)对于线轴结构半挂车、静态轴荷大于或等于 11 500 kg 的汽车等不适用于制动检验台检验的车辆,用制动距离或者 MFDD 和制动协调时间判定制动性能。有疑问时应安装踏板力计,检查达到规定制动效能时的制动踏板力是否符合标准。

(3)在试验路面上,按照《机动车运行安全技术条件》(GB 7258—2017)画出规定的试车道的边线(对于采用自动定位装置记录被测车辆行驶轨迹、能自动判定车辆有无驶出虚拟车道边线的,可不施画实际试车道的边线),被测车辆沿着试车道的中线行驶。使用便携式制动性能测试仪等设备进行测试时,行驶至规定初速度后,置变速器于空挡(对自动变速器车辆位于"D"挡),急踩制动(制动过程中不应转动方向盘),使车辆停止,测 MFDD 和制动协调时间,并检查车辆有无驶出车道边线;当使用非接触式速度仪等设备进行测试时,行驶至高于规定的初速度后,置变速器于空挡(对自动变速器车辆位于"D"挡),滑行到规定的初速度时,急踩制动,使车辆停止,测量车辆的制动距离,检查车辆有无驶出车道边线。

(4)对已在制动检验台上检验过的车辆,制动不平衡率及前轴制动率符合要求,但整车制动率未达到合格要求,或满足前述"技能点一中二、(五)"规定的特殊情形时,用便携式制动性能测试仪等设备检测,对于小(微)型载客汽车及其他总质量不大于 3 500 kg 的汽车的制动初速度应不低于 30 km/h,对于其他汽车、汽车列车及无轨电车,制动初速度应不低于 20 km/h,急踩制动后测取 MFDD 及制动协调时间。

2. 检验员注意事项

(1)采用路试检验制动性能车型为线轴结构半挂车、静态轴荷大于或等于 11 500 kg 的汽车等。

(2)《机动车安全技术检验项目和方法》(GB 38900—2020)要求对于小(微)型载客汽车及其他总质量不大于 3 500 kg 的汽车的制动初速度应不低于 30 km/h,《机动车运行安全技术条件》(GB 7258—2017)要求此类车型中设计时速大于 100 km/h,制动初速度应不低于 50 km/h。两者要求不同,但进行行车制动路试检验时,按照《机动车安全技术检验项目和方法》(GB 38900—2020)的要求进行检验。

(3)对于其他汽车、汽车列车及无轨电车,制动初速度应不低于 20 km/h。

3. 路试试验道路

试验道路要求纵向坡度不大于 1‰、轮胎与地面间的附着系数不小于 0.7 的硬实、清洁、干燥的水泥或沥青路面,如图 2-2-4 所示。

图 2-2-4 路试试验道路

试验道路边线按照《机动车运行安全技术条件》(GB 7258—2017)的要求画出,应有足够的安全缓冲区。试验路面的附着系数对制动性能检验结果有着重要的影响,应保持路面清洁,不在雨、雪天气下进行路试检验。

4. 检验设备和检验方法

路试检验设备较常用的有便携式路试检验仪、非接触式速度仪两种。

(1)便携式路试检验仪。采用便携式路试检验仪进行路试检验,用参数充分发出的平均减速度(MFDD)、制动协调时间和制动稳定性判定制动性能。

便携式路试检验仪由主机、传感器、制动踏板力计(含制动踏板开关功能)、托架、打印机、数据线组成,如图 2-2-5 所示。

检验员将托架吸盘安装到前风窗玻璃上,固定好托架并调平,将传感器箭头指向车辆前进方向并安在托架上,安装好的传感器轴心线与车辆轴心线平行;制动踏板开关安装在制动踏板上;数据线连接到主机,主机可放在前排乘客座位上。

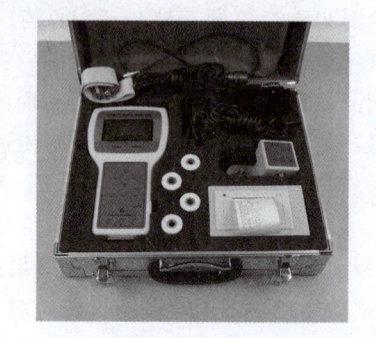

检验员按主机提示调整好设置、正确输入被检车型。引车员驾驶车辆从试验道路起点开始,沿道路中线加速至高于被检车型国标规定初速度后,稳定车速,变速器于空挡(对自动变速器车辆位于"D"挡)后急踩制动踏板。车辆停稳后,引车员将主机记录数据、曲线等打印保存,并下车查看车辆偏离试验道路中线情况,判定制动稳定性是否良好。

图 2-2-5 便携式路试检验仪主要部件

(2)非接触式速度仪。采用非接触式速度仪进行路试检验,用参数制动距离和制动稳定性判定制动性能。采用非接触式速度仪进行路试检验的方法与便携式路试检验仪方法基本相同。引车员注意将被检车辆行驶至高于规定的初速度后,置变速器于空挡(对自动变速器车辆位于"D"挡)、滑行到规定的初速度时,急踩制动踏板。

二、路试驻车制动检验

1. 标准条文

根据《机动车安全技术检验项目和方法》(GB 38900—2020)标准条文"附录 D"的"D.2.2",驻车制动要求如下。

(1)将车辆驶上坡度为 20%(半挂牵引车单车、总质量为整备质量的 1.2 倍以下的车辆为 15%)、附着系数不小于 0.7 的坡道上,按正反两个方向保持固定不动,其时间不少于 2 min,检验车辆的驻车制动是否符合要求。

(2)在不具备试验坡道的情况下,采用"移动式驻车制动检验坡台法""牵引法"测试驻车制动性能。采用"移动式驻车制动检验坡台法"时,移动坡台的坡度应符合《机动车运行安全技术条件》(GB 7258—2017)中 7.10.3 的相关要求;采用"牵引法"时,应按照《机动车运行安全技术条件》(GB 7258—2017)中 7.10.3 的对应坡度计算对应牵引力(采用车辆整备质量计算),测试状态为空载。

2. 检验工作注意事项

(1)路试坡道要与承检车型相适应;也可以采用"移动式驻车制动检验坡台法""牵

引法"测试驻车制动性能，如图 2-2-6(a)所示。

坡度计算方法为百分比法，如图 2-2-6(b)所示，即两点的高程差与其水平距离的百分比，其计算公式：坡度＝(高程差/水平距离)×100%，即 $i=h/s×100\%$。

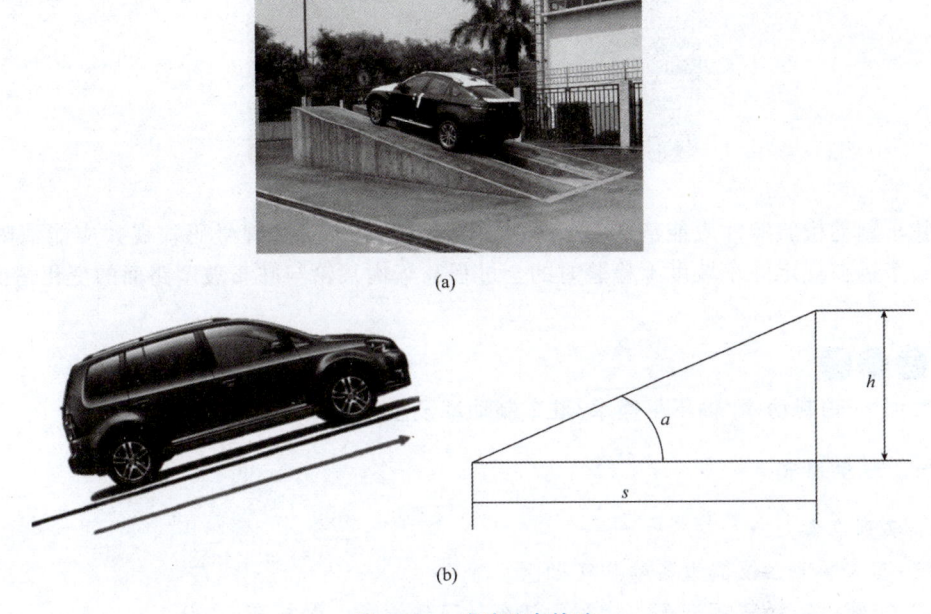

图 2-2-6　路试驻车检验
(a)测试驻车制动性能；(b)坡度计算方法

(2)使用 15%坡道检验的两种车型为半挂牵引车单车；总质量为整备质量的 1.2 倍以下的车型。

(3)车辆在坡道上行和下行两个方向保持静止不动的时间不少于 2 min。

(4)用"移动式驻车制动检验坡台法""牵引法"测试驻车制动性能，检验员要注意查看说明书的安装要求。

1)移动式驻车制动检验坡台法的坡道可以是坡度可以调节的移动式检验装置，也可以是车辆所有车轮停驻在符合车辆检测要求的移动式坡台上，而车身保持相对水平状态的设备。

2)牵引法是指对被检车辆施加一定的牵引力或其他与牵引力等效的力，通过机械装置将在坡道上的驻车制动检验方法转换为平坦路面或其他等效的驻车制动检验方法。

采用牵引法进行检验时，车身牵引钩处与牵引绳、牵引主机要在一条轴心线上，牵引绳两端(车身端、牵引机端)高度应一致。检验员要正确输入车型，测试软件才能准确计算牵引力大小以便对电动机发出工作指令。

三、影像资料拍摄要求

行车制动检验照片应能清晰显示被检车辆号牌号码，视频应能清晰地观察到车辆行车制动的行驶过程，如图 2-2-7 所示。

图 2-2-7　行车制动检验

驻车制动检验照片应能清晰显示被检车辆在检验时的号牌号码，视频应能清晰地观察到车辆在规定驻车坡度上检验时的全过程和车辆某轮与驻车坡度路面的变化情况。

任务实施

实训　轴制动率/轴不平衡率/驻车制动率及整车制动率检验

一、任务准备

1. 实训准备

(1)实施场地。仪器设备检测实训区。

(2)实施设备。载客汽车、货车、挂车、三轮汽车、摩托车。

(3)检测工具。制动检验台、便携式制动性能测试仪。

2. 作业要求

(1)穿着干净、整洁的工作服。

(2)遵守场地安全规定，注意用电安全。

(3)正确使用检测仪器。

(4)按照要求填写检验报告。

二、任务实施

1. 实训组织

分组进行，使用实车分组进行轴制动率/轴不平衡率/驻车制动率及整车制动率检验训练(表 2-2-1)。

表 2-2-1　分组任务

时间/min	任务	操作对象
0~10	组织学生学习轴制动率/轴不平衡率/驻车制动率及整车制动率检验方法	教师
11~30	学生分组进行轴制动率/轴不平衡率/驻车制动率及整车制动率检验	学生
31~40	教师点评和讨论	教师

2. 实训步骤与记录

以单人实操后完成下列工单内容，并提交给指导教师，现场完成后教师给予点评并作为本次实训的成绩计入学时（表 2-2-2）。

表 2-2-2　实训工单

一轴制动率/一轴不平衡率检验					
姓名		学号		班级	
指导教师		成绩		考试时间	
车辆信息正确记录：						
车辆类型			发动机排量		
车辆识别代号			行驶里程数		
实训内容					
检验项目	轴制动率/轴不平衡率/驻车制动率及整车制动率检验步骤				
^	不适用于制动检验台检验的车辆，采用便携式路试制动仪等设备路试检验				
作业工单	检验项目				判定
^	(1)一轴空载制动率				
^	(2)一轴空载制动不平衡率				
^	(3)驻车制动率				
^	(4)整车制动率				
检验结果					
实训整理(7S)	整理：				
^	整顿：				
^	清扫：				
^	清洁：				
^	素养：				
^	安全：				
^	节约：				

三、任务评价

进行任务评价，见表 2-2-3。

表 2-2-3　任务评价

评分项	得分条件	分值	评分要求	得分
7S/态度	作业区 7S、个人工作态度	15	未完成 1 项扣 1~3 分，扣分不得超 15 分	

续表

评分项	得分条件	分值	评分要求	得分
专业技能、能力	1. 正确无误检验一轴空载制动率能力。 2. 正确无误检验一轴空载制动不平衡率能力。 3. 正确无误检验驻车制动率。 4. 正确无误检验整车制动率	50	未完成1项扣1～5分，扣分不得超50分	
工具及设备使用能力	岗位所需工具及设备的使用能力、查询软件的使用能力	15	未完成1项扣1～5分，扣分不得超15分	
资料、信息查询能力	检测资料、其他资料信息检索与查询能力	10	未完成1项扣1～5分，扣分不得超10分	
数据读取、分析和判断能力	数据读取、分析、判断能力	5	未完成1项扣1～3分，扣分不得超5分	
表单填写与报告撰写能力	电子工单、纸质工单、任务记录单填写	5	未完成1项扣0.5～1分，扣分不得超5分	
	总分			

任务小结

任务完成后，学会以下技能：
1. 能按照规范利用滚筒反力式制动检验台完成机动车制动检验。
2. 能按照规范利用平板制动检验台完成机动车制动检验。
3. 能按照规范完成路试制动检验和路试驻车制动检验。

拓展阅读

1. 汽车制动性

汽车制动性是指汽车行驶时，能在短距离内停车且维持行驶方向稳定性和在长下坡时能维持一定车速的能力。

2. 汽车制动性评价指标

汽车的制动性能主要从制动效能、制动效能的恒定性和制动时汽车的方向稳定性三个方面来评价。

制动效能是指在良好路面上，汽车以一定初速制动到停车的制动距离或制动时汽车的减速度，是制动性能基本的评价指标；制动效能的恒定性是指汽车高速行驶或长下坡连续制动时制动效能保持的程度，也即抗热衰退性能；制动时汽车的方向稳定性通常用制动时汽车按给定路径行驶的能力来评价，即制动时汽车不发生跑偏、侧滑及失去转向能力的性能。

3. 汽车制动性测试方法

检测站在评价汽车制动性能时，主要检测制动效能和制动时的方向稳定性两个方面。检测的项目主要包括制动减速度、制动距离和制动协调时间等。检测方法主要可分为台试检验（制动检验台检测）和路试检验（五轮仪或减速度仪检测），我国是以台式检验法检测汽车制动性为主。

试题训练

一、选择题

1. 滚筒反力式制动台前后地面的附着系数应不小于（　　）。
   A. 0.3　　　　　B. 0.5　　　　　C. 0.7　　　　　D. 0.9

2. 用滚筒反力式制动检验台检验时，被检车辆正直居中行驶，依次逐轴停放在轴（轮）重仪上，并按规定时间（　　）停放，测出静态轴（轮）荷。
   A. 不少于 1 s　　　　　　　　　B. 不少于 3 s
   C. 不少于 5 s　　　　　　　　　D. 不少于 10 s

3. 用平板制动检验台检验时，检验员将被检车辆以（　　）km/h 的速度滑行，置变速器于空挡后（对自动变速器车辆可位于"D"挡），正直平稳驶上平板。
   A. 3～5　　　　　B. 5～10　　　　　C. 8～10　　　　　D. 10～15

4. 用滚筒反力式制动检验台检验时，轴制动率为测得的该轴（　　）车轮最大制动力之和与该轴静态轴荷之百分比。
   A. 左　　　　　B. 右　　　　　C. 左、右

5. 制动检验台是用来检验制动性能的设备，按检验台支撑车轮形式的不同，可分为滚筒式和（　　）。
   A. 反力式　　　　B. 惯性式　　　　C. 机械式　　　　D. 平板式

6. 制动检验台是用来检验制动性能的设备，按测试原理的不同，可分为反力式和（　　）。
   A. 滚筒式　　　　B. 平板式　　　　C. 惯性式　　　　D. 机械式

二、判断题

1. 平板制动检验台所采用的传感器有拉力传感器和压力传感器。　　（　　）
2. 用平板制动检验台检验时，车辆制动停止时如被测试车轮已离开平板，但如果出现有效制动力，则此次制动测试视为有效。　　（　　）
3. 用滚筒反力式制动检验台检验时，可采取相关措施防止被检车辆在滚筒反力式制动检验台上后移，以适应制动检验需要。　　（　　）

三、案例分析

一辆 2012 款大众迈腾轿车在年检时，后轮制动率及不平衡率均不合格。请分析可能导致该车后轮制动率及不平衡率均不合格的主要原因，并描述解决问题的步骤。

学习任务三　车身电气系统检测

工作情景描述

一辆行驶了 70 000 km 的轿车，送进机动车安全检测站检测线进行车身电气系统检测（年审），现车需要进行车辆前照灯远光强度检验。若你是工作人员，当车辆来检测时，怎么进行车辆前照灯远光强度检验？如何正确填写车辆前照灯远光强度检验记录单？请学习车辆前照灯远光强度检验要求和方法，完成送检车辆前照灯远光强度检验工作。

学习目标

知识目标

1. 掌握机动车前照灯检验要求；
2. 掌握机动车前照灯检验设备要求；
3. 掌握前照灯发光强度检验标准和检验员工作方法。

能力目标

能按照规范进行前照灯远光灯发光强度检验。

素质目标

养成团队协作与独立作业、质量优先与规范检测的职业素养。

知识准备

技能点　前照灯发光强度检验

前照灯远光发光强度检验

前照灯可以在夜间或光线昏暗时，给驾驶员提供足够的光线，使驾驶员能看清车辆前方 100 m 以上的位置，从而确保车辆夜间的行车安全。因而，前照灯的发光强度和光束的照射方向被列为机动车运行安全检测的必检项目。这里主要介绍前照灯发光强度检验的相关内容。

一、检验要求

根据《机动车安全技术检验项目和方法》(GB 38900—2020)标准条文"6.8.4"，前照灯远光发光强度应符合《机动车运行安全技术条件》(GB 7258—2017)中"8.5.2"的相关要求。

二、设备要求

1. 标准条文

根据《机动车安全技术检验项目和方法》(GB 38900—2020)标准条文"附录 E"的"E.1",前照灯远光发光强度检验应使用前照灯检测仪(无轨电车和排量小于或等于 250 mL 或驱动电动机额定功率小于或等于 30 kW 的摩托车人工检验时除外)。

2. 前照灯检测仪分类、组成及工作原理

(1)前照灯检测仪分类。前照灯检测仪按照光学测量方式可分为聚光式、投影式、光轴追踪式和屏幕式等。其中,屏幕式又可分为全自动 CCD 屏幕式和电子屏幕扫描式两种。

前照灯检测仪按照操作方式可分为手动和自动两种。其中,手动前照灯检测仪的移动形式有轮式和轨道式两种。机动车检测线内采用自动前照灯检测仪,如图 2-3-1 所示;进行路试无法上线检验的车辆及移动式检验的摩托车,可以采用手动前照灯检测仪。

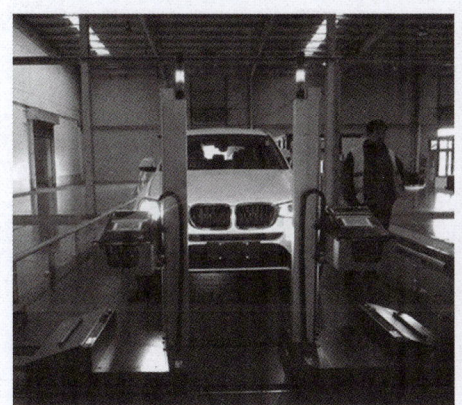

图 2-3-1　自动前照灯检测仪

(2)前照灯检测仪的组成及工作原理。自动前照灯检测仪和手动前照灯检测仪检验远光发光强度的原理相同。手动前照灯检测仪需要摇动手轮,将检测仪屏幕与车辆远光灯光中心高度一致,如图 2-3-2 所示。以全自动 CCD 屏幕式前照灯检测仪为例,其组成及工作原理如图 2-3-3 所示。光接收箱在立柱的导引下,由链条牵引做上下运动,仪器的底箱下面装有轮子,可沿地面导轨左右移动整个设备。在光接收箱内部有透镜组件、光电池与光检测系统。在底箱内装有两个方向的驱动系统。

图 2-3-2　手动前照灯检测仪

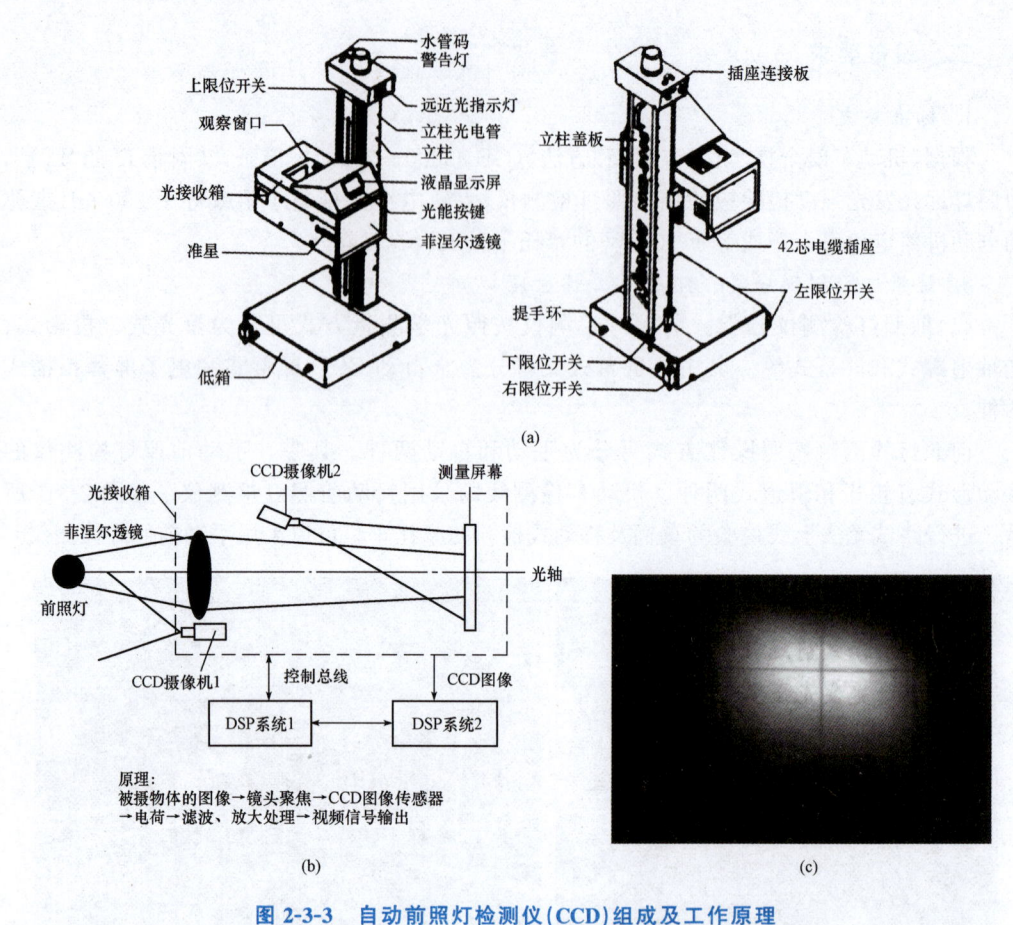

图 2-3-3　自动前照灯检测仪(CCD)组成及工作原理
(a)自动前照灯检测仪组成；(b)远光强度工作原理简图；(c)图像

在光接收箱的最前端是菲涅尔透镜，当前照远光灯光束通过透镜聚光后，在光接收箱中会聚到测量屏幕上。前摄像头对准前照灯中心并测量中心高度，当光束在测量屏幕上时，通过后摄像头测量照射光斑的图像，直接分析计算远光发光强度。

三、检验前仪器及车辆准备

1. 标准条文

根据《机动车安全技术检验项目和方法》(GB 38900—2020)标准条文"附录 E"的"E.2"，检验前，仪器及车辆准备如下：

(1)前照灯检测仪受光面应清洁。
(2)对手动式前照灯检测仪应检查其电池电压是否在规定范围内。
(3)轨道内应无杂物，使仪器移动轻便。
(4)前照灯应清洁。

2. 检验员注意事项

(1)被检车辆的前照灯应清洁，不能出现目视观察到左右灯光发光强度不一致等现象。

（2）用无纺布擦拭前照灯检测仪光接收箱受光面，使其保持清洁。

（3）若采用手动前照灯检测仪，使用前一定要检查电量是否符合要求。如果电量低，则会造成测量数据错误。

（4）确保被检车辆电源系统工作正常，车辆启动后发动机保持运转状态，电源处于充电状态。

四、检验方法

1. 标准条文

根据《机动车安全技术检验项目和方法》(GB 38900—2020)标准条文"附录 E"的"E.3"，检验方法要求如下。

（1）自动式前照灯检测仪检验。

1）采用自动式前照灯检测仪检验时，按以下步骤进行：

①车辆沿引导线居中行驶至规定的检测距离处停止，车辆的纵向轴线应与引导线平行，如不平行，车辆应重新停放，或采用车辆摆正装置进行拨正；

②置变速器于空挡，车辆电源处于充电状态，开启前照灯远光灯；

③给自动式前照灯检测仪发出启动测量的指令，仪器自动搜寻被检前照灯，并测量其远光发光强度；

④按上述步骤③完成车辆所有前照灯的检测；

⑤在对并列的前照灯（四灯制前照灯）进行检验时，应将与受检灯相邻的灯遮蔽；

⑥采用气体放电光源前照灯时，测试前应预热。

2）三轮汽车、摩托车前照灯检验时，按以下步骤进行：

①将车辆停止在规定的位置；

②保持前照灯正对前照灯检测仪，有夹紧装置的将车轮夹紧；

③开启前照灯检测仪进行检测，检测过程中车辆应处于充电状态（变速器置于空挡，无级变速的车辆应实施制动）；

④对两轮机动车和装用一只前照灯的三轮机动车，记录前照灯远光发光强度。对装用两只或两只以上前照灯的三轮机动车，参照上述"1)"的方法进行。

3）特殊情形按以下方式处置：

①修井机、钻机车、压裂车、连续管作业车、连续抽油杆作业车、固井车、混砂车、压裂管汇车、测井车、液氮泵车等油田专用作业车前照灯检测时，因车灯高度超出检测仪范围的，经授权签字人确认后免于检验，并记录在检验表中。

②小型载客汽车（面包车除外）前照灯远光发光强度检测不合格，但经确认确实属于前照灯检测仪与车辆前照灯技术不匹配，经授权签字人确认后视同合格，并记录在检验表中。

（2）手动式前照灯检测仪检验。用手动式前照灯检测仪检验时，参照上述"(1)中1)"的方法进行。

（3）摩托车前照灯人工检验。对于排量不超过 250 mL 或驱动电动机额定功率不超过 30 kW 的摩托车检验时，按以下步骤进行：

1)将车辆停止在规定的位置；
2)开启远光灯，远光灯应能正常工作；
3)开启近光灯，近光灯应能正常工作。

2. 检验工作方法

(1)引车员将车辆沿引导线正直居中行驶至规定的检测距离处停止，车辆的纵向轴线应与引导线平行，如不平行，则应将车辆重新停放，或采用车辆摆正装置进行拨正。

(2)置变速器于空挡，车辆电源处于充电状态。

(3)检测系统给自动式前照灯检测仪发出启动测量的指令，并将引车员操作指令显示在助手上，引车员按照助手指令打开前照灯。

(4)前照灯检测仪自动搜寻被检前照灯，并测量其远光发光强度。

(5)三轮汽车、摩托车前照灯检验时需要用夹紧装置将车轮夹紧。对于排量不超过250 mL或驱动电动机额定功率不超过30kW的摩托车检验时，检验员操作灯光开关，灯光工作正常即可。

(6)采用手动前照灯检测仪时，检验员注意将前照灯与前照灯检测仪光接收箱平面的距离调整至规定的检测距离，并且远光灯光束正直居中会聚到光接收箱平面上。

(7)根据《机动车运行安全技术条件》(GB 7258—2017)中"8.5.2 远光光束发光强度要求"的规定，四灯制是指前照灯具有四个远光光束；采用四灯制的机动车中两只对称的灯达到两灯制的要求时视为合格。

3. 前照灯光束要求

机动车每只前照灯的远光光束发光强度应达到表 2-3-1 的要求。并且，同时打开所有前照灯(远光)时，总的远光光束发光强度应符合《汽车及挂车外部照明和光信号装置的安装规定》(GB 4785—2019)的规定，总的最大远光发光强度应不超过 430 000 cd。测试时，电源系统应处于充电状态。

表 2-3-1　前照灯远光光束发光强度最小值要求　　　　　　　　　　　　cd

机动车类型		检查项目					
		新注册车			在用车		
		一灯制	二灯制	四灯制[a]	一灯制	二灯制	四灯制[b]
三轮汽车		8 000	6 000	—	6 000	5 000	—
最大设计车速小于 70 km/h 的汽车		—	10 000	8 000	—	8 000	6 000
其他汽车		—	18 000	15 000	—	15 000	12 000
普通摩托车		10 000	8 000	—	8 000	6 000	—
轻便摩托车		4 000	3 000	—	3 000	2 500	—
拖拉机运输机组	标定功率>18 kW	—	8 000	—	—	6 000	—
	标定功率≤18 kW	6 000[b]	6 000	—	5 000[b]	5 000	—

续表

机动车类型	检查项目					
	新注册车			在用车		
	一灯制	二灯制	四灯制[a]	一灯制	二灯制	四灯制[b]

 a 四灯制是指前照灯具有四个远光光束；采用四灯制的机动车其中两只对称的灯达到两灯制的要求时视为合格。
 b 允许手扶拖拉机运输机组只装用一只前照灯。

五、检测结果分析

机动车灯光检测常见的结果有左右前照灯发光强度均偏低、发光强度不一致、前照灯光束照射位置偏斜。出现这些结果的原因如下。

1. 左右前照灯发光强度均偏低

(1)检查前照灯反光镜的光泽是否明亮，如昏暗或镀层剥落或发黑应予更换。

(2)检查灯泡是否老化，质量是否符合要求，如老化或质量不符合要求，光度偏低者应更换。

(3)检查蓄电池端电压是否偏低，如端电压偏低，应先充足电再检测，单靠蓄电池供电，前照灯发光强度很难达到标准的规定，检测时发电机应供电。

(4)检查是否有搭铁不良的地方。

2. 左右前照灯发光强度不一致

检查发光强度偏低的前照灯的反射镜光泽是否灰暗，灯泡是否老化，质量是否符合要求，一般多为搭铁线路接触不良。

3. 前照灯光束照射位置偏斜

前照灯安装位置不当或因强烈振动而错位致使光束照射位置偏斜，应予以调整；前照灯光束照射位置偏斜的调整可在前照灯检测仪上进行；检查所使用大灯的质量是否合格。

根据检测标准，在检测调整光束照射位置时，对远、近双光束灯以检测调整近光光束为主；如果制造质量合格的灯泡，近光调整合格后，远光光束一般也能合格；若近光光束调整合格后，经复核远光光束照射方向不合格，则应更换灯泡。

六、特殊情形处理和复检

1. 标准条文

根据《机动车安全技术检验项目和方法》(GB 38900—2020)标准条文"附录 E"的"E.3.1.3"和"E.4"，特殊情形处置方式和前照灯附件项目要求如下。

(1)特殊情形处置方式。

1)修井机、钻机车、压裂车、连续管作业车、连续抽油杆作业车、固井车、混砂车、压裂管汇车、测井车、液氮泵车等油田专用作业车前照灯检测时，因车灯高度超出检测仪范围的，经授权签字人确认后免于检验，并记录在检验表中。

2)小型载客汽车(面包车除外)前照灯远光发光强度检测不合格,但经确认确实属于前照灯检测仪与车辆前照灯技术不匹配,经授权签字人确认后视同合格,并记录在检验表中。

(2)前照灯复检项目。对于前照灯检验项目中出现不合格的,复检所有前照灯。

2. 检验注意事项

(1)对于车灯位置较高的专项作业车,若超出前照灯检测仪的检测高度无法检验时,则经授权签字人确认后免于检验。在仪器设备检验表的备注栏填写"车灯高度超出检测仪范围,免于检验"。

(2)近几年,汽车前照灯新光源、新技术的应用和发展较快,某些情况下出现了前照灯检测仪与车辆前照灯技术不匹配而造成检验不合格的情形。对于小型载客汽车(面包车除外),经授权签字人确认后视同合格,并在仪器设备检验表的备注栏填写"前照灯检测仪与车辆前照灯技术不匹配,视同合格"。

(3)前照灯检验不合格的车辆,维修调整后复检所有前照灯。

七、影像资料拍摄要求

前照灯检测照片能清晰显示被检车辆的前号牌号码、车辆在打开远光灯条件下与前照灯设备的检测位置,视频应能清晰地观察到检测全过程,如图 2-3-4 所示。

图 2-3-4 前照灯检测照片要求

任务实施

实训 前照灯远光发光强度检测

一、任务准备

1. 实训准备

(1)实施场地。仪器设备检测实训区。
(2)实施设备。载客汽车、货车、三轮汽车。
(3)检测工具。前照灯检测仪。

2. 作业要求

(1)穿着干净、整洁的工作服。

(2)遵守场地安全规定,注意用电安全。

(3)正确使用检测仪器。

(4)按照要求填写检验报告。

二、任务实施

1. 实训组织

分组进行,使用实车分组进行前照灯左外远光灯检测训练(表2-3-2)。

表 2-3-2　分组任务

时间/min	任务	操作对象
0～10	组织学生学习前照灯远光发光强度检测方法	教师
11～30	学生分组进行前照灯远光发光强度	学生
31～40	教师点评和讨论	教师

2. 实训步骤与记录

以单人实操后完成下列工单内容,并提交给指导教师,现场完成后教师给予点评并作为本次实训的成绩计入学时(表2-3-3)。

表 2-3-3　实训工单

前照灯左外远光灯检测					
姓名		学号		班级	
指导教师		成绩		考试时间	
车辆信息正确记录:						
车辆类型			发动机排量		
车辆识别代号			行驶里程数		
实训内容					
检验项目	前照灯远光发光强度步骤				
	采用前照灯检测仪检验				
作业工单	检验项目				判定
	(1)前照灯左外灯远光发光强度				
	(2)前照灯右外灯远光发光强度				
	(3)前照灯总发光强度				
检验结果					

续表

实训整理(7S)	整理：
	整顿：
	清扫：
	清洁：
	素养：
	安全：
	节约：

三、任务评价

进行任务评价，见表2-3-4。

表 2-3-4 任务评价

评分项	得分条件	分值	评分要求	得分
7S/态度	作业区7S、个人工作态度	15	未完成1项扣1~3分，扣分不得超15分	
专业技能、能力	正确无误检验前照灯远光发光强度、总发光强度	50	未完成1项扣1~5分，扣分不得超50分	
工具及设备使用能力	岗位所需工具及设备的使用能力、查询软件的使用能力	15	未完成1项扣1~5分，扣分不得超15分	
资料、信息查询能力	检测资料、其他资料信息检索与查询能力	10	未完成1项扣1~5分，扣分不得超10分	
数据读取、分析和判断能力	数据读取、分析、判断能力	5	未完成1项扣1~3分，扣分不得超5分	
表单填写与报告撰写能力	电子工单、纸质工单、任务记录单填写	5	未完成1项扣0.5~1分，扣分不得超5分	
总分				

任务小结

任务完成后，学会以下技能：
能按照规范操作完成车辆前照灯发光强度检验，并能正确进行记录。

拓展阅读

车身电气系统是汽车的重要组成部分之一，可以保证驾驶员辅助系统工作的可靠性和汽车基本功能的正常使用，其性能好坏直接影响汽车的动力性、经济性、可靠性、安全性、舒适性以及排放性等性能。因此要做好车身电气系统的检测，严格监测车身电气的工作状况，提高汽车性能。

在检测的过程中，需要注重数据精确，坚持检测数据真实有效，紧抓职业操作，提高自己的专业水平。

试题训练

一、选择题

1. 前照灯检测仪按照操作方式可分为手动和自动两种，其中，手动前照灯检测仪的移动形式有(　　)。
   A. 轮式　　　　　B. 轨道式　　　　C. 轮式和轨道式　　D. 移动式
2. 最大设计车速小于 70 km/h 二灯制的在用车汽车，前照灯远光光束发光强度最小值要求为(　　)cd。
   A. 8 000　　　　B. 10 000　　　　C. 15 000　　　　D. 18 000
3. 乘用车四灯制的在用车汽车，前照灯远光光束发光强度最小值要求为(　　)cd。
   A. 8 000　　　　B. 12 000　　　　C. 15 000　　　　D. 18 000
4. 二灯制的在用车汽车(最大设计车速小于 70 km/h 二灯制的、三轮汽车除外)，前照灯远光光束发光强度最小值要求为(　　)cd。
   A. 8 000　　　　B. 12 000　　　　C. 15 000　　　　D. 18 000
5. 二灯制的新注册汽车(最大设计车速小于 70 km/h 二灯制的、三轮汽车除外)，前照灯远光光束发光强度最小值要求为(　　)cd。
   A. 8 000　　　　B. 12 000　　　　C. 15 000　　　　D. 18 000

二、判断题

1. 前照灯的远、近光光束变换功能应正常，远光照射位置不应出现异常偏高现象。(　　)
2. 自动前照灯检测仪和手动前照灯检测仪检验远光发光强度的原理相同。(　　)
3. 车辆前照灯检验时，应确保被检车辆电源系统工作正常，车辆启动后发动机保持运转状态，电源处于充电状态下，若发现灯光发光较暗时，可适当加油。(　　)
4. 前照灯复检时，对于前照灯检验项目中出现不合格的，只复检不合格前照灯。(　　)

三、案例分析

一乘用车在年检时，初检完毕后，结果出现左前照灯不合格。请分析该车左前照灯不合格的主要原因，并描述解决问题的步骤。

学习任务四　转向操纵系统性能检测

工作情景描述

汽车转向操纵系统性能包括操纵性、稳定性和转向操纵轻便性。为确保车辆安全稳定行驶，需做好汽车转向操纵系统性能检测，以提高车辆行驶安全性，并降低驾驶员的疲劳强度。

根据汽车转向操作系统性能要求，需要学习汽车转向操纵系统性能检测要求和方法。请完成车辆转向系统性能检测项目，并按照规范做好相关记录。

学习目标

知识目标

1. 掌握转向轮横向侧滑量检验要求；
2. 掌握转向轮横向侧滑量检验检测内容和设备要求；
3. 熟悉转向轮横向侧滑量检验台的结构及原理；
4. 掌握转向轮横向侧滑量检验工作方法。

能力目标

能按照规范进行车辆转向轮横向侧滑量的检验。

素质目标

养成团队协作与独立作业、质量优先与规范检测的职业素养。

知识准备

技能点　转向轮横向侧滑量检验

转向轮横向侧滑量检验

检测转向轮横向侧滑量，可以了解转向轮各定位值的综合作用结果，也可以避免引起转向沉重、加剧转向机构和转向轮胎的磨损，减少燃油消耗量，确保汽车动力性能，甚至避免发生行车事故，或将其控制在最佳状态。这里主要介绍转向轮横向侧滑量检验的要求、设备和工作方法。

一、检验要求

1. 标准条文

根据《机动车安全技术检验项目和方法》（GB 38900—2020）的规定，转向轮横向侧滑量要求如下：前轴采用非独立悬架的汽车（包括采用双转向轴的汽车，但不包括静态轴荷大于或等于 11 500 kg、不适用于仪器设备检验的汽车），转向轮横向侧滑量值应小于或等于 5 m/km。

2. 检验注意事项

（1）仅对前轴为转向轴、非独立悬架的汽车进行转向轮横向侧滑量检验。

（2）登录员要准确登录被检车辆转向轴为第一轴的单转向轴还是转向轴为第一轴和第二轴的双转向轴。

二、设备要求

1. 标准条文

根据《机动车安全技术检验项目和方法》（GB 38900—2020）标准条文"附录 F"的"F.1"，转向轮横向侧滑量的设备要求如下：

（1）转向轮横向侧滑量的检验应在侧滑检验台（双转向轴的应在双板联动侧滑检验台）上进行，侧滑检验台应具有轮胎侧向力释放功能。

（2）侧滑检验台滑板应保持水平，且两滑板各点间的高度差不应超过 5 mm。

2. 侧滑检验台的组成结构及工作原理

（1）双板联动侧滑检验台。安装时，侧滑检验台滑板应保持水平，且两滑板各点间的高度差不应超过 5 mm。双转向轴的应使用双板联动侧滑检验台。其实物照片如图 2-4-1 所示。

图 2-4-1　双板联动侧滑检验台实物

1）单转向桥侧滑量的侧滑台测试。利用双板联动侧滑检验台进行单转向桥侧滑量的侧滑台测试时，由于汽车的转向轮在运行时受其外倾角和前束的影响而对地面产生一定的侧向力，当车轮从侧滑检测台面上通过时，承载车轮的侧滑台面就会随着车轮的侧向力的方向做滑动位移，测试过程中位于台体上的放松板将释放掉轮胎，同时轧在侧滑台和地面上时地面对轮胎产生的反作用力。轮胎驶过放松板之后，再驶上侧滑板，以此来提高检测的精度。与此同时，与滑板相连接的传感器把滑板的位移量变成电信号，经过处理送往仪表或 A/D 变换器变换成数字信号，经计算机或仪表计算处理后，显示结果、打印输出。

2）双转向桥侧滑量的侧滑台测试。进行双转向桥侧滑量的侧滑台测试时，侧滑台结构在上述侧滑台的基础上增加了辅助回位装置，缩短了滑板的回位时间。当被检车辆按照提示，以小于或等于 5 km/h 的速度驶上侧滑台时，检测机构通过位置传感器自动判断被检车辆的行进过程。当第一转向桥的车轮压上滑板时,第一对位置传感器产生电信号,计算机开始记录滑板位移量;当车轮离开滑板时,第二对位置传感器产生电信号,提示控制系统车轮已离开滑板,辅助回位装置得电快速动作,滑板在锁零机构的作用下快速回位并锁零;然后,当汽车的第二转向桥的车轮压上滑板时,第一对位置传感器产生电信号,辅助回位装置断电,如上所述,计算机开始记录滑板位移量,就可以对第二转向桥进行测量。

(2)单滑板侧滑试验台。单滑板侧滑试验台主要用于汽车前轮(转向轮)定位的综合检验。当汽车低速驶过检验台时,通过测定车轮作用在侧滑试验台上的移动位置判定前轮定位是否合格,侧滑量以轮胎每千米的侧滑米数表示,如图2-4-2所示。

图2-4-2 单滑板侧滑试验台

三、检验准备

1. 标准条文

根据《机动车安全技术检验项目和方法》(GB 38900—2020)标准条文"附录F"的"F.2",检验前车辆及仪器准备要求如下:

(1)被检车辆轮胎表面干燥、清洁、无油污,胎冠花纹中及并装轮胎间无异物嵌入,气压符合规定。
(2)打开侧滑检验台滑板的锁止机构。
(3)仪表显示零位,必要时操作清零。
(4)侧滑检验台电气系统应预热。

2. 检验注意事项

(1)车辆轮胎气压、花纹深度应符合标准规定,胎面应清洁。
(2)打开锁止装置,拨动滑板,使仪表清零。

四、检验程序及注意事项

根据《机动车安全技术检验项目和方法》(GB 38900—2020)标准条文"附录F"的"F.3"和"F.4",检验程序和注意事项如下:

1. 检验程序

将车辆正直居中驶近侧滑检验台,并使转向轮处于正中位置,在驱动状态以不大于5 km/h的车速平稳、直线通过侧滑检验台,读取最大显示值。

2. 检验注意事项

(1)车辆通过侧滑检验台时，不得转动方向盘；不得在侧滑检验台上制动或停车；应保持侧滑检验台滑板下部的清洁，防止锈蚀或阻滞。

(2)对于双转向轴车辆应一次性通过侧滑检验台，分别测量得到两个转向轴的侧滑量。

(3)每个转向轴通过侧滑检验台前，仪表都应处于零位。

3. 检验工作方法

(1)应保持侧滑检验台滑板下部的清洁，防止锈蚀或阻滞。

(2)当车轮通过检验台时，滑板向外移动则侧滑量值记为正，向内移动则侧滑量值记为负。

(3)受检车辆必须居中直线行驶，车辆纵向轴线尽可能与侧滑台横向轴线垂直，避免车辆偏斜造成分力，从而影响检测数据的准确性。

(4)车辆通过侧滑检验台时，引车员不得转动方向盘，不得在侧滑检验台上制动或停车，这会导致检测数据产生较大偏差。

(5)对于双转向轴车辆应一次性通过侧滑检验台，分别测量得到两个转向轴的侧滑量。

五、影像资料拍摄要求

侧滑检测照片应能清晰显示被检车辆在侧滑设备前时的前号牌号码，视频应能清晰地观察到车辆通过侧滑设备的全过程。

任务实施

实训 转向轮横向侧滑量检测

一、任务准备

1. 实训准备

(1)实施场地。仪器设备检测实训区。

(2)实施设备。载客汽车、货车、三轮汽车。

(3)检测工具。侧滑检验台。

2. 作业要求

(1)穿着干净、整洁的工作服。

(2)遵守场地安全规定，注意用电安全。

(3)正确使用检测仪器。

(4)按照要求填写检验报告。

二、任务实施

1. 实训组织

分组进行，使用实车分组进行转向轮横向侧滑量检测训练（表 2-4-1）。

表 2-4-1　分组任务

时间/min	任务	操作对象
0～10	组织学生学习转向轮横向侧滑量检测方法	教师
11～30	学生分组进行转向轮横向侧滑量检测	学生
31～40	教师点评和讨论	教师

2. 实训步骤与记录

以单人实操后完成下列工单内容，并提交给指导教师，现场完成后教师给予点评并作为本次实训的成绩计入学时（表 2-4-2）。

表 2-4-2　实训工单

转向轮横向侧滑量检测						
姓名		学号		班级	
指导教师		成绩		考试时间	
车辆信息正确记录：					
车辆类型			发动机排量		
车辆识别代号			行驶里程数		
实训内容					
检验项目	转向轮横向侧滑量检测				
	采用侧滑检验台检验				
作业工单	检验项目				判定
	转向轮横向侧滑量				
检验结果						
实训整理(7S)	整理：				
	整顿：				
	清扫：				
	清洁：				
	素养：				
	安全：				
	节约：				

三、任务评价

进行任务评价，见表 2-4-3。

表 2-4-3 任务评价

评分项	得分条件	分值	评分要求	得分
7S/态度	作业区 7S、个人工作态度	15	未完成 1 项扣 1～3 分，扣分不得超 15 分	
专业技能能力	正确无误检验转向轮横向侧滑量能力	50	未完成 1 项扣 1～5 分，扣分不得超 50 分	
工具及设备使用能力	岗位所需工具及设备的使用能力、查询软件的使用能力	15	未完成 1 项扣 1～5 分，扣分不得超 15 分	
资料、信息查询能力	检测资料、其他资料信息检索与查询能力	10	未完成 1 项扣 1～5 分，扣分不得超 10 分	
数据读取、分析和判断能力	数据读取、分析、判断能力	5	未完成 1 项扣 1～3 分，扣分不得超 5 分	
表单填写与报告撰写能力	电子工单、纸质工单、任务记录单填写	5	未完成 1 项扣 0.5～1 分，扣分不得超 5 分	
总分				

任务小结

任务完成后，学会以下技能：
能按照规范进行车辆转向轮横向侧滑量的检验。

拓展阅读

汽车操纵稳定性是指在驾驶人员不感觉过分紧张、疲劳的条件下，汽车能按照驾驶员通过转向系及转向车轮给定的方向行驶，且当受到外界干扰时，汽车能抵抗干扰而保持稳定行驶的能力。

汽车操纵稳定性涉及的问题较为广泛且复杂，需要采用较多的物理量从多个方面进行综合评价。故本部分结合本书的侧重点和行业实际背景，重点从汽车转向轮横向侧滑量这个交通运输部强制检测指标来评价汽车操纵稳定性。

转向轮横向侧滑量指的是汽车在直线行驶过程中，在转向轮轮胎接地处，轮胎相对地面产生了横向滑移的现象，出现横向滑移现象通常是转向轮的前束角和外倾角匹配不合理导致的。

试题训练

一、选择题

1. 转向轮横向侧滑量的检验应在侧滑检验台（双转向轴的应在双板联动侧滑检验台）上进行，（　　）应具有轮胎侧向力释放功能。
   A. 滑板　　　　　　　　　　　B. 联动机构
   C. 回零机构　　　　　　　　　D. 侧滑检验台

2. 车辆检验侧滑时，将车辆正直居中驶近侧滑检验台，并使转向轮处于正中位置，在驱动状态以不大于（　　）km/h 的车速平稳、直线通过侧滑检验台，读取最大示值。
   A. 3　　　　B. 4　　　　C. 5　　　　D. 6

3. 车辆检验侧滑时，当车辆通过侧滑检验台时，下列操作错误的是（　　）。
   A. 不得转动方向盘　　　　　　B. 不得在侧滑检验台上制动
   C. 不得在侧滑检验台上停车　　D. 加速通过侧滑检验台

4. 车轮侧滑与下列（　　）无密切关系。
   A. 轮胎的异常磨损　　　　　　B. 车辆行驶的稳定性
   C. 车辆行驶的安全性　　　　　D. 车辆行驶的舒适性

5. 前轴采用非独立悬架的汽车（包括采用双转向轴的汽车，但不包括静态轴荷大于或等于 11 500 kg、不适用于仪器设备检验的汽车），转向轮横向侧滑量值应小于或等于（　　）m/km。
   A. 3　　　　B. 4　　　　C. 5　　　　D. 6

二、判断题

1. 汽车侧滑量过大短期内不会影响汽车的操作稳定性和安全性，只会加剧轮胎的异常磨损。（　　）
2. 车辆进行侧滑检验时，被检车辆轮胎表面干燥、清洁、无油污，胎冠花纹中及并装轮胎间无异物嵌入，气压符合规定。（　　）
3. 双板联动侧滑检验台的回零机构是保证汽车前轮通过后滑板能够自动回零。（　　）
4. 对于双转向轴车辆应一次性通过侧滑检验台，分别测量得到两个转向轴的侧滑量。（　　）
5. 当车辆在进行侧滑检验时，若出现侧滑不合格，可关闭锁止装置。（　　）

学习任务五　发动机排放系统性能检测

工作情景描述

汽车排放的尾气是城市大气重要污染公害之一，带来了诸多问题。为降低排放尾气对环境的影响，要做好车辆排放尾气中有害物质的控制，降低对环境的影响。

根据国家汽车排放尾气的标准，现需要学习汽车尾气排放检测要求和方法，完成汽车尾气排放项目，并按照规范做好相关记录。

学习目标

知识目标

1. 熟悉汽车常用环保检测设备的作用、原理及标定；
2. 掌握点燃式发动机环保检验的方法、检验要求及限值；
3. 掌握压燃式发动机环保检验的方法、检验要求及限值。

能力目标

1. 能按照规范进行汽油车辆环保检验，并能规范填写检验报告；
2. 能按照规范进行柴油车辆环保检验，并能规范填写检验报告。

素质目标

养成团队协作与独立作业、质量优先与规范检测的职业素养。

机动车发动机总成结构概述

环保检测设备定标

知识准备

技能点一 环保检测设备准备

随着汽车的广泛普及，汽车尾气排放造成的污染问题日益突出，环境污染已成为人们关注的焦点；如何测量汽车排放气体中的有害物质，成为大气污染工作的重要一环。这里主要介绍三种环保检测设备。

一、废气分析仪

废气分析仪可以检测汽车尾气中包含的有害物质的成分和比例，现在越来越广泛地用于各机动车检测站、汽车制造修理厂和环保部门。

（一）废气分析仪的基本知识

汽车尾气分析仪也称为废气分析仪，可以在汽车发动机正常运转时，对汽车排放的尾气进行检测、分析，从而判断汽车发动机是否工作正常、排出的有害气体是否超出标准的一种仪器，是控制汽车尾气排放污染的有效工具。

1. 尾气分析仪的组成

汽车尾气分析仪主要由仪器主机、嵌入式微型打印机、取样管、前置过滤器、短导管、取样探头把手和取样探头组成。具体对应部件如图2-5-1所示。

2. 汽车尾气分析仪的分类与原理

汽车尾气分析仪最常用的测试原理主要有不分光红外线分析原理（NDIR）、电化学原理，此外，还有氢火焰离子化法（FID）、化学发光法（CLD）、磁气压力法等。

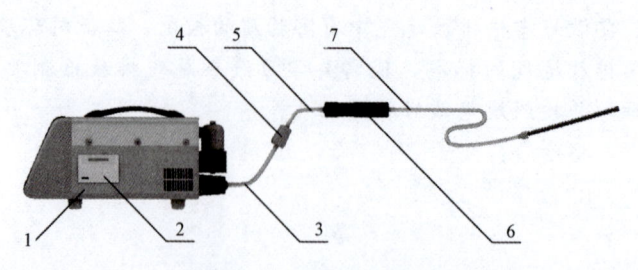

图 2-5-1 尾气分析仪组成

1—仪器主机(控制检测过程、分析气体的成分);2—嵌入式微型打印机;3—取样管(5 m,连接前置过滤器与分析仪的气样入口);4—前置过滤器(对取样气体进行前置过滤);5—短导管(连接前置过滤器与取样探头);6—取样探头把手;7—取样探头(取样汽车的排气)

根据不同的原理,相应有不同结构的检测器(通常称仪器的传感器),分别适合测试不同类别的气体成分。

(1)不分光红外线分析原理。不分光红外分析法仪器结构简单、寿命长、测量精度高、反应速度快、运行费用低、操作简便,可用于分析测试 CO、CO_2、HC、NO 等气体的浓度,因而被广泛用于汽车排放污染物浓度的分析,即特定气体分子(含原子)有特定的波长,可以吸收红外线,并且在恒定条件下其吸收量与气体的浓度成正比。因此,检测器输出电信号,经数据处理后由液晶屏显示部分(如液晶屏)显示出来或将信号输出供后续处理(图 2-5-2)。

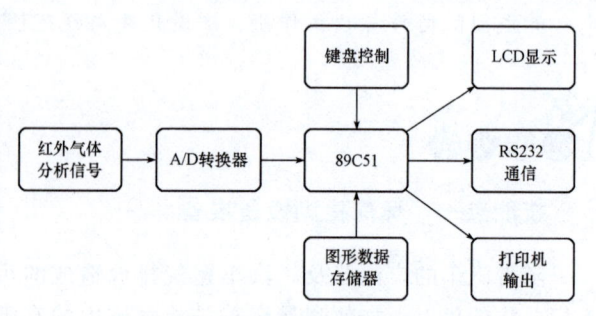

图 2-5-2 汽车尾气分析仪原理框图

(2)电化学原理。电化学法可用于测量 O_2、NO、SO_2 等,检测器是电化学式的,属消耗性,寿命多为两年以内。此类检测器结构小巧简单、价格低、易于更换,但美中不足的是寿命短。当有气体通过时会输出与气体浓度成良好线性的电压、电流信号,通过一定的电路处理输送给显示器。

(二)设备检查项目及周期

设备检查项目及周期见表 2-5-1～表 2-5-3。

表 2-5-1 双怠速法设备检查项目及周期

检查单元	项目	检查内容	周期	类型
排气分析仪	泄漏检查	取样系统密闭性检查	每天开始检测前	自检
	HC 残留检查	检查系统中 HC 残留值	每次测试前	校正
	单点检查	用低浓度标准气体进行单点检查。如检查不通过,需要先用零气和高浓度标准气体进行标定,再用低浓度标准气体进行复查	每天开始检测前	自检
	响应时间检查	检查 CO、CO_2、HC 和 O_2 响应时间	每月进行	周期检查

表 2-5-2　稳态工况法设备检查项目及周期

检查单元	项目	检查内容	周期	类型
排气分析仪	泄漏检查	取样系统密闭性检查	每天开始检测前	自检
	零点校正	排气分析仪 HC、CO、CO_2、NO 的零点校正； O_2 传感器量距点校正	每次测试前	校正
	环境空气测定	测量并记录环境空气 HC、CO、NO 浓度	每次检测前	校正
	背景空气浓度取样	取样管抽气分析 HC、CO、NO_x 浓度，计算 HC 残留量浓度	每次检测前	校正
	单点检查	用低浓度标准气体进行单点检查（含氧检查）。如检查不通过，需要先用零气和高浓度标准气体进行标定，再用低浓度标准气体进行复查。高浓度标准气体标定应每月至少进行一次	低标气：每天开始检测前 高标气：每月至少一次	自检
	响应时间检查	CO、NO、O_2 传感器响应时间	高浓度气体标定时	自检
	五点检查	单点检查连续 3 次不通过，应对排气分析仪进行维护保养或重新线性化处理，然后进行五点检查		自检
底盘测功机	滑行测试	30～50 km/h 滑行测试及 15～35 km/h 滑行测试	每天进行	自检
	附加损失测试	测功机内部摩擦损失功率	每周进行，当滑行检查不通过时也需进行	自检/周期检查
	其他	力传感器检查、转鼓转速检查、负荷准确度、响应时间、变负荷滑行	180 天	周期检查

表 2-5-3 简易瞬态工况法设备检查项目及周期

检查单元	项目	检查内容	周期	类型
排气分析仪	泄漏检查	取样系统密闭性检查	每天开始检测前	自检
	零点校正	排气分析仪 HC、CO、CO₂、NO$_x$ 的零点校正；O₂ 传感器量距点校正	每次测试前	校正
	环境空气测定	测量并记录环境空气 HC、CO、NO$_x$ 浓度	每次检测前	校正
	背景空气浓度取样	取样管抽气分析 HC、CO、NO$_x$ 浓度，计算 HC 残留量浓度	每次检测前	校正
	单点检查	低浓度标准气体检查（含氧检查）。如检查不通过，需要先用零点和高浓度标准气体进行标定，再用低浓度标准气体进行复查。高浓度标准气体标定应每月至少进行一次	低标气：每天开始检测前 高标气：每月至少一次	自检
	响应时间检查	CO、NO$_x$、O₂ 传感器响应时间	高浓度气体标定时	自检
	NO$_x$ 转化效率检查	采用转化炉方式测量 NO$_x$ 的分析仪应进行 NO₂ 转换为 NO 的效率检查。转化效率应不小于 90%	每周至少一次，更换 NO 转化剂组件时必须进行	周期检查
	五点检查	当单点检查连续 3 次不通过，应对排气分析仪进行维护保养或重新线性化处理，然后进行五点检查		自检
底盘测功机	滑行测试	30～50 km/h 滑行测试及 15～35 km/h 滑行测试	每天开始检测前	自检
	附加损失测试	测功机内部摩擦损失功率	每周进行，当滑行检查不通过时也需进行	自检/周期检查
	其他	力传感器检查、转鼓转速检查、负荷准确度、响应时间、变负荷滑行	180 天	周期检查

二、不透光烟度计

不透光烟度计是用来测量压燃式发动机或装有压燃式发动机汽车排放可见污染物的仪器。其使一定光通量的入射光透过一段特定长度的被测烟柱，用光接收器上所接收到的透射光的强弱评定排放可见污染物的程度。

（一）不透光烟度计的基本认知

1. 不透光烟度计的基本检验原理

不透光烟度计测量单元的测量室是一根分为左右两个半部分的圆管，被测排气从中间的进气口进入，分别穿过左圆管和右圆管，从左出口和右出口排出。左右两侧装有两个凸透镜，左端装有绿色发光二极管，右端装有光电转换器，发光二极管至左透镜及光电转换器至右凸透镜的光程都等于透镜的焦距，如图 2-5-3 所示。因此，发光二极管发出的光通过左凸透镜后就成为一束平行光，再通过右凸透镜后，会聚于光电转换器上，并转换成电信号。排气中含烟越多，平行光穿过测量室时光能衰减越大，经光电转换器转换的电信号就越弱。

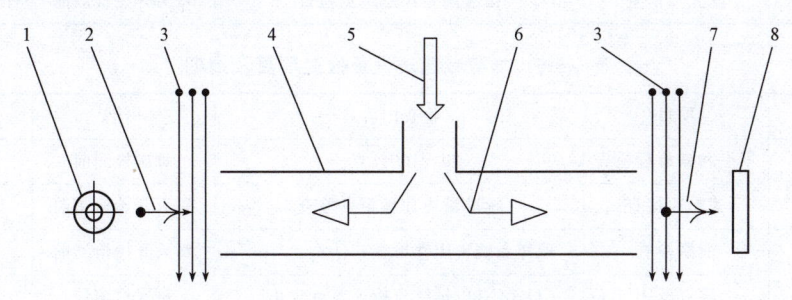

图 2-5-3　不透光烟度计的测量原理
1—光源；2—入射光；3—风帘；4—光通道；5—烟气入口；
6—光通道内烟气；7—透射光；8—光接收器

排气中夹带着许多炭烟微粒，如果让排烟直接接触左右凸透镜的表面，炭烟微粒将会沉积在上面，吸收光能，从而影响测量结果。为使光学系统免遭烟气的污染，仪器采用了"空气气幕"保护技术。排风扇将外界的清洁空气吹入左右凸透镜与测量室出口之间的通道，使凸透镜表面形成"风帘"，避免其沾染上炭烟微粒。

排气中含有水分，由于排气管的温度较高，刚进入仪器时，排气中的水分仍保持为气态。如果仪器测量室管壁的温度比排气温度低很多，排气中的水蒸气就会冷凝成雾，影响测量结果。为了防止冷凝的影响，测量室管壁的温度应始终保持在 70 ℃ 以上，为此，测量室装有加热及恒温控制装置。

2. 不透光烟度计的结构

FTY-100 型不透光烟度计（图 2-5-4）主要由显示仪表和光学平台组成。其主要功能特点：取样式（分流式）测量方式；采用"空气气幕"保护技术，使光学系统免遭排烟的污染；测量室恒温控制，防止排气中水分冷凝，影响测量结果；具有不透光度和光吸收系数两种示值。测量范围：不透光度（N）为 0~99.9%；光吸收系数（k）为 0~16.0 m^{-1}。

图 2-5-4　FTY-100 型不透光烟度计

(二)设备检查项目及周期

设备检查项目及周期见表 2-5-4 和表 2-5-5。

表 2-5-4　双怠速法设备检查项目及周期

检查单元	项目	检查内容	周期	类型
不透光烟度计	零点和满量程检查	0、100%点	每次检测前	校正
	滤光片检查	标准滤光片量距点检查	每天开始检测前	自检

表 2-5-5　加载减速法设备检查项目及周期

检查单元	项目	检查内容	周期	类型
不透光烟度计	零点和满量程检查	0、100%点	每次检测前	校正
	滤光片检查	标准滤光片量距点检查	每天开始检测前	自检
NO_x 分析仪	泄漏检查	取样系统密闭性检查	每天开始检测前	自检
	零点校正	CO_2、NO_x 排气分析仪零点校正	每次检测前	自检
	单点检查	低浓度标准气体检查。如检查不通过,需要先用零气和高浓度标准气体进行标定,再用低浓度标准气体进行复查。高浓度标准气体标定应每月至少进行一次	低标气:每天开始检测前 高标气:每月至少一次	自检
	响应时间检查	CO_2、NO_x 传感器响应时间	高浓度气体标定时	自检
	NO_x 转化效率检查	采用转化炉方式测量 NO_x 的分析仪应进行 NO_2 转换为 NO 的转化效率检查。转化效率应不小于 90%	每周至少一次,更换 NO 转化剂组件时必须进行	周期检查
	五点检查	当单点检查连续 3 次不通过,应对分析仪进行维护保养或重新线性化处理,然后进行五点检查		自检
底盘测功机	滑行测试	10~100 km/h(10~80 km/h)滑行测试(10~30 kW 任意一个负载)	每天开始检测前	自检
	附加损失测试	测功机内部摩擦损失功率	每周进行,当滑行测试不通过时也需进行	自检/周期检查
	其他	测功机静态检查(扭矩/力)、测功机速度测试、响应时间、变负荷滑行	180 天	周期检查

三、氮氧化合物分析仪

氮氧化合物分析仪是用来测量压燃式发动机或装有压燃式发动机汽车排放污染物的仪器。柴油车排放中的 NO_x 包括 NO 和 NO_2,氮氧化合物分析仪可以选择使用化学发光、紫外或红外原理,不得采用化学电池原理。

1. 基本检验原理

推荐排气气体分析仪器采用下列工作原理：一氧化碳（CO）、碳氢化合物（HC）和二氧化碳（CO_2）的测量采用不分光红外法。

2. 氮氧化物分析仪的结构

FLN-210 使用双平台分别对 NO_x 和 CO_2 进行检测，其中对 NO 和 NO_2 的检测采用 IRNO-200 红外 NO_x 平台，对 CO_2 的检测采用 IRB-2000 红外 CO_2 平台。

（1）IRNO-200 红外 NO_x 分析平台。由切光电动机带动切光片旋转，对红外光源进行周期性的亮暗调制。NO_x 检测器采用具有高精度选择性的红外线检测元件，把充满气室的被测气体的其他成分区别开来，仅对 NO_x 组分进行检测。

该设备的主要特点：红外光源带有反光聚焦装置，检测器前端设计有凸透镜聚光，光源较强且稳定，有效提高信噪比，克服了 NO_x 对红外光吸收较弱、检测难度大的问题。红外检测元件对 NO_x 的选择性吸收检测有效地排除了其他气体组分的干扰，从技术上排除了 H_2O、CO_2、CO、HC 等气体的影响。

（2）IRB-2000 红外 CO_2 平台。IRB-2000 红外 CO_2 平台采用了脉冲单光源、单气室和 4 个单元一体化的热电堆红外检测器（内置了 HC、CO_2、CO 和参比 4 种红外滤光片）的结构设计；脉冲单光源代替了传统的切光电动机调制红外光的模式，从而没有了机械传动，平台结构更为坚固和小型化；红外检测器中增加了对 HC、CO_2、CO 均不产生红外吸收的参比滤光片和检测单元，能更有效地抑制共模信号变化，使平台的性能更稳定。

四、使用注意事项

废气分析仪、烟度计、氮氧化合物分析仪在使用过程中需要定期进行检查和维护，以确保其准确性和稳定性。具体内容如下。

（1）定期校准：废气分析仪、烟度计、氮氧化合物分析仪需要定期进行校准，以消除漂移误差并提高测量精度。校准的频率应该根据使用频率和环境条件而定。

（2）清洁维护：废气分析仪、烟度计、氮氧化合物分析仪需要定期清洁，去除灰尘和污垢，确保仪器的光路和传感器表面的清洁度，防止影响测量结果。

（3）检查电缆和连接器：废气分析仪、烟度计、氮氧化合物分析仪的电缆和连接器可能会因为长时间的使用而出现松动或损坏，导致数据传输不稳定。因此，需要定期检查电缆和连接器是否正常，并接合紧固。

（4）更换滤纸：烟度计中的滤纸需要时常更换，以确保测量结果的准确性和稳定性。

（5）软件更新和升级：废气分析仪、烟度计、氮氧化合物分析仪的软件存在着不断更新和升级的可能，以修复一些已知问题或增加新功能。因此，需要及时关注相关软件的更新和升级。

（6）记录维护：废气分析仪、烟度计、氮氧化合物分析仪在日常使用中需要记录检测数据和标定记录，并保留相应的维护日志，便于统计和查看历史记录。

总之，做好废气分析仪、烟度计、氮氧化合物分析仪的定期检查和维护，能够确保其测量结果的准确性和稳定性，进而保障环境保护工作的质量和效果。

技能点二　点燃式发动机环保检验

汽车发动机排出的废气不都是有害的，如 N、CO_2、O、H 和水蒸气等属于不会对人体和生物造成直接危害的物质。有害成分是指 CO、HC、NO_x、SO_2、铅化合物、炭烟和油雾等。这些有害物质散发到空气中达到一定浓度后，将会对人和生物造成危害。这里介绍点燃式发动机排放污染物危害、环保检验方法、检验要求及限值。

一、点燃式发动机排放污染物概述

1. 点燃式发动机排放污染物的成分

汽车排气污染物主要是一氧化碳(CO)、烃类化合物(HC)、氮氧化合物(NO_x)、硫化物(主要是 SO_2)、炭烟及其他一些有害物质。在汽车排气污染物中，CO、HC、NO 和炭烟主要源于汽车尾气的排放，少部分来自曲轴箱窜气，其中部分 HC 还来自油箱和整个供油系的蒸发与滴漏。

在相同工况下，汽油机的 CO、HC 和 NO_x 排放量比柴油机大，因此，目前的排放法规对汽油机主要限制 CO、HC 和 NO_x 的排放量。

2. 点燃式发动机排放污染物的危害

汽车排放污染物对环境的影响主要有两个方面：一是污染环境；二是参与形成光化学烟雾，进一步恶化空气质量。

(1)有害排放物危害。直接从发动机排出的有害物称为一次有害排放物，归结起来主要有 CO、HC、NO_x 和微粒子。具体有害作用如下。

1)CO 危害。与血液中血红蛋白(Hb)结合生成 CO-Hb，CO-Hb 妨碍血液的输氧功能，血液中的 CO-Hb 达到 5%时(大气中 CO 约为 $40×10^{-5}$)会引起机能性障碍。

2)HC 危害。HC 烃类化合物，当烃类化合物浓度提高时，对黏膜和组织有破坏作用，特别是苯和甲苯等有害物。活性烃类化合物(烯烃系、芳香族系)是产生光化学烟雾的原因。一些高分子重芳香烃可以使人致癌。

3)NO_x 危害。NO_x 对鼻、眼有刺激作用；会引起咳嗽、失眠等中毒症状；NO_x 是形成光化学烟的主要因素。

4)微粒子危害。所谓微粒子，是指由发动机排出的全部废气，在接近大气条件下，除去非化合形态的凝聚水以后收集到的全部呈固体状和液体状的微颗粒。微粒子的成分十分复杂，它包括可溶性成分(主要由润滑油产生)和非可溶性成分(主要是炭烟)。其典型危害为容易引起铅中毒、镉中毒、锌中毒；炭粉容易致癌，引起黏膜疾病、变态反应等。

(2)光化学烟雾。未燃 HC 和 NO_x 在一定环境条件下，会发生十分复杂的化学反

应，诱发新的有害物，这就是二次有害排放物。光化学烟雾是 HC 和 NO$_x$ 在太阳光紫外线的作用下产生光化学反应生成的，它的主要成分是臭氧、醛等烟雾状物质。光化学烟雾的危害多发生在夏季，而夜间不会发生。光化学烟雾对人和环境的影响见表 2-5-6。

表 2-5-6 光化学烟雾对人和环境的影响

体积浓度/×10^{-6}	影响程度	体积浓度/×10^{-6}	影响程度
0.02	在 5 min 内，10 人中有 9 人能觉察到	1~2	2 h 内，头痛，胸痛，肺活量减少，人慢性中毒
0.03	在 8 h 内，灵敏度高的作物、树木受损害	5~10	全身疼痛，麻痹，引起肺气肿
0.2~0.3	人的肺机能减弱，胸部有闷感，眼睛红痛	15~20	小动物在 2 h 内死亡
0.2~0.5	3~6 h 内，视力下降	50 以上	人在 1 h 内死亡
0.1~1.0	1 h，呼吸紧张，气喘病恶化		

二、点燃式发动机环保检验方法

汽油车常用的尾气检测方法主要有双怠速检测法、稳态工况检测法、瞬态工况法和简易瞬态工况法。

(一)双怠速检测法

1. 双怠速检测的定义

双怠速检测是指在汽车空挡条件下，加油至高速和低速时检测污染物的方法。根据两个工况的排放状况基本能够判断车辆排放状况，根据高怠速时的过量空气系数基本能够判断燃料控制情况。而且，国家标准中有相关的完整规定：若为多排气管，取各排气管测量结果的算术平均值作为测量结果；若车辆排气管长度小于测量深度，应使用排气加长管。对于单一燃料汽车，仅对使用的气体燃料进行排放检测即可；对于两用燃料汽车，要求对两种燃料分别进行排放检测。

2005 年 7 月 1 日，我国正式实施标准《点燃式发动机汽车排气污染物排放限值及测量方法(双怠速法及简易工况法)》(GB 18285—2005)，在汽车排放污染检验中，采用双怠速检测方法取代了怠速检测方法。2018 年修订更新发布了《汽油车污染物排放限值及测量方法(双怠速法及简易工况法)》(GB 18285—2018)，调整了具体的检测方法。

2. 双怠速法检验流程

汽车污染物排放检验按照现行标准《汽油车污染物排放限值及测量方法(双怠速法及简易工况法)》(GB 18285—2018)执行。双怠速法测量程序如图 2-5-5 所示。

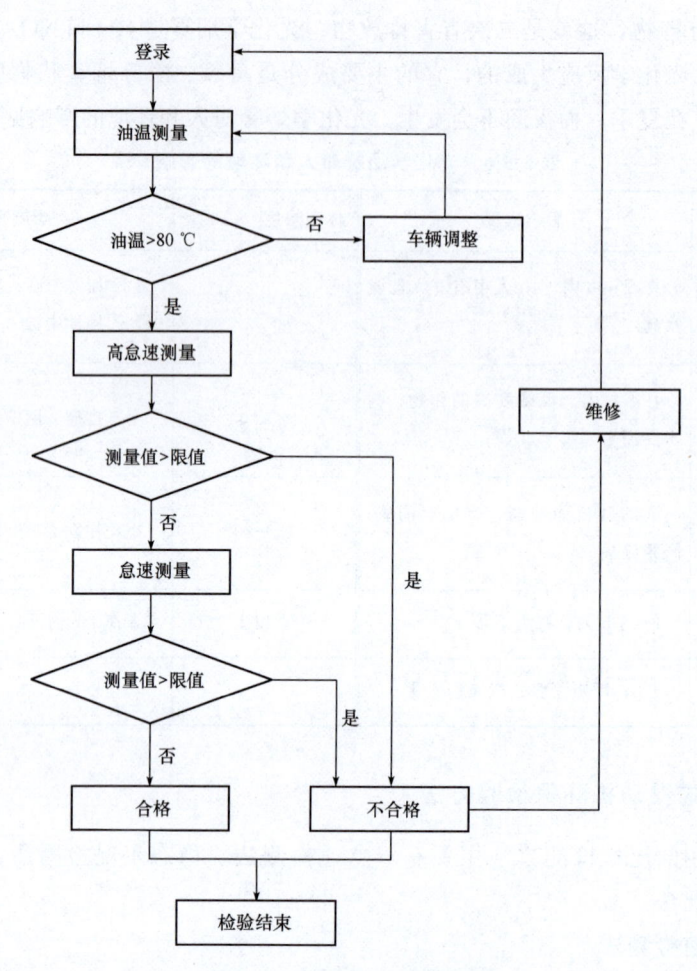

```
         ┌──────────┐
         │   登录   │←──────────────┐
         └────┬─────┘               │
              ↓                     │
         ┌──────────┐               │
    ┌───→│ 油温测量 │               │
    │    └────┬─────┘               │
    │         ↓                     │
    │      ╱油温>╲   否   ┌──────┐  │
    │     ╱80 ℃  ╲─────→│车辆调整│ │
    │     ╲       ╱      └──────┘  │
    │      ╲     ╱                 │
    │        │是                   │
    │        ↓                     │
    │   ┌──────────┐               │
    │   │高怠速测量│               │
    │   └────┬─────┘               │
    │        ↓                     │
    │     ╱测量值╲                 │
    │    ╱ >限值 ╲──是──┐          │
    │    ╲       ╱      │       ┌─────┐
    │     ╲     ╱       │       │维修 │
    │       │否         │       └─────┘
    │       ↓           │          ↑
    │  ┌──────────┐     │          │
    │  │ 怠速测量 │     │          │
    │  └────┬─────┘     │          │
    │       ↓           │          │
    │    ╱测量值╲       │          │
    │   ╱ >限值 ╲──是──┤          │
    │   ╲       ╱       │          │
    │    ╲     ╱        │          │
    │      │否          ↓          │
    │      ↓         ┌──────┐      │
    │   ┌──────┐     │不合格│──────┘
    │   │ 合格 │     └──┬───┘
    │   └──┬───┘        │
    │      └────┬───────┘
    │           ↓
    │      ┌──────────┐
    │      │ 检验结束 │
    │      └──────────┘
```

图 2-5-5 双怠速法测量程序

（1）应保证被检测车辆处于制造厂规定的正常状态，发动机进气系统应装有空气滤清器，排气系统应装有排气消声器和排气后处理装置，排气系统不允许有泄漏。

（2）进行排放测量时，发动机冷却液或润滑油温度应不低于 80 ℃，或者达到汽车使用说明书规定的热状态。

（3）发动机从怠速状态加速至 70％额定转速或企业规定的暖机转速，运转 30 s 后降至怠速状态。将双怠速法排放测试仪取样探头插入排气管，深度不小于 400 mm，并固定在排气管上。维持 15 s 后，由具有平均值计算功能的双怠速法排放测试仪读取 30 %内的平均值，该值即高怠速污染物测量结果。对使用闭环控制电子燃油喷射系统和三元催化转化器技术的汽车，还应同时计算过量空气系数(λ)的数值。

（4）发动机从高怠速降至怠速状态 15 s 后，由具有平均值计算功能的双怠速法排放测试仪读取 30 s 内的平均值，该值即怠速污染物测量结果。

（5）在测试过程中，如果任何时刻 CO 与 CO_2 的浓度之和小于 6.0％，或者发动机燃火应终止测试，排放测量结果无效，需重新进行测试。

（6）对双排气管车辆，应取各排气管测量结果的算术平均值作为最终结果，也可以采用 Y 形取样管的对称探头同时取样。

(7)若车辆排气系统设计导致的车辆排气管长度小于测量深度时，应使用排气延长管。

应使用符合规定的市售燃料，如车用汽油、车用天然气、车用液化石油气等。试验时直接使用车辆中的燃料进行排放测试，不需要更换燃料。

(二)稳态工况检测法

稳态工况检测法是指模拟车辆实际行驶时的车况，在 25 km/h、40 km/h 等速工况下检测污染物的方法，在底盘调功机上的测试运转循环由 ASM5025 和 ASM2540 两个工况组成，如图 2-5-6 所示。稳态工况检测法检测的污染物为 HC、CO 和 NO，在 25 km/h 等速工况下，HC、CO 和 NO 的排放限值需小于标准中的规定(备注：在 25 km/h 等速工况下检测不合格的车辆，需进行 40 km/h 等速工况检测)。

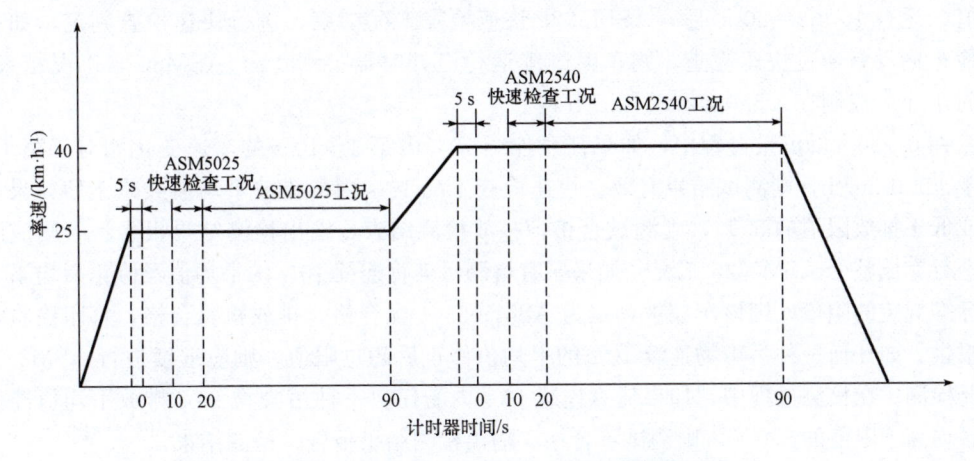

图 2-5-6　稳态工况法(ASM)测试运转循环

1. 稳态工况法要求

(1)ASM5025 工况要求。经预热后的车辆，在底盘测功机上以 25 km/h 的速度稳定运行，系统根据测试车辆的基准质量自动施加规定的荷载，测试过程中应保持施加的扭矩恒定，车速保持在规定的误差范围内。

(2)ASM2540 工况要求。经预热后的车辆，在底盘测功机上以 40.0 km/h 的速度稳定运行，系统根据测试车辆的整备质量自动施加规定的荷载，测试过程中应保持施加的扭矩恒定，车速保持在规定的误差范围内。

(3)车辆与燃料的要求。

1)车辆的机械状况应良好，无影响安全或引起测试偏差的机械故障。

2)车辆排气系统无泄漏。

3)车辆的发动机、变速箱和冷却系统无液体渗漏。

4)轮胎表面磨损应符合有关标准的规定，轮胎压力应符合生产厂的规定。

5)应使用符合规定的市售燃料，如车用汽油、车用天然气、车用液化石油气等。试验时使用车辆中的燃料直接进行排放测试，不需要更换燃料。

2. 稳态工况法步骤

稳态工况检测程序：车辆驱动轮置于测功机滚筒上，将排气分析仪取样探头插入排气管，插入深度至少为 400 mm，并固定在排气管上，对独立工作的多排气管应同时取样。

(1) ASM5025 工况。车辆经预热后，加速至 25 km/h，测功机根据车辆基准质量自动进行加载，驾驶员控制车辆保持在 (25.0±2.0) km/h 等速运转，维持 5 s 后，系统自动开始计时 $t=0$ s。如果测功机的速度或扭矩，连续 2 s 或者累计 5 s，超出速度或者扭矩允许波动范围（实际扭矩波动范围不允许超过设定值的±5%），工况计时器置 0，重新开始计时。ASM5025 工况时间长度不应超过 90 s ($t=90$ s)，ASM5025 整个测试工况最大时长不能超过 145 s。

ASM5025 工况计时开始 10 s 后 ($t=10$ s)，开始进入快速检查工况，排气分析仪器开始采样，每秒测量一次，并根据稀释修正系数和湿度修正系数计算 10 s 内的排放平均值，运行 10 s ($t=20$ s) 后，ASM5025 快速检查工况结束，进行快速检查判定。如果被检车辆没有通过快速检查，则车辆继续运行至计时器 $t=90$ s，ASM5025 工况结束，期间车速应控制在 (25.0±2.0) km/h 内。

在 0～90 s 的测量过程中，如果任意连续 10% 内第 1～10 s 的车速变化相对于第 1 s 小于±1.0 km/h，则测试结果有效。快速检查工况 10 s 内的排放平均值经修正后如果等于或低于排放限值的 50%，则测试合格，排放检测结束，输出检测结果报告；否则应继续进行完成整个 ASM5025 工况。如果所有检测污染物连续 10 s 的平均值经修正后均不大于标准规定的限值，则该车应被判定为 ASM5025 工况合格，排放检验合格，打印检验合格报告。如任何一种污染物连续 10 s 的平均值修正后超过限值，则应继续进行 ASM2540 工况检测；在检测过程中，如果任意连续 10 s 内的任何一种污染物 10 s 排放平均值经修正后均高于限值的 500%，则测试不合格，输出检测结果报告，检测结束。

在上述任何情况下，检验报告单上输出的测试结果数据均为测试结果的最后 10% 内，经修正后的平均值。

(2) ASM2540 工况。ASM5025 工况排放检验不合格的车辆，需要继续进行 ASM2540 工况排放检验，被车辆在 ASM5025 工况结束后应立即加速运行至 40.0 km/h，测功机根据车辆基准质量自动加载，车辆保持在 (40.0±2.0) km/h 范围内等速运转，维持 5 s 后开始计时 ($t=0$ s)。如果测功机的速度或者扭矩，连续 2 s 或者累计 5 s，超出速度或者扭矩允许波动范围（实际扭矩波动范围不容许超过设定值的±5%），则工况计时器置 0，重新开始计时，ASM2540 工况时间长度不应超过 90 s ($t=90$ s)，则 ASM2540 整个测试工况最大时长不能超过 145 s。

ASM2540 工况计时 10 s 后 ($t=10$ s)，开始进入快速检查工况，计时器 $t=10$ s，排气分析仪器开始测量，每秒测量一次，并根据稀释修正系数及湿度修正系数计算 10 s 内的排放平均值，运行 10 s ($z=20$ s) 后，ASM2540 快速检查工况结束，进行快速检查判定。ASM2540 测试期间快速检查工况只能进行一次。如果没有通过快速检查，则车辆继续进行测试，其间车速应控制在 (40.0±2.0) km/h 内。

在 0～90 s 的测量过程中，任意连续 10 s 内第 1～10 s 的车速变化相对于第 1 s 小于±1.0 km/h，测试结果有效。快速检查工况 10 s 内的排放平均值经修正后，如果不大于限值的50%，则测试合格，排放检测结束，输出检测结果报告；否则应继续。如果所有检测污染物连续10 s的平均值经修正后均低于或等于标准规定的限值，则该车应判定为排放检验合格，排放检测结束，输出排放检验合格报告。如任何一种污染物连续10 s的平均值经修正后超过限值，则车辆排放测试结果不合格，继续进行到本工况检测结束，输出不合格检验报告。

在上述任何情况下，检验报告单上输出的测试结果数据均为测试结果的最后10 s内经过修正的平均值。

(三)瞬态工况法

瞬态工况法不需要太高的转速，同样是最高三挡、最高车速50 km，但瞬态测试存在不同车速的切换、存在换挡过程，因此，存在空燃比的改变、急加速过程中燃烧会明显恶化，如果测试时操作人员再踩猛点，那么一些老车很容易暴露出排放问题，因此，瞬态工况要比稳态更难通过，因为稳态不存在频繁变速，而是以恒速完成整个测试。

1. 瞬态工况检测要求

车辆和燃料要求如下：

(1)受检车辆机械状况良好，无可能影响安全或引起测试偏差的机械故障。

(2)受检车辆进、排气系统无泄漏。

(3)受检车辆的发动机、变速箱和冷却系统等无液体渗漏。

(4)关闭受检车辆的空调和暖风等附属装备。

(5)受检车辆驱动轮胎应干燥，轮胎磨损符合要求，轮胎间无杂物，轮胎气压符合车辆使用说明书的规定，车辆限位良好。

(6)进行测试前，受检车辆工作温度应符合出厂规定要求，过热车辆不得进行排放测试。如果受检车辆在测试前熄火时间超过20 min，或车辆冷却液温度低于80 ℃，在排放测试前，应采取适当措施对测试车辆进行预热处理，使冷却液温度达到80 ℃以上。

(7)应使用符合规定的市售燃料，如车用汽油、车用天然气、车用液化石油气等。试验时直接使用车辆中的燃料进行排放测试，不需要更换燃料。

2. 瞬态工况检测流程

(1)测试前的准备。瞬态工况测试前的准备如下。

1)检验驾驶员将被检验车辆驾驶到底盘测功机上，驱动轮置于滚筒上，应确保车辆校向稳定，驱动轮胎应干燥防滑。

2)对车辆进行可靠限位，对前轮驱动车辆，测试前应使驻车制动起作用。

3)关闭受检车辆发动机，根据需要在发动机上安装冷却液或润滑油温度传感器等测试仪器。

4)将排气收集软管安装到车辆排气管上并可靠固定，注意排气收集软管的走向不应明显增加排气系统的流动阻力。

(2)检测程序。瞬态工况检测程序如下。

1)启动发动机。

①按照制造厂使用说明书的规定启动发动机。如果排放测试前，受检车辆的发动机处于关机状态，试验前应尽早启动发动机，在进行瞬态排放测试前，发动机至少已

连续运转 30 s。

②发动机保持怠速运转 40 s，在 40 s 终了时刻开始进行排放测试循环，同时开始排气取样。

③排放测试期间，驾驶检验员应该根据驾驶员引导装置上显示的"速度-时间"曲线轨迹规定的速度和换挡时刻驾驶车辆，在底盘测功机上进行排放测试期间严禁转动方向盘。

2）怠速。

①手动或半自动变速器。怠速期间，离合器应接合，变速器置于空挡位置。为保证车辆能够按规定循环进行加速，在驾驶循环每个怠速的后期，即加速开始前 5 s，断开离合器，变速器置一挡。

②自动变速器。选择好挡位后，除特殊情况或选择器可以使用超速挡外，排放测试期间，不得再操作挡位选择器。

3）加速。

①在加速工况中应尽可能地保持加速度恒定。

②如果在规定时间内未能完成加速过程，若可能，所需的额外时间可从工况改变的复合公差允许时间中扣除，否则应该从下一个等速工况的时间段内扣除。

③使用自动变速器的车辆，如果在规定时间内不能完成加速过程，应按手动变速器的要求，操作挡位选择器。

4）减速。

①在所有减速工况时间内，应完全松开加速踏板，离合器接合，当车速降到 10 km/h 时，脱开离合器，整个减速过程中，不得操作挡位。

②如果减速时间比相应工况规定的时间长，则允许使用车辆制动器，使循环按规定的时间进行。

③如果减速时间比相应工况规定的时间短，应由下一个等速工况或意迨工况中的时间进行补偿，使循环按规定的时间进行。

5）等速。

①从加速工况过渡到下一个等速工况时，应避免猛踏加速踏板或关闭节气门。

②应采用保持加速踏板位置不变的方法进行等速工况试验。

③当车速降低到 0 km/h 时（车辆停止在转鼓上），变速器应置空挡，离合器接合。驾驶员在瞬态排放测试过程中，应驾驶车辆跟踪驾驶员引导装置上显示的随时间变化的速度曲线（速度轨迹），速度曲线轨迹应清晰可见，以方便驾驶员跟踪，并能够预测后续的速度，速度曲线上应明确规定换挡时机。在整个测试循环中，排放测量系统应该能够逐秒测量并记录稀释排气中的 HC、CO、CO_2 和 NO_x 浓度。

（四）简易瞬态工况法

简易瞬态工况法吸取了瞬态工况测量稀释排气量最终可得出污染物排放质量的优点，采用气体流量分析仪来测量汽车稀释后的排气流量，经处理计算，最终得出每种污染物每千米的排放质量。

1. 简易瞬态工况法要求

车辆和燃料要求如下。

(1)车辆机械状况良好,没有可能影响安全或引起测试偏差的机械故障。

(2)车辆进、排气系统不得有任何泄漏。

(3)车辆的发动机、变速箱和冷却系统等应无液体渗漏。

(4)应关闭受检车辆的空调和暖风等附属装备。

(5)进行排放测试前,受检车辆温度应符合制造厂出厂规定,不能对过热车辆进行排放测试。如果受检车辆在排放测试前熄火时间超过 20 min,在进行简易瞬态排放测试前,应采取适当措施对被测试车辆进行预热处理。

(6)应使用符合规定的市售燃料,如车用汽油、车用天然气、车用液化石油气等。试验时直接使用车辆中的燃料进行排放测试,不需要更换燃料。

2. 简易瞬态工况法测试前准备

(1)驾驶员将受检车辆驾驶到底盘测功机上,车辆驱动轮应位于滚筒上,必须确保车辆横向稳定,车辆轮胎应干燥,轮胎间无夹杂石子等杂物。

(2)车辆应限位良好,对前轮驱动车辆,测试前应使驻车制动起作用。

(3)关闭发动机,根据需要在发动机上安装机油温度传感器等测试仪器。

(4)将分析仪取样探头插入排气管,插入深度至少为 400 mm,并固定在排气管上。将气体质量分析系统的锥形管安装到车辆排气管上,并按要求进行固定,注意排气收集软管的布置和走向都不应明显增加系统流动阻力。

(5)气体质量分析系统中环境空气 O_2 浓度的校正。每次排放测试前,都应利用气体质量分析系统中的氧传感器测量环境大气中氧的浓度,在读数前,气体质量分析系统的鼓风机应该至少运行 1 min,不套入汽车排气管,环境空气中 O_2 浓度的读数应该在 20.8%±0.3% 的范围内。气体质量分析系统测量的环境 O_2 浓度超出上述范围,主控计算机显示器上应该显示"警告"的字样,要求检验操作人员确认气体质量分析系统的排气采样管是否已经接入排气管,如已经接入则应摘下,然后主控计算机进行环境空气 O_2 浓度测量,如果再次失败,主控计算机应该自动进入环境空气检查程序进行检查。

3. 简易瞬态工况检测程序

(1)启动发动机。

1)按照制造厂使用说明书的规定,启动汽车发动机。

2)发动机保持怠速运转 40 s,在 40 s 结束时开始排放测试循环,并同时开始排气取样。

3)在测试期间,驾驶员应该根据驾驶员引导装置上显示的"速度-时间"曲线轨迹规定的速度和换挡时机驾驶车辆,试验期间严格禁止转动方向盘。

(2)怠速。

1)手动或半自动变速器。怠速期间,离合器接合,变速器置空挡。为能够按循环正常加速,在循环的每个怠速后期,加速开始前 5 s,驾驶员应松开离合器,变速器置一挡。

2)自动变速器。在测试开始时,放好挡位选择器后,在整个测试期间的任何时候,都不得再次操作挡位选择器。

(3)加速。

1)在整个加速工况期间,应尽可能使车辆加速度保持恒定。

2)若在规定时间内未能完成加速过程,超出的时间应从工况改变的复合公差允许的时间中扣除,否则应从下一个等速工况时间内扣除。

3)使用自动变速器的车辆,如果不能在规定时间内完成加速过程,应按手动变速器要求,操作挡位选择器进行换挡。

(4)减速。

1)在所有减速工况时间内,应将加速踏板完全松开,离合器接合,当车速降至10 km/h左右时,松开离合器,但不得进行换挡操作。

2)如果减速时间比相应工况规定的时间长,允许使用车辆制动器,以便使循环按照规定的时间进行。

3)如果减速时间比相应工况规定的时间短,则应在下一个等速或怠速工况时间中恢复至理论循环规定的时间。

(5)等速。

1)从加速过渡到下一个等速工况时,应避免猛踩加速踏板或关闭节气门操作。

2)应采用保持加速踏板位置不变的方法实现等速驾驶。

3)循环终了时(车辆停止在转鼓上),变速器置于空挡,离合器接合,排气分析系统停止取样。

4)根据驾驶员引导装置的提示,将受检车辆开出底盘测功机,或者继续进行后续的测试。

4. 简易瞬态工况法特点

(1)试验循环包含了怠速、加速、等速和减速各种工况,能反映车辆实际行驶时的排放特征。

(2)与新车检测有较高的相关性。检测准确率高,判断不合格车辆的错判率在5%以内,远低于ASM方法。

三、点燃式发动机环保检验要求及结果判定

1. 环保检验的定义

汽车环保检验是指在汽车出厂、使用、维护和修理中对汽车的技术状况与工作能力进行测试及检验所进行的各项活动。它是采用现代科学技术和设备对车辆排放污染物进行测量及评价的各项活动,是识别车辆排放控制水平和环保达标状况的有效手段,也是评价发动机技术状况,特别是燃料供给系统和点火系统的技术状况的重要途径。

对汽车进行环保检验,并核发检验合格标志,可为实行机动车环保达标管理和差别化管理,控制高排放车辆污染提供统一的监督管理平台,有利于形成系统的、可操作性强的机动车排气污染长效监管机制;有利于控制和削减在用机动车污染物排放量;有利于促进高排放车辆的淘汰;有利于为国家普及汽车腾出环境容量,缓解机动车快速增长造成的环境压力。

2. 点燃式发动机环保检验方法

我国在用汽油车排气污染控制的重要技术法规规定了点燃式发动机汽车怠速和高

怠速工况排气污染物排放限值及测量方法，同时规定了稳态工况法、瞬态工况法和简易瞬态工况法三种简易工况测量方法。增加了高怠速工况排放限值和对过量点燃式发动机环保检验要求空气系数(λ)的要求。其适用于装用点燃式发动机的新生产和在用汽车对于使用闭环控制电子燃油喷射系统与三元催化转化器技术的汽车进行过量空气系数(λ)的测定。发动机转速为高怠速转速时，λ应为1.00±0.05或在制造厂规定的范围内。进行λ测试前，应按照制造厂使用说明书的规定预热发动机。

增加λ测量、监控电喷汽车的空燃比是否正常，主要是为了保证三元催化器对氧化型污染物和还原型污染物都同时能高效净化。如果发动机ECU系统没有调整到正确的λ值，最好的催化器也难以通过检测。欧洲的研究表明：对未通过检测的三元催化器车做原因分析时发现，因λ失效使排放超标占全部受检车辆的45.45%，而因催化器失效使其超标仅为15.57%。通过对λ的监测，可及时发现和维修车辆故障，达到有效减少排气污染物的目的。

《汽油车污染物排放限值及测量方法(双怠速法及简易工况法)》(GB 18285—2018)规定了汽油车双怠速法、稳态工况法、瞬态工况法和简易瞬态工况法排气污染物排放限值及测量方法。同时规定了汽油车外观检验、OBD检查、燃油蒸发排放控制系统检测的方法和判定依据。

(1)外观检验和OBD检查。检验员主要对以下情况进行检查。
1)车辆是否存在异常情况；
2)是否配置有OBD系统；
3)是否适合进行加载减速工况检测；
4)污染物控制装置是否完好等。

(2)双怠速法检验排气污染物排放限值。按《汽油车污染物排放限值及测量方法(双怠速法及简易工况法)》(GB 18285—2018)附录A规定的双怠速法进行检测。其检测结果应小于表2-5-7中规定的排放限值。

表2-5-7 双怠速法检验排气污染物排放限值

类别	怠速		高怠速	
	CO/%	HC[①]/10^{-6}	CO/%	HC[①]/10^{-6}
限值a	0.6	80	0.3	50
限值b	0.4	40	0.3	30

①对以天然气为燃料点燃式发动机汽车，该项目为推荐性要求

在排放检验的同时，应进行过量空气系数(λ)的测定。在高怠速转速工况时，发动机应为1.00±0.05，或者在制造厂规定的范围内。

怠速工况是指汽车发动机最低稳定转速工况，即离合器处于结合位置，变速器处于空挡位置(对于自动变速器的车应处于"停车"或"P"挡)，加速踏板处于完全松开位置。高怠速工况是满足上述(除加速踏板处于完全松开位置外)条件，用油门踏板将发动机转速稳定控制在规定的高怠速转速下。标准中将轻型汽车的高怠速转速规定为(2 500±100)r/min，重型汽车的高怠速转速规定为(1 800±100)r/min；如不适用，则按照制造厂技术文件中规定的高怠速转速。

(3)稳态工况法。按《汽油车污染物排放限值及测量方法(双急速法及简易工况法)》(GB 18285—2018)附录 B 规定的稳态工况法进行检测。其检测结果应小于表 2-5-8 规定的排放限值,应同时进行过量空气系数(λ)的测定。

表 2-5-8　稳态工况法排气污染物排放限值

类别	ASM5025			ASM2540		
	CO/%	HC[①]/10^{-6}	NO/10^{-6}	CO/%	HC[①]/10^{-6}	NO/10^{-6}
限值 a	0.50	90	700	0.40	80	650
限值 b	0.35	47	420	0.30	44	390

①对于装用以天然气为燃料点燃式发动机汽车,该项目为推荐性要求。

(4)瞬态工况法。按《汽油车污染物排放限值及测量方法(双急速法及简易工况法)》(GB 18285—2018)附录 C 规定的瞬态工况法进行检测。其检测结果应小于表 2-5-9 规定的排放限值,应同时进行过量空气系数(λ)的测定。

表 2-5-9　瞬态工况法排气污染物排放限值

类别	CO/(g·km^{-1})	HC+NO$_x$/(g·km^{-1})
限值 a	3.5	1.5
限值 b	2.8	1.2

(5)简易瞬态工况法。按《汽油车污染物排放限值及测量方法(双急速法及简易工况法)》(GB 18285—2018)附录 D 规定的简易瞬态工况法进行检测。其检测结果应小于表 2-5-10 规定的排放限值,应同时进行过量空气系数(λ)的测定。

表 2-5-10　简易瞬态工况法排气污染物排放限值

类别	CO/(g·km^{-1})	HC[①]/(g·km^{-1})	NO$_x$/(g·km^{-1})
限值 a	8.0	1.6	1.3
限值 b	5.0	1.0	0.7

①对于装用以天然气为燃料点燃式发动机汽车,该项目为推荐性要求。

3. 点燃式发动机环保检验结果判定

点燃式发动机环保检验结果判定方式具体如下:

(1)如果检测结果中任何一项污染物不满足限值要求,则判定车辆排放检验不合格。

(2)如果双急速法过量空气系数超出表 2-5-7 中要求的控制范围,也判定车辆排放检验结果不合格。

(3)2011 年 7 月 1 日以后生产的轻型燃汽车、2013 年 7 月 1 日以后生产的重型汽油车和 2018 年 1 月 1 日以后生产的重型燃汽车,如果 OBD 检查不合格,则判定排放检验结果不合格。

(4)检验完毕后,应签发机动车环保检验报告。

(5)在排放检验过程中,禁止使用降低排放控制装置功效的失效策略,所有针对污染控制装置的篡改都属于排放检验不合格。

(6)在用汽车排气污染物检测应符合标准规定的限值 a。对于汽车保有量达到 500 万辆以上，或机动车排放污染物为当地首要空气污染源，或按照法律法规设置低排放控制区的城市，应在充分征求社会各方面意见基础上，经省级人民政府批准和国务院生态环境主管部门备案后，可提前选用限值 b，但应设置足够的实施过渡期。

(7)同一省内原则上应采用同一种检测方法。采用标准规定的不同方法的检测结果各地应予互认。跨地区检测的，如车辆登记地或检测地中有执行限值 b 的，则应符合限值 b 要求，测量方法允许按照检测地规定的测量方法进行。

技能点三　压燃式发动机环保检验

前面介绍过点燃式发动机环保检验的相关内容之后，这里继续介绍压燃式发动机排放污染物危害、环保检验方法、检验要求及限值。

一、压燃式发动机环保检验方法

压燃式发动机是柴油内燃机，柴油机对大气的污染较汽油机轻得多，主要是产生炭烟污染，因此，排放法规主要限制柴油机排气的烟度。常用的检验方法为自由加速排气烟度检验方法和加载减速排气烟度检验方法。

(一)自由加速排气烟度检验方法

柴油车自由加速法检测是指无负载检测，是我国当前对柴油车烟度的主要检测手段。该方法具有检测操作简便易行、仪器便于携带等优点，广泛应用于柴油车的年检和抽检。

自由加速工况是指在发动机怠速下，迅速但不猛烈地踏下加油踏板，使喷油泵供给最大油量。在发动机达到调速器允许的最大转速前，保持此位置。一旦达到额定转速，立即松开加油踏板，使发动机恢复至怠速。

1. 试验条件

(1)试验应针对整车进行。

(2)试验前车辆发动机不应停机或长时间怠速运转。

(3)不透光烟度计及其安装应符合《柴油车污染物排放限值及测量方法(自由加速法及加载减速法)》(GB 3847—2018)中附录 C 的要求。

(4)试验应采用符合国家标准的车用燃料，可以直接使用车辆油箱中的燃料进行测试。

2. 车辆准备

(1)车辆在不进行预处理的情况下也可以进行自由加速烟度试验。但出于安全考虑，试验前应确保发动机处于热状态，并且机械状态良好。

(2)发动机应充分预热，例如，在发动机机油标尺孔位置测得的机油温度至少为 80 ℃。如果由于车辆结构限制无法进行温度测量，可以通过其他方法判断发动机是否处于正常运转温度范围内。

(3)在正式进行排放测量前，应采用三次自由加速过程或其他等效方法吹拂排气系统，以清除排气系统中的残留污染物。

3. 检验方法

(1)通过目测进行车辆排气系统相关部件泄漏检查。排气取样探头插入汽车排气管少400 mm，如不能保证此插入深度，应使用延长管。

(2)在每个自由加速循环的开始点发动机(包括废气涡轮增压发动机)均处于怠速状态，对重型车用发动机，将加速踏板放开后至少等待10 s。

(3)在进行自由加速测量时，必须在1 s的时间内，将油门踏板连续完全踩到底，使供油系统在最短时间内达到最大供油量。

(4)对每个自由加速测量，在松开加速踏板前，发动机应达到额定转速。

在测量过程中应监测发动机转速是否符合试验要求(特殊无法测得发动机转速的车辆除外)，同时，将发动机转速数据实时记录并上报。

(5)在检测过程中应重复进行三次自由加速过程，烟度计应记录每次自由加速过程的最大值，应将上述三次自由加速烟度最大值的算术平均值作为测量结果。

双怠速法与自由加速法共有的、突出的弊端是检测时车辆无荷载，检测结果不能反映车辆行驶时的排放状况。随着社会对汽车环保要求的提高，以往的在用车排放检测方法已暴露出一些问题。实验室大量试验表明，检测中对"将加速踏板迅速踏到底"速度与力度的操作不同，"维持4 s后松开"中时间长短的掌握，使测量的不确定性较大，重复性差，也易留下作弊机会。有时会出现冒黑烟和抽气泵抽气的时间不同步的现象，这时测不到最大烟度值。自由加速不带负荷，与汽车真实行驶工况相差很大，正因如此，许多烟度排放严重的柴油车用自由加速法检测却仍然达标。

(二)加载减速排气烟度检验方法

柴油车有负载检测方法为加载减速工况法，该方法来自中国香港环保署于2000年6月颁布的柴油车加载减速排放限值和测量方法。该方法能够将烟度排放严重的柴油车检测出来，有效地克服了自由加速法的弊端。使用底盘测功机对汽车施加阻力，以此模拟车辆在道路上行驶的阻力，扫描该车的最大轮边功率，当得出最大轮边功率后方可开始加载减速烟度检测。分别在100% VelMaxHP点、90% VelMaxHP点、80% VelMaxHP点上采用分流式不透光度计测量其光吸收系数。

目前，我国按照最新国家标准《柴油车污染物排放限值及测量方法(自由加速法及加载减速法)》(GB 3847—2018)执行，方法略有不同，具体步骤按照以下执行。

1. 车辆准备

试验前应该对车辆的技术状况进行检查，以确定待检车辆是否能够进行后续的排放检测，即对车辆进行预检。待检车辆放在底盘测功机上，按照规定的加载减速检测程序检测最大轮边功率和相对应的发动机转速及转鼓表面线速度(VelMaxHP)，并检测100% VelMaxHP点和80% VelMaxHP点的排气光吸收系数k及80% VelMaxHP点的氮氧化合物。排气光吸收系数检测应采用分流式不透光烟度计。

在加载减速过程中，经修正的轮边功率测量结果不得低于制造厂规定的发动机额定功率的40%，否则判定为检验结果不合格。

2. 试验方法

(1)正式检测开始前,检测员应按以下步骤操作,以使控制系统能够获得自动检测所需的初始数据。

1)启动发动机,变速器置空挡,逐渐加大加速踏板开度直到达到最大,并保持在最大开度状态,记录这时发动机的最大转速,然后松开加速踏板,使发动机回到怠速状态。

2)使用前进挡驱动被检车辆,选择合适的挡位,使加速踏板处于全开位置时,测功机指示的车速最接近 70 km/h,但不能超过 100 km/h,对装有自动变速器的车辆,应注意不要在超速挡下进行测量。

(2)利用计算机对按上述步骤获得的数据自动进行分析,判断是否可以继续进行后续的检测,被判定为不适合检测的车辆不允许进行加载减速检测。

(3)在确认机动车可以进行排放检测后,将底盘测功机切换到自动检测状态。

1)加载减速测试的过程必须完全自动化,具体要求见国家标准检测软件说明,在整个检测循环中,均由计算机控制系统自动完成对测功机加载减速过程的控制。

2)自动控制系统采集两组检测状态下的检测数据,以判定受检车辆的排气光吸收系数 k 和 NO_x 是否达标,两组数据分别在 100% VelMaxHP 点和 80% VelMaxHP 点获得。

3)上述两组检测数据包括轮边功率、发动机转速、排气光吸收系数 k 和 NO,必须将不同工况点的测量结果都与排放限值进行比较,若测得的排气光吸收系数 k 或 NO_x 超过了标准规定的限值,均判断该车的排放不合格。

(4)检测开始后,检测员应始终将加速踏板保持在最大开度状态,直到检测系统通知松开加速踏板为止。在试验过程中,检测员应实时监控发动机冷却液温度和机油压力。一旦冷却液温度超出了规定的温度范围,或者机油压力偏低,都必须立即暂时停止检测,冷却液温度过高时,检测员应松开加速踏板,将变速器置空挡,使车轮停止运转。然后使发动机在急速工况下运转,直到冷却液温度重新恢复到正常范围为止。

(5)在检测过程中,检测员应时刻注意受检车辆或检测系统的工作情况。

(6)检测结束后,打印检测报告并存档。

二、压燃式发动机排气污染物限值及产生原因

压燃式机动车排气体分析仪主要执行的是汽车排放系列检测标准、规范,满足《柴油车污染物排放限值及测量方法(自由加速法及加载减速法)》(GB 3847—2018)的要求,设备生产产品标准执行《机动车排气分析仪 第 2 部分:压燃式机动车排气分析仪》(JT/T 386.2—2020),在用的设备检定依据为《透射式烟度计检定规程》(JJG 976—2024)。

1. 排放限制及测量方法

(1)新生产汽车下线。按照规定进行下线车辆排放抽测。排放结果应小于下述"(2)"规定的排放限值。生产企业也可采用其他方法进行排放检测,但应证明其等效性。

新定型混合动力汽车污染物测试应在最大燃料模式下进行，车辆应具备明显可见的最大燃料消耗模式切换开关，方便切换为最大燃料消耗模式，并能在最大燃料消耗模式下正常运行（包括急速），便于进行排放测试，且开关位置应在汽车使用说明书中明确说明。

(2)注册登记和在用汽车。有手动选择行驶模式功能的混合动力电动汽车应切换到最大燃料消耗模式进行测试，如无最大燃料消耗模式，则切换到混合动力模式进行测试，在测试过程中若发动机自动熄火并切换到纯电模式，无须中止测试，应进行至测试结束。

应按照《柴油车污染物排放限值及测量方法（自由加速法及加载减速法）》(GB 3847—2018)附录 A(自由减速法)或附录 B(加速检验法)规定的方法进行检测。其检测结果应小于表 2-5-11 规定的排放限值。

表 2-5-11　在用汽车和注册登记排放检验排放限值

类别	自由加速法 光吸收系数(m^{-1})或不透光度/%	加载减速法 光吸收系数(m^{-1})或不透光度/%①	加载减速法 氢氧化物②/×10^{-6}	林格曼黑度法 林格曼黑度(级)
限值 a	1.2(40)	1.2(40)	1 500	1
限值 b	0.7(26)	0.7(26)	900	1

①海拔高度高于 1 500 m 的地区加载减速法限值可以按照每增加 1 000 m 增加 0.25 m^{-1} 幅度调整，总调整不得超过 0.75 m^{-1}；
②2020 年 7 月 1 日前限值 b 过渡限值为 1 200×10^{-6}。

2. 结果判定

(1)如果污染物检测结果中有任何一项不满足限值要求，则判定排放检验不合格。

(2)如果车辆排放有明显可见烟度或烟度值超过林格曼 1 级，则判定排放检验不合格。

(3)加载减速法功率在扫描过程中，经修正的轮边功率测量结果不得低于制造厂规定的发动机额定功率的 40%，否则判定检验结果不合格。

(4)对 2018 年 1 月 1 日以后生产车辆，如果 OBD 检验不合格，判定排放检验不合格。

(5)检验完毕后，应签发机动车环保检验报告。报告格式见《柴油车污染物排放限值及测量方法（自由加速法及加载减速法）》(GB 3847—2018)附录 F。

(6)禁止使用降低排放控制装置功效的失效策略。所有针对污染控制装置的篡改都属于排放检验不合格。

3. 基本参数与要求

(1)预热时间。分析仪的预热时间不应超过 30 min。

(2)测量范围和分辨力。测量范围和分辨力要求见表 2-5-12。对 NO 直接测量的分析仪，其量程应不低于 NO 最大量的 20%。

表 2-5-12 测量范围和分辨力

项目	$NO_x/(\times 10^{-4})$	$CO_2/\%$	不透光度 $N/\%$	光吸收系数 k/m^{-1}	机油温度/℃
测量范围	0～5 000	0～18	0～98.6	0～9.99	0～150.0
分辨力	1	1	0.1	0.01	0.1

4. 性能要求

(1)烟度测量。

1)不透光度。不透光度 N 应符合以下要求：

①示值误差：±2.0%。

②示值重复性：1.0%。

③漂移：在 30 min 中，漂移不超过 1.0%。

2)光吸收系数。仪器的光吸收系数 k 的示值与按仪器的不透光度读数 N 的示值用公式计算得到的光吸收系数 k 值之间的差异，不得大于 0.05 m^{-1}。

(2)响应时间。插入遮光片，使光接收器完全被遮住时，显示仪表指针或数显值，从 10%满量程到 90%满量程时，所需的时间应为 0.9～1.5 s。

(3)烟气温度。示值误差：±2 ℃。

(4)氧化物。

1)示值误差。NO_x 和 CO_2 的示值误差应不超过表 2-5-13 规定的最大允许误差。

表 2-5-13 示值误差

气体	测量范围	示值误差 绝对误差	示值误差 相对误差/%
NO	0～4 000×10^{-6}	±25×10^{-6}	±4
NO_2	0～1 000×10^{-6}	±25×10^{-6}	±4
CO_2	0～18%	—	±5

注：表中所列绝对误差和相对误差，满足其中一项即可。

2)示值重复性。NO_x 的示值重复性应不大于其最大允许误差的模的 1/2。

3)稳定性。氮氧化物分析仪经预热后，2 h 的 NO_x 的量矩漂移应不超过分析仪的示值误差。

4)响应时间。NO_x 传感器的响应时间应满足表 2-5-14 的规定。

表 2-5-14 响应时间

项目		响应时间
上升响应时间	T_{95}	≤5.5
	T_{90}	≤4.5

续表

项目		响应时间
下降响应时间	T_{10}	≤4.7
	T_5	≤5.7
注：1. T_{95}：自传感器对输入气体有响应起，至达到最终气体浓度读数95%所需要的时间； 2. T_{90}：自传感器对输入气体有响应起，至达到最终气体浓度读数90%所需要的时间； 3. T_{10}：自传感器的输出指示开始下降起，至达到气体稳定浓度读数10%所需要的时间； 4. T_5：自传感器的输出指示开始下降起，至达到气体稳定浓度读数5%所需要的时间		

5）气路密封性报警。NO_x 示值减少1%时，应有提示警告。

6）水气干扰误差。NO_x 受饱和蒸汽干扰，误差应不超过分析仪示值误差。

7）NO_2-NO 的转化率。当 NO_2 气体通过 NO_2-NO 转换器（转化炉）时，NO_2 中参加反应被转换成 NO 的物质的量与反应前 NO_2 总的物质的量之比，即 NO_2-NO 转化率，应不低于90%。

任务实施

实训一 点燃式发动机环保检验

一、任务准备

1. 实训准备

(1)实施场地。仪器设备检测实训区。

(2)实施设备。载客汽车、货车、三轮汽车、摩托车。

(3)检测工具。底盘测功机、排气取样系统、排气分析仪、发动机转速计、OBD诊断仪。

2. 作业要求

(1)穿着干净、整洁的工作服。

(2)遵守场地安全规定，注意用电安全。

(3)正确使用检测仪器。

(4)按照要求填写检验报告。

二、任务实施

1. 实训组织

分组进行，使用实车分组进行点燃式发动机环保检验训练（表2-5-15）。

表2-5-15 分组任务

时间/min	任务	操作对象
0~10	组织学生学习点燃式发动机环保检验方法	教师
11~30	学生分组进行点燃式发动机环保检验	学生
31~40	教师点评和讨论	教师

2. 实训步骤与记录

以单人实操后完成下列工单内容，并提交给指导教师，现场完成后教师给予点评并作为本次实训的成绩计入学时(表 2-5-16)。

表 2-5-16　实训工单

点燃式发动机环保检验					
姓名		学号		班级	
指导教师		成绩		考试时间	
车辆信息正确记录：						

车辆类型		发动机排量	
车辆识别代号		行驶里程数	

实训内容			
点燃式发动机环保检测			
检验项目	外观检验	目视检查：目测被检车辆的车况。目测发动机、燃油蒸发控制系统、排气系统工作是否正常。目测 OBD 系统的配置情况	
	车载诊断系统(OBD)检查	采用 OBD 诊断仪检验	
	排气污染物检测	采用底盘测功机、排气取样系统、排气分析仪、发动机转速计进行检验	
作业工单	检验项目		判定
	(1)外观检验		
	(2)车载诊断系统(OBD)检查		
	(3)排气污染物检测		
检验结果			
实训整理(7S)	整理：		
	整顿：		
	清扫：		
	清洁：		
	素养：		
	安全：		
	节约：		

三、任务评价

进行任务评价，见表 2-5-17。

表 2-5-17 任务评价

评分项	得分条件	分值	评分要求	得分
7S/态度	作业区 7S、个人工作态度	15	未完成 1 项扣 1~3 分，扣分不得超 15 分	
专业技能、能力	1. 正确无误检验外观的能力 2. 正确无误检验车载诊断系统（OBD）的能力 3. 正确无误检验排气污染物的能力	50	未完成 1 项扣 1~5 分，扣分不得超 50 分	
工具及设备使用能力	岗位所需工具及设备的使用能力、查询软件的使用能力	15	未完成 1 项扣 1~5 分，扣分不得超 15 分	
资料、信息查询能力	检测资料、其他资料信息检索与查询能力	10	未完成 1 项扣 1~5 分，扣分不得超 10 分	
数据读取、分析和判断能力	数据读取、分析、判断能力	5	未完成 1 项扣 1~3 分，扣分不得超 5 分	
表单填写与报告撰写能力	电子工单、纸质工单、任务记录单填写	5	未完成 1 项扣 0.5~1 分，扣分不得超 5 分	
总分				

实训二　压燃式发动机环保检验

一、任务准备

1. 实训准备

(1) 实施场地。仪器设备检测实训区。

(2) 实施设备。载客汽车、货车、三轮汽车。

(3) 检测工具。底盘测功机、不透光烟度计、氮氧化物分析仪、发动机转速传感器、OBD 诊断仪。

2. 作业要求

(1) 穿着干净、整洁的工作服。

(2) 遵守场地安全规定，注意用电安全。

(3) 正确使用检测仪器。

(4) 按照要求填写检验报告。

二、任务实施

1. 实训组织

分组进行，使用实车分组进行压燃式发动机环保检验训练（表 2-5-18）。

表 2-5-18　分组任务

时间/min	任务	操作对象
0～10	组织学生学习压燃式发动机环保检测方法	教师
11～30	学生分组进行压燃式发动机环保检验	学生
31～40	教师点评和讨论	教师

2. 实训步骤与记录

以单人实操后完成下列工单内容，并提交给指导教师，现场完成后教师给予点评并作为本次实训的成绩计入学时（表 2-5-19）。

表 2-5-19　实训工单

压燃式发动机环保检验					
姓名		学号		班级	
指导教师		成绩		考试时间	
车辆信息正确记录：					
车辆类型			发动机排量		
车辆识别代号			行驶里程数		
实训内容					
压燃式发动机环保检验					
检验项目	外观检验	目视检查：目测被检车辆的车况。目测发动机、燃油蒸发控制系统、排气系统工作是否正常。目测 OBD 系统的配置情况			
	车载诊断系统（OBD）检查	采用 OBD 诊断仪检验			
	排气污染物检测	采用底盘测功机、不透光烟读计、氮氧化物分析仪、发动机转速传感器			
作业工单	检验项目				判定
	(1)外观检验				
	(2)车载诊断系统（OBD）检查				
	(3)排气污染物检测				
检验结果						

续表

压燃式发动机环保检验	
实训整理(7S)	整理：
	整顿：
	清扫：
	清洁：
	素养：
	安全：
	节约：

三、任务评价

进行任务评价见表 2-5-20。

表 2-5-20　任务评价

评分项	得分条件	分值	评分要求	得分
7S/态度	作业区 7S、个人工作态度	15	未完成 1 项扣 1~3 分，扣分不得超 15 分	
专业技能、能力	1. 正确无误检验外观的能力。 2. 正确无误检验车载诊断系统（OBD）的能力。 3. 正确无误检验排气污染物的能力	50	未完成 1 项扣 1~5 分，扣分不得超 50 分	
工具及设备使用能力	岗位所需工具及设备的使用能力、查询软件的使用能力	15	未完成 1 项扣 1~5 分，扣分不得超 15 分	
资料、信息查询能力	检测资料、其他资料信息检索与查询能力	10	未完成 1 项扣 1~5 分，扣分不得超 10 分	
数据读取、分析和判断能力	数据读取、分析、判断能力	5	未完成 1 项扣 1~3 分，扣分不得超 5 分	
表单填写与报告撰写能力	电子工单、纸质工单、任务记录单填写	5	未完成 1 项扣 0.5~1 分，扣分不得超 5 分	
总分				

任务小结

任务完成后，学会以下技能：

1. 能按照规范进行汽油车辆环保检验。
2. 能按照规范进行柴油车辆环保检验。

拓展阅读

机动车尾气中的一氧化碳、碳氢化合物、氮氧化物、颗粒物等对人体健康的危害极大，因此，必须加强对机动车尾气排放的监测。

由于机动车尾气存在很多危害，为此政府和相关机构制订了多种防治机动车尾气污染的措施：一是改进控制技术，主要提高燃油的燃烧率，安装防污染处理设备和开发新型发动机；二是运用行政管理手段，严格汽车排放标准，采取报废更新，及时淘汰旧车，这也是国家为什么一直在不停出台相关政策治理机动车尾气排放的一个很重要的原因；三是提高车辆的使用技巧，通过合理使用车辆，减少有害物质的排放。

在这个过程中，进行发动机排放系统性能检测就是重要的一环。作为检测人员，需要保证数据准确，践行环保理念，拥有服务意识，为实现美丽中国贡献力量。

1. 汽车动力性及评价指标

汽车动力性是指汽车在良好路面上直线行驶时由汽车受到的纵向外力决定的、所能达到的平均行驶速度。从获得尽可能高的平均行驶速度角度出发，通常通过汽车的最高车速、汽车的加速时间和汽车的最大爬坡度三个方面指标来评价汽车动力性的优劣。

2. 发动机动力性指标

发动机是一种能够把其他形式的能转化为机械能的机器。其动力性评价指标包括有效转矩、有效功率和发动机转速。有效转矩是指发动机对外输出的转矩；有效功率是指发动机在单位时间对外输出的有效功；发动机转速是指发动机曲轴每分钟的回转数。

3. 发动机功率检测

发动机输出的有效功率是指发动机输出轴上发出的功率，是发动机的一项综合性指标。测功器主要用于测试发动机的功率，常有稳态和动态两种测功方法。

(1)稳态测功(有负荷测功或有外载测功)。稳态测功是指发动机在节气门开度一定、转速一定和其他参数都保持不变的稳定状态下，在测功器上测定发动机功率的一种方法。常用测功器有水力测功器、电力测功器和电涡流测功器。

(2)动态测功(无负荷测功或无外载测功)。动态测功是指发动机在节气门开度和转速均变化的状态下测定功率的一种方法。由于动态测功无须对发动机施加外部负荷，因而又称为无负荷测功。

试题训练

一、选择题

1. 机动车尾气排放检测的气体污染通常是指( )。
   A. 碳氢及氮氧化合物　　　　　　B. 二氧化硫
   C. 甲烷　　　　　　　　　　　　D. 氟

2. 下列不属于生态环境主管部门线下检测环节的是(　　)。
　A. 外观检验　　　　　　　　　B. OBD 及污染物检测
　C. 随车清单是否一致　　　　　D. 核载人数

3. 机动车进行尾气检测时，对于无法手动切换两驱驱动模式的全时四驱车或适时四驱车可以采用(　　)进行检测。
　A. 瞬态工况法　　　　　　　　B. 简易瞬态工况法
　C. 稳态工况法　　　　　　　　D. 双怠速法

4. ASM5025 工况排放检验不合格车辆，需继续进行(　　)排放检验。
　A. ASM2540　　　　　　　　　B. ASM5050
　C. ASM4020　　　　　　　　　D. ASM5420

5. 机动车尾气检测时仪器标准气体应是(　　)装标准气，或通过动态混合进行制备。
　A. 玻璃瓶　　　　　　　　　　B. 塑料瓶
　C. 钢瓶　　　　　　　　　　　D. 以上都可以

二、判断题

1. 在用汽车进行污染物排放检测时只进行外观检查和排放检测。　　　　　(　　)
2. 检查燃油蒸发控制系统连接管路的连接是否正确、完整。如有老化、龟裂破损等，应要求车主进行维修。　　　　　　　　　　　　　　　　　　　　　(　　)
3. 若被检测车辆排气管长度小于测量深度时，应使用排气延长管。　　　　(　　)
4. 对于无法手动关闭防侧滑装置的两驱车可以采用双怠速法进行检测。　　(　　)
5. 不透光烟度计采样管长度应小于 3.5 m。　　　　　　　　　　　　　　(　　)

项目三
汽车检测质量管理体系

项目概述

根据《检测和校准实验室能力的通用要求》(GB/T 27025—2019)的规定,管理评审是对质量体系进行正式评价,以确保机动车安全技术检验机构的质量管理体系适宜、充分、有效且高效。管理评审的目的是持续改进质量管理体系,通过评价业绩并找出与预期目标的差距,寻找改进的机会。最高管理者应主持管理评审,机动车安全技术检验机构需制订管理评审计划,明确目的、内容、方法、时机和结果报告。管理评审结果需形成报告,提出的改进措施应由负责部门或岗位人员启动,并在规定时间内完成,并对改进结果进行跟踪验证。管理评审的记录应保留作为持续改进的依据。

学习任务一 体系文件认知

工作情景描述

某机动车检验检测机构已经建成,目前为后期机动车安全检测做准备,现需要编写检验检测机构管理体系文件。若你是相关工作人员,如何编写检验检测机构的管理体系文件?请学习检验检测机构管理体系文件的编写要求和方法,完成相关体系文件的编写任务。

学习目标

知识目标
1. 了解体系文件的作用及意义;
2. 掌握体系文件的层次及编写规则;
3. 掌握体系文件的特点及内容;
4. 掌握体系文件中质量记录内容;

5. 掌握体系文件中质量目标的内容。

能力目标

1. 能按照要求进行质量手册、程序文件和作业指导书的编写；
2. 能按照要求进行质量记录的填写；
3. 能按照要求进行质量目标的编写。

素质目标

养成团队协作与独立作业、质量优先与规范检测的职业素养。

知识准备

体系文件概述

技能点　体系文件概述

管理体系是指为建立方针和目标并实现这些目标的体系，包括质量管理体系、技术管理体系和行政管理体系。管理体系的运作包括体系的建立、体系的实施、体系的保持和体系的持续改进。为了确保机动车检验检测机构能够出具真实、客观、准确的数据、结果等，公正、科学地开展工作，机动车检验检测机构需要有完整的质量管理体系文件。

一、体系文件的特点和内容

机动车检验检测机构质量管理体系文件依据《检验检测机构资质认定评审准则》（国家市场监督管理总局公告2023年第21号）和《机动车检验机构资质认定评审补充技术要求》（市监检测函〔2022〕111号）建立管理体系并编写质量体系文件。

质量管理体系文件是质量体系存在的基础和证据，是检验工作和全体人员行为的规范，是达到质量目标的质量依据，所以制定体系文件就是检验工作的立法。检测机构在质量体系运用过程中，每12个月开展一次内部审核。内部审核由检验检测机构的质量负责人策划并制订方案。其含义是检验检测机构自行组织的管理体系审核，按照管理体系文件规定，对其管理体系的各个环节组织并开展的有计划的、系统的、独立的检查活动。其目的是验证检验检测机构运作是否符合管理体系和《检验检测机构资质认定评审准则》（国家市场监督管理总局公告2023年第21号）以及《机动车检验机构资质认定评审补充技术要求》（市监检测函〔2022〕111号）的要求，管理体系是否得到有效的实施和保持。其程序包括内部审核计划、筹备、实施、结果报告、不符合工作的纠正、纠正措施及验证等环节的规定。

1. 体系文件的特点

机动车检验检测机构的质量管理体系文件具有以下特点：

（1）法规性。质量管理体系文件是评价质量体系实际运作的依据，所以，质量管理体系文件一旦批准实施，就必须认真执行，若文件需要修改，需按规定的程序执行。

（2）唯一性。一个实验室只能有唯一的体系文件系统，一项活动只能规定唯一的程序，一项规定只能有唯一的理解，不能使用无效的版本。

(3)适用性。检验检测机构应根据各自的性质、任务和特点，制定适合自身质量方针及检测工作特点和需要的，具有可操作性的体系文件。

(4)见证性。质量管理体系文件提供公正数据，且有法律辩护依据，是体系建立、运行和效果赖以有效的监督机制；质量活动有可溯性和见证性，及时发现偏规未受控环节及体系的缺陷和漏洞，能进行自我监督、自我完善、自我提高。

2. 体系文件的内容

检验检测机构应建立、实施和保持与其活动范围相适应的管理体系，应将其政策、制度、计划、程序和指导书制成文件。管理体系文件应传达至有关人员，并被其获取、理解、执行。

检验检测机构文件应至少包括管理体系文件、管理体系文件的控制、记录控制、应对风险和机遇的措施、改进、纠正措施、内部审核和管理评审等，形成一个完整的管理体系。

(1)质量手册。质量手册是"规定组织管理体系的文件"，是管理体系运行的纲领性文件，按照《检验检测机构资质认定评审准则》(国家市场监督管理总局公告2023年第21号)和《机动车检验机构资质认定评审补充技术要求》(市监检测函〔2022〕111号)，制定质量方针、目标，描述检验检测机构管理体系的管理要求和技术要求，以及各岗位职责和管理途径。

质量手册是阐明一个组织质量方针并描述其管理体系的文件(规定组织管理体系的文件)。

1)质量手册涉及一个组织的全部活动或部分活动，手册的标题和范围应反映其应用的领域。

2)质量手册通常应包括或涉及以下几个方面：
①质量方针；
②检验检测机构描述；
③影响质量的管理、执行、验证或评审工作的人员职责、权限和相互关系；
④管理体系程序和说明；
⑤关于手册评审、修改和控制的规定。

3)质量手册在深度和形式上可以不同，以适应组织的需要。为适应组织的规模和复杂程度，质量手册的详略程度和编排格式可以不同。

(2)程序文件。程序文件描述管理体系所需的相互关联的过程和活动。该文件将管理体系运行各项管理活动的目的和范围，应该做什么，由谁来做，何地做，何时做，怎样做，应该使用什么材料、设备和文件，如何对该活动进行控制和记录等给予了详细、明确的描述。

(3)作业指导书。作业指导书是"有关任务如何实施和记录的详细描述"，用以指导某个具体过程、描述事物形成的技术性细节的可操作性文件。

(4)质量和技术记录。检验检测机构应建立和保持记录管理程序，确保记录的标识、储存、保护、检索、保留和处置符合要求。质量和技术记录是阐明所取得的结果或提供所完成活动的证据的文件。记录可以为可追溯性提供文件，并提供验证、预防措施和纠正措施的证据。记录是通常不需要控制版本。检验检测机构管理体系形成文件后,应当以适当的方式传达至有关人员,使其能够"获取、理解、执行"管理体系。

　　1)质量记录。质量记录是指检验检测机构管理体系活动中的过程和结果的记录,包括合同评审、分包控制、采购、内部审核、管理评审、纠正措施、预防措施和投诉等记录。

　　2)技术记录。技术记录是指进行检验检测活动的信息记录,应包括原始观察、导出数据和建立审核路径有关信息的记录,检验检测、环境条件控制、员工、方法确认、设备管理、样品和质量监控等记录,也包括发出的每份检验检测报告或证书的副本。

　　每项检验检测的记录都应包含充分的信息,该检验检测在尽可能接近原始条件的情况下能够重复。记录应包括抽样人员、每项检验检测人员和结果校核人员的签字或等效标识。观察结果、数据应在产生时予以记录。不允许补记、追记、重抄。书面记录形成过程中如有错误,应采用杠改方式,并将改正后的数据填写在杠改处。实施记录改动的人员应在更改处签名或等效标识。所有记录存放时都应有安全保护措施,对电子存储的记录也应采取与书面媒体同等的措施,并加以保护及备份,防止未经授权的侵入及修改,以避免原始数据的丢失或改动。记录可存于不同媒体上,包括书面、电子和电磁。

　　(5)质量计划。检验检测机构应阐明质量计划,制定质量目标,并在管理评审时予以评审。

　　质量计划或方针由管理层制定、贯彻和保持,是检验检测机构的质量宗旨和方向。质量计划一般应在质量手册中予以阐明,也可单独发布。质量计划或方针包括下列内容:

　　1)管理层的良好职业行为和为客户提供检验检测服务质量的承诺;

　　2)管理层关于服务标准的声明;

　　3)质量目标或标准;

　　4)要求所有与检验检测活动有关的人员熟悉质量文件,并执行相关政策和程序;

　　5)管理层对遵循本准则及持续改进管理体系的承诺。

　　(6)质量标准(目标)。质量标准(目标)是在质量方面所追求的目的,是质量方针的具体化,是可以度量的,是通过努力才能达到的。各相关部门可以根据检验检测机构的目标制定本部门的质量目标。质量标准(目标)可以包括年度目标、中期目标和总体目标等。质量目标具有挑战性、可测性、可实现性、时限性等特性。常见的质量标准(目标)如下:

　　1)不断拓宽技术能力;

　　2)报告一次交验合格率为98%;

　　3)不断改进服务质量,使客户满意度达到100%;

　　4)检验报告客户反馈差错率不超过0.5%;

　　5)承诺客户的检验时限完成率达到98%,客户满意度达到95%;

　　6)差错率≤2%;

　　7)员工培训实现率≥99%;

8)设备完好率≥99.5%;

9)事故发生率为0。

质量标准(目标)应在管理评审时予以评审。考察质量目标的合理性和科学性,以及质量完成情况。

二、体系文件的层次和编写原则

1. 体系文件的层次

体系文件一般划分为三个或四个层次,实验室可根据自身的监测工作需要和习惯加以规定。体系文件是为了保证汽车性能检测的质量和效率,规范检测流程和结果的文件,通常包括以下层次结构。

(1)质量手册。质量手册是整个检测管理体系文件的核心文件,用于规范检测管理体系的建立和运行。该文件包括管理体系的目标、政策、组织结构、职责和权利、程序和文件等,主要包括以下内容。

1)质量方针。质量方针是企业在汽车性能检测中制定的方针,包括企业的质量目标、质量方针和质量承诺。该方针应该能够反映企业的目标和愿景,并与企业的战略规划和利益相关方的需要相一致。

2)组织结构。检测企业的组织结构应该合理、清晰、简单,并有明确的职责和权利分配。质量手册应该包含组织机构和各个职能部门的职责与权利。

3)质量管理体系文件。包括所有与汽车性能检测有关的文件和记录,如标准操作规程、检测记录、技术文件等。这些文件应该被及时更新、修订,并在相应的检测流程中得到应用。

4)质量目标。企业应该制定标准化的质量目标,如产品质量指标、客户满意度等,以衡量企业的质量管理体系的有效性和可持续性。

5)质量控制。质量控制是贯穿整个检测流程的关键点,以确保检测工作的准确性和可靠性。质量手册中应该包含检测控制、数据统计和跟踪等方面的要求与流程。

6)培训和教育。对检测人员和相关人员进行培训与教育是很重要的,以提高其业务技能和知识水平。质量手册应该包含相关培训与教育的要求、流程和标准。

7)领导力。检测企业的领导力是贯穿整个质量管理体系的关键点。质量手册中应该确立领导力的要求和标准,以达到持续改进和整体效益最大化的目标。

上述内容是体系文件中层次结构的质量手册的主要内容,每个检测企业可以根据实际情况进行适当的调整和变更。

(2)检测程序文件。检测程序文件用于规范各项检测操作流程和标准,包括检测项目、检测工具和设备、维护保养、检测员资质、检测报告等。它是检测管理体系文件的一个重要组成部分,主要规定了检测管理体系所需的所有检测程序和程序操作方法,以及操作规程、检测流程和流程控制等内容,具体包括以下几个方面。

1)检测规程。检测规程是指根据国家及行业标准、技术要求等制定的、关于某一检测项目的检测方法及操作规程。该规程应该规定检测项目的目的、检测方法、检测标准、检测设备和仪器的使用、检测数据的处理等各方面的具体内容。

2)操作规程。操作规程是指在检测流程中各个环节的操作步骤和质量控制措施。该规程应该规定每个操作的具体步骤、质量控制要求、检测设备和仪器的使用等,以确保检测过程标准化、规范化。

3)检测流程。检测流程是指整个检测过程中各个环节的流程。该流程应该包括从准备工作到检查、测试和数据处理等所有环节,并应该明确各个环节之间的关系和配合,以确保检测过程的高效、准确和可靠。

4)标准化检验记录。检验记录是指进行检测工作时所形成的记录,如原始记录、中间记录和最终记录等。该记录应该按照规定的格式和要求完整、准确、可靠地记录各项检测数据和处理结果,以便后续工作的跟踪和分析。

5)流程控制和质量控制。流程控制是指在检测流程中对各环节进行的管理和控制措施。质量控制是指对每个检测项目质量的控制措施。这些措施应该包括检测人员的资质、设备和仪器的管理、外部环境的控制等一系列措施,以确保检测结果的准确、可靠。

总之,体系文件中层次结构的检测程序文件是整个检测管理体系的"行动指南",规定了所有检测工作的具体过程和控制要求,能够促进检测过程的标准化和规范化,确保检测结果的准确、可靠和实用。

(3)检测记录文件。检测记录文件是对检测结果的记录和归档,包括车辆标识信息、检测步骤、检测结果、检测员签名等。体系文件中层次结构的检测记录文件是检测管理体系的一个重要组成部分,主要用于记录和管理检测过程中所产生的数据和信息,以确保检测结果的可追溯性和真实性。具体包括以下几个方面。

1)原始记录。原始记录是指在检测过程中所产生的第一手资料,包括检测样品的基本信息、检测过程中所用的仪器设备、检测条件和检测数据等。原始记录应该准确、完整、真实地记录检测过程中的所有操作和数据,并应该附有签名和日期等信息。

2)中间记录。中间记录是指在检测过程中所产生的所有非原始数据或信息,如样品处理数据、仪器设备的校准数据、中间计算结果等。中间记录的目的是跟踪检测过程中的每一步操作和数据,以便后续的数据分析和处理。

3)最终记录。最终记录是指在检测过程结束后所形成的检测报告或检测证书。最终记录应该按照国家和行业标准的要求进行格式化与排版,并应该附有检测项目名称、检测结果、检测方法和检测标准等信息,以确保检测结果的准确性和可靠性。

4)质量记录。质量记录是指检测过程中所产生的各种质量控制数据和信息,如质量控制样品的分析结果、校准数据、标准物质的使用情况等。质量记录的目的是监测检测过程中的质量控制状况,以便及时发现和纠正问题。

5)审核记录。审核记录是指对检测结果的审核和评审过程中所产生的数据与信息,例如检测结果的比对、评审和撤销等。审核记录的目的是确立检测结果的可靠性和真实性,以便后续的数据使用和分析。

总之,体系文件中层次结构的检测记录文件是整个检测管理体系的重要组成部分,通过记录和管理检测过程中的各种数据与信息,确保检测结果的真实性和可追溯性,为后续的数据分析和处理提供可靠的依据。

2. 体系文件的编写原则

在编写汽车性能检测中的体系文件时，需要目标导向、规范化要求、明确性、可操作性、持续性、系统协调和科学合理的原则。

(1)目标导向。体系文件的编写应贴近检测实际，满足实际检测需要，确保检测的准确性和可靠性，提高检测效率。体系文件编写原则中的目标导向是指体系文件应该从目标的角度出发，明确体系文件的编写目的和实现目标，以确保体系文件的实际应用效果。具体包括以下几个方面。

1)明确编写目的。体系文件的编写目的应该清晰明确，避免出现模糊不清的语言和复杂难懂的句子。在编写体系文件时，应该尽可能精简、准确地表达编写目的，以便读者快速理解和把握文件的核心内容。

2)根据标准要求进行编写。体系文件的编写应该基于行业、国家或国际标准的要求，确保编写的体系文件符合标准要求和行业规范。在编写体系文件时，应该仔细阅读和理解标准要求，并确保体系文件具有必要的完整性和可操作性。

3)强调目标的可测性。体系文件应该强调目标的可测性，即目标应该能够量化和测量，以便监督和评估体系的实际应用效果。在编写体系文件时，应该明确目标指标、实现方法和监测手段，以便实现目标的测量和监测。

4)着眼于进步和改进。体系文件的编写应该着眼于进步和改进，即通过编写体系文件，不断改进体系工作的效率和质量，以适应不断变化的市场和环境。在编写体系文件时，应该考虑到未来的发展趋势和变化，以便及时调整和更新体系文件，确保体系文件的持续有效性。

总之，目标导向是体系文件编写的重要原则之一，通过明确编写目的、遵循标准要求、强调目标的可测性和着眼于进步与改进，确保体系文件的实际应用效果和效益。

(2)规范化要求。体系文件应该基于相关行业和国家标准，结合实际情况，制定具有可操作性的规范要求，确保检测过程的规范化和标准化。规范化是体系文件编写的基本要求，它是指体系文件的编写必须符合一定的规范和标准，以确保文件的真实性、准确性、可靠性和可操作性。具体包括以下几个方面。

1)符合标准要求。体系文件的编写必须符合行业、国家或国际标准的要求，以确保文件的合法性和规范性。在编写体系文件时，应该了解和掌握相关的标准要求，并严格按照要求进行编写。

2)统一格式和风格。

3)体系文件的编写应该遵循统一的格式和风格，以便读者更容易理解和把握文件的核心内容。在编写体系文件时，应该考虑到读者对象和阅读习惯，选择合适的格式和风格。

4)确定分级结构。体系文件的编写应该具有合理的分级结构，以便读者更好地理解文件的层次和内容。在编写体系文件时，应该清晰地确定分级结构，逐级展开主题，避免出现内容混淆和重复的情况。

5)使用简明扼要的语言。体系文件的编写应该使用简明扼要、清晰明了的语言，以便读者更容易理解和把握文件的核心内容。在编写体系文件时，应该避免使用过于复杂和晦涩的语言，而应该使用通俗易懂的语言。

6）准确明确的表述。体系文件的编写应该准确明确，避免出现模糊不清或有歧义性的表述。在编写体系文件时，应该尽可能精确地表述内容，避免留下歧义或造成解读上的困难。

总之，规范化要求是体系文件编写的重要要求之一，通过符合标准要求、统一格式和风格、确定分级结构、使用简明扼要的语言和准确明确的表述，确保体系文件的合法性、真实性、准确性、可靠性和可操作性。

（3）明确性。体系文件中的要求、流程和责任应该明确易懂，不容易产生误解，保证检测过程的顺利实施。明确性是体系文件编写的基本要求之一，它是指体系文件的内容应该表述清晰明确，避免歧义和模糊不清的表述。具体包括以下几个方面。

1）确定主题：体系文件的编写应该明确主题，确定清晰的范围和目标。在编写体系文件时，应该明确主题，以确保文件的连贯性和准确性。

2）建立结构：体系文件的编写应该具有清晰、简洁的结构，避免出现混乱或重复的内容。在编写体系文件时，应该按照逻辑结构进行排列，建立清晰的层次结构，使内容易于理解。

3）使用明确的术语：体系文件的编写应该使用明确的术语，避免使用含义模糊或多义的词语。在编写体系文件时，应该选择规范的、标准的术语，以确保文件的准确性和专业性。

4）避免歧义：体系文件的编写应该避免歧义和模糊不清的表述。在编写体系文件时，应该尽可能避免使用歧义性的词语或表述，以确保文件的准确性和通读性。

5）表述清晰：体系文件的编写应该表述清晰，避免出现复杂难懂的句式。在编写体系文件时，应该使用简单明了的语言，使内容容易理解和把握。

总之，通过确定主题、建立结构、使用明确的术语、避免歧义和表述清晰，确保体系文件的准确性和连贯性。

（4）可操作性。可操作性是指文件中所规定的检测过程和要求符合实际操作的可行性，能够有效地指导检测人员的操作。可操作性是体系文件编写的重要原则之一，它是指体系文件的内容应该具有可操作性，即能够被实际应用到组织管理和运营中，便于实施、检查、记录和追溯。具体包括以下几个方面。

1）具体性。体系文件的内容应该具有具体性，能够指导组织人员实际操作。例如，体系文件中的要求、流程、程序等应该能够清晰、明确地指导组织人员的实际操作。

2）可行性。体系文件的内容应该具有可行性，即能够在现有的组织资源和条件下实施。例如，体系文件中的要求、流程、程序等应该能够在组织目前的技术、设备、人力等条件下得以实施。

3）实用性：体系文件的内容应该具有实用性，即能够解决组织实际运营中的问题和挑战。例如，体系文件应该能够有效地解决生产、服务、质量、安全、环保等方面的问题。

4）可测试性：体系文件的内容应该具有可测试性，即能够通过实际测试和验证来检验其有效性。例如，体系文件中的标准、程序、指南等应该能够通过检验、审核、评估等过程来检验其可行性和实用性。

5)可持续性：体系文件的内容应该具有可持续性，即能够适应组织的变化和发展，保持更新和改进。例如，体系文件应该能够随着组织的发展和变化而不断更新和完善。

总之，通过具体性、可行性、实用性、可测试性和可持续性，确保体系文件具有实际应用价值和持续改进的能力。

(5)持续性。持续性是体系文件编写的重要原则之一，其含义是体系文件应该具有可持续性，适应组织的变化和发展，保持更新和改进。体系文件应该具有持续性，即要不断地进行更新和改进，以适应不断变化的检测需求和技术进步，保证检测过程的持续改进和更新。具体包括以下几个方面。

1)定期评估和更新。体系文件应该定期进行评估和更新，以确保其符合当前的组织管理和运营需要。例如，根据组织的发展和变化，需要不断进行标准、程序、指南等的修订和更新。

2)持续改进。体系文件应该具有持续改进的思想和方法，不断寻求改进和提升。例如，通过持续改进的方法，来优化已有的标准、程序、指南等，提高组织的运营效率和质量水平。

3)跟踪和反馈。体系文件应该能够跟踪和反馈组织的运营情况和结果，以便及时进行修订和改进。例如，通过运营情况的监测和反馈，来及时发现问题和风险，并进行针对性的修订和改进。

4)持续培训和教育。体系文件应该持续开展培训和教育，以提高组织成员的能力和素质，使其更好地理解和应用体系文件。例如，通过定期的培训和教育，来增强组织成员的意识和责任感，提高其操作技能和质量意识。

5)持续沟通和合作。体系文件应该建立持续沟通和合作机制，促进组织成员之间的信息共享和协作。例如，通过开展定期的沟通和合作，来促进各部门之间的信息交流和协作，协同解决组织运营中的问题和挑战。

总之，通过定期评估和更新、持续改进、跟踪和反馈、持续培训和教育、持续沟通和合作，来促进组织运营的持续改善和发展。

(6)系统协调。各要素间相互依赖、配合、促进和制约，形成有一定活动规律的有机整体。编写体系文件时须树立系统观念，从检测机构的整体出发设计、编排。有效控制影响检测质量的全部因素，接口要严密、相互协调、构成有机整体。

(7)科学合理。科学性主要体现在与评审准则的一致性；合理性则要求符合检测和管理工作的规律与特点；有利于质量方针的实施和质量目标的实现。

三、体系文件的编写方法和编号规则

1. 体系文件的编写方法

体系文件的编写由培训学习、调查策划、体系文件编写三个阶段组成。

(1)培训学习阶段。组织检测机构全体人员学习《检验检测机构资质认定评审准则》(国家市场监督管理总局公告2023年第21号)和国家有关的法律法规；了解建立质量体系的重要性，理解《检验检测机构资质认定评审准则》(国家市场监督管理总局公告

2023年第21号)的内容和要求；了解参与职责，注意掌握评审条款的变化，以便对原质量体系进行调整和有效的补充。

(2)调查策划阶段。调查策划阶段以编写小组成员为主对企业进行调查，了解组织机构的现状、各部门职能权限的现状；了解各部门提出需解决的接口问题、现有的管理制度与执行情况，以及现有的各项标准、仪器设备等。

(3)体系文件编写阶段。体系文件编写步骤如下：

1)制定编写体系文件的格式、大纲、目录；

2)制订编写计划分步实施；

3)编写按照《检验检测机构资质认定评审准则》(国家市场监督管理总局公告2023年第21号)和检测工作实际情况分工合作进行编写；

4)体系文件研讨、协调；

5)体系文件批准、发布。

所有文件编写齐备，才构成一个质量文件体系，将质量手册、程序文件、质量记录、质量计划编写在一起，整理成册，形成管理体系文件。所以，编写质量管理体系，需要完成质量手册编写、程序文件编写、质量纪录编制和质量计划编写。

2. 体系文件的编号规则

体系文件的编号需要按照如图3-1-1所示的规则进行。

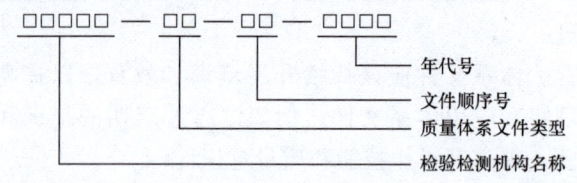

```
□□□□□ — □□ — □□ — □□□□
                              └── 年代号
                        └────── 文件顺序号
                 └───────────── 质量体系文件类型
         └───────────────────── 检验检测机构名称
```

质量体系文件类型：SC—质量手册　CX—程序文件　ZY—作业指导书
　　　　　　　　　JL—质量记录　JH—质量计划

图3-1-1　体系文件的编号规则

拓展阅读

没有规矩不成方圆，机动车检验检测机构是依法成立，依据相关标准或技术规范，利用仪器设备环境设施等技术条件和专业技能，对产品或法律法规规定的特定对象进行检验检测的专业技术组织。机动车检验检测机构能够出具真实、客观、准确的数据、结果，得益于检测质量管理体系。作为检测人员要始终遵循检测质量管理体系，出具真实、客观、准确的数据。

学习任务二　汽车检测质量控制

工作情景描述

一辆行驶70 000 km的轿车被送进机动车检验检测机构进行安全检测，作为机动车检验检测机构的工作人员，在营运过程中你该如何保证汽车检测质量，给车主一个公平公正的检测结果？请你学习检验检测机构汽车质量控制的要求和要点，完成相关机动车检测质量控制任务。

学习目标

知识目标

1. 掌握质量控制方针和目标；
2. 掌握车辆检测数据质量申诉和处理；
3. 掌握检测质量控制内容；
4. 掌握影响质量控制的因素。

能力目标

1. 能按照检测记录分析出检测结果；
2. 能用"三色标识"表明仪器设备的受控状态；
3. 能对仪器设备量值溯源进行核查。

素质目标

养成团队协作与独立作业、质量优先与规范检测的职业素养。

知识准备

技能点　汽车检测质量控制目的和方法

汽车检验质量控制概述

机动车检验检测机构的主要任务是对公路运输车辆的技术状况进行检测诊断，对汽车维修行业维修的车辆进行定期或不定期的质量检测。通过对汽车的动力性、经济性、安全性、可靠性和噪声、排放污染物的检测和评价，为汽车维修质量监督和汽车维修质量纠纷的调解或仲裁提供检测依据，为接受委托的有关车辆和有关部门提供检测结果。建立一个有效、完善的检测管理体系，进行质量控制是上述工作顺利开展的基础。

一、质量方针和目标

质量控制侧重于控制的措施（作业技术和方法），质量保证侧重于控制结果的证实，以提供充分的信任。

1. 质量方针

一般由企业的最高管理者正式发布该企业总的质量宗旨和质量方向。质量方针通常具有以下特点：

（1）质量方针是一个企业总的质量宗旨和质量方向，它说明了企业在质量方面所追求的目标以及为达到这个目标所遵循的方向和途径。

（2）质量方针通常是由一系列具体的质量政策和质量目标所支持的。这些具体的质量政策和质量目标是对企业质量方针的细化。

（3）质量方针是由企业的最高管理者正式颁布的，但质量方针的实施是与各级管理者及企业的每个成员密切相关的。

（4）质量方针是企业总方针的一个非常重要的组成部分，应用简明的语言来表述。如公正、科学、准确、诚信。

2. 质量目标

（1）依据"计量认证/审查认可评审准则"建立并不断完善质量管理体系，确保其持续有效。

（2）维护检测工作的科学性、真实性、公正性，确保量值的统一和数据的准确。

（3）检测工作必须做到方法科学、行为公正、真实诚信、结果准确，客户满意率应达到98%以上。

（4）切实加强仪器设备的日常保养、维护和管理工作，并定期做好仪器设备的日（月）校和送检工作，保证仪器设备的完好率达到100%。

（5）努力提高检测中心的整体水平，提高全体员工素质，以规范的行为、过硬的技术、优质的服务开展检测工作。

二、车辆检测数据质量申诉和处理

客户如对检测结果有不同意见，可即时填写车辆检测质量申诉处理登记表，并将填写好的申诉表交给质量负责人，由质量负责人处理申诉的全过程，组织站内有关技术人员会同申诉人一起对所申诉的内容进行研究，必要时可安排重新检测，由质量负责人在申诉表的下方写上鉴定结论并签名，然后向车主反馈。如车主对鉴定结果仍有异议，车主可直接向当地质量技术监督局和交通主管部门提出申诉，由相关主管部门派人员进行调查，做出结论，并向车主反馈。

检测数据的质量申诉处理由质量负责人全权负责，并向市交委维修处汇报处理意见。受理申诉的范围包括检测站所有检测项目的检测质量。对于申诉人提交的申诉申请，检测站必须在当天受理。

检测中心按照本准则建立完善的申诉和投诉处理机制，处理相关方对其检测和/或校准结论提出的异议，并保存所有申诉和投诉及处理结果的记录，其目的是满足客户需要、提高客户满意度、时刻关注客户的意见或建议，以改进和保证服务及检测/校准结果的质量；及时解决客户的申诉和投诉，更好地为客户服务。检测数据主要由质量管理组和检测组接受申诉和投诉受理，制订并组织实施纠正、预防措施。

当收到针对检测中心检测工作提出的申诉、投诉和其他不满意的信息时，质量管理组应按照"处理客户申诉和投诉的程序"认真进行受理、处理；客户通过信函、电话、传真等不同方式提交申诉和投诉，都应详细记录和存档，并提交给质量负责人批阅。检测组在确认申诉、投诉事实后，应立即主动配合质量管理组组织、制订并实施纠正和预防措施。

质量管理组应针对因检测站工作质量造成的顾客方损失与其商谈，并给予必要的赔偿。当申诉、投诉涉及检测站质量管理体系的适应性、有效性时，质量管理组应报告质量负责人，必要时组织附加审核或建议管理部门评审。质量管理组应将所有申诉或投诉的处理过程和结果及时记录下来，并按规定全面归档。质量管理组和检测组应按"处理客户申诉和投诉的程序"经常主动与客户联系，了解客户的需求和期望，并对收集的信息进行统计分析，确定顾客的需求和期望及需改进的方面，得出定性或定量的结果，并提交管理部门评审。具体"处理客户申诉和投诉的程序"见表 3-2-1 和表 3-2-2。

表 3-2-1　申诉和投诉处理意见表

申诉和投诉处理程序		第×版第×次修订	
		颁布日期：××××年×月××日	
客户名称		原检测报告编号	
检测项目		电话	
内容与要求		申诉投诉人： 年　　月　　日	
处理意见		质量部负责人： 年　　月　　日	
原因分析		质量部负责人： 年　　月　　日	
纠正措施		责任部门负责人： 年　　月　　日	
批准		部长： 年　　月　　日	

表 3-2-2　申诉和投诉处理报告

申诉和投诉处理程序	第×版第×次修订
	颁布日期：××××年×月××日

送检单位＿＿＿＿＿＿＿＿＿＿＿＿＿＿＿＿＿＿＿＿＿＿＿＿＿＿＿＿＿＿＿＿＿＿＿＿：
　　贵单位于＿＿年＿＿月＿＿日对＿＿年＿＿月＿＿日送检汽车(检测报告编号为＿＿＿＿＿＿＿)的申诉、投诉，经我站认真调查核实，现将处理意见报告如下：
＿＿

经办人：
日期：
×××××机动车检测站
地址：××××××××××××　电话：××××-×××××××××　邮编：×××××××

三、汽车检测质量控制内容

(一)设施和环境条件

按照规定，检测站的设施和环境条件应满足相关法律法规、技术规范或标准的要求，主要目的是保证检测、校准结果的准确、可靠。因此，必须配置相应的设施和环境条件，设施和环境条件应满足对工作人员的健康安全防护、对环境条件的安全保护等需要，并不影响检测报告质量。主要由检测组负责组织制定设施及环境条件标准，并负责设施和环境条件的控制与记录；质量管理组负责设施配置的检测和环境条件的核查。

1. 设施要求

(1)办公及检测场所包括办公室及检测工作区域，要求能源、照明、空调、通风等方面应便于检测工作的正常进行，并应符合相关的健康和安全要求。

(2)检测车间应配备设备仪器布置图。

(3)检测组应配备所需的标准物质、检测仪器和必要的辅助设备，用于检测线的仪器设备应有专人保管、维护。

(4)电源线路走向合理、排列整齐，电器设备均设置漏电开关或接地线。

(5)配备灭火器、消火栓和防盗网及防雷仪器等必要的安全设施，以防止发生意外情况影响检测工作的正常进行。

2. 环境条件

(1)检测人员在开展检测工作时，应对检测环境加强控制，确保环境不影响检测结果的有效性和准确性。

(2)应对营业厅、休息室、检测车间和办公室及其他区域进行合理的隔离，计算机房应配装空调，电源、照明、温度、湿度均应达到要求。

(3)制定《检测中心管理制度》《安全操作制度》等规章制度，保证公司的正常运作及安全生产。

(4)未经站长许可和专人陪同，非工作人员不得进入检测工作区域，以免影响检测工作的正常进行，还可避免安全事故的发生。

(5)检测车间检测线及人行通道之间应设置有效隔离带，并张贴各种安全防火、禁止吸烟、限高、限速、限重等安全警示标识。

(6)检测车间内禁止随地吐痰、禁止吸烟、吃东西和丢果皮等。

(7)下班后应切断有关电器设备电源，锁好门窗，以确保安全。

(二)检测和校准方法

检测站按照规定和相关技术规范或标准，采用合适的检测/校准方法，遵循正确的操作程序来开展检测/校准工作，目的是使不同人员在不同时间所进行的检测/校准保持一致，保持适当的计算和数据转换及遵循处理规定，并有效实施。主要由检测组负责检测/校准方法的制定、选用和验证，以及检测设备操作规范和作业指导书的编制；由技术负责人对在用检测/校准方法的有效性进行控制。

检测工作过程包括检测过程、车辆抽检和管理过程、环境条件控制过程、设备管理过程等，应分别制定相关的程序文件。按检测/校准标准和仪器设备的使用方法制定操作规范，检测人员所需的程序文件、操作规范及其他的应用技术文件均由质量管理组负责检查受控状况，并保存在检测现场，以便相关人员取阅。如检测/校准方法出现偏离，按"允许偏离的程序"(表 3-2-3)执行；如不能按"允许偏离的程序"执行，则按不符合标准的检测工作进行控制。

表 3-2-3　允许偏离审批表

允许偏离的程序		第×版第×次修订	
		颁布日期：××××年××月××日	
申请部门		申请时间	年　月　日
检测项目		电话	
允许偏离事由	检测项目负责人：		年　月　日
检测车间意见	检测车间负责人：		年　月　日
审批意见	质量负责人：		年　月　日
处理情况记录与跟踪	质量负责人：		年　月　日

1. 检测/校准方法的选择

(1)检测工作严格执行国家、行业和地方标准和方法。

(2)质量管理组应确保使用的标准、检测/校准方法、操作规范和技术规范是最新的有效版本。

(3)没有国际、国家、行业和地方规定的检测/校准方法时，可选择由知名的技术组织、有关科技文献或杂志公布的方法；如无此类方法，检测组需制定检测/校准方法并进行验证。检测/校准方法中首先应给出被测样品(或参数)、可要求的量程和允许误差(或不确定度)，如方法适应客户的需求应签订协议，报技术负责人批准后，按"文件控制和管理程序"办理相关手续。

2. 非标准检测/校准方法的制定

检测组指定有实践经验、能熟练操作相关仪器设备的检测人员编制检测方法。

(1)检测组应制定和检测能力范围相符合的检测程序、操作规范。

(2)质量监督检测中的抽检应符合"样品的抽取和处置管理程序"。

(3)申请认证的检测项目按照国家、行业或地方标准制定相应的检测方法,依此结合检测工艺路线和设备特点制定检测程序。

3. 数据控制

(1)检测人员核准检测记录时,要对数据的计算过程和结果进行校核。

(2)用计算机进行检测数据的采集、处理、运算、记录、报告、储存或检索检验数据时,按"检测用计算机及软件控制程序"(表 3-2-4)的规定执行,确保数据的完整性和保密性。

表 3-2-4 检测用计算机及软件控制程序

检测用计算机及软件控制程序	第×版第×次修订
	颁布日期:××××年××月××日
预期要求: 技术部:	年　月　日
实际功能: 技术部:	年　月　日
是否符合实际要求或制造商的声明要求: 技术部:	年　月　日

(三)设备和标准物质

检测中心按照规定,配备正确进行检测和/或校准所需的抽样、测量和检测设备及标准物质,并对所有仪器设备进行正常维护。其目的是确保检测结果的准确、可靠,对配备正确进行检测所要求的检测仪器设备和标准物质实施有效控制。主要由检测组负责仪器设备及标准物质的购置申请、校准、使用、标识和维护;质量管理组负责组织对拟购仪器设备的论证、订购、验收、建档,与对在用仪器设备的监督管理;办公室负责制订购置设备的资金计划,并在设备验收后建立固定资产台账。

1. 设备及标准物质的配置

(1)以广东省为例,根据《广东省汽车运输业车辆综合性能检测站基本条件》的要求,申请计量认证项目须配置相关的设备及标准物质。

(2)检测仪器设备必须由质量稳定的专业生产厂家提供,主要检测设备和标准物质的供应商须有相应的技术监督部门颁发的制造许可证,优先选用定型的计量器具和标准物质，未经定型的检测仪器设备须提供相关技术单位的验证证明。

（3）新开展的检测项目所需的仪器设备，由检测组依据检测方法的规定提出购置申请，由质量管理组组织对拟购仪器设备的先进性、可靠性、符合性进行论证，并就仪器设备的名称、型号、测量范围、准确度等级，编制检测项目的能力分析表。

（4）对于技术革新、仪器设备更新改造项目需要的仪器设备，由质量管理组会同检测组依据最新版本检测标准中的规定要求，对拟购的仪器设备性能和准确度进行论证，并提出购置申请，报经理批准后组织订购。

（5）根据检测过程中所需的主要检测、校准仪器设备和标准物质，分别生成"检测仪器、设备一览表"和"标准物质表"。

2. 仪器设备的使用

（1）所有的检测设备在交付使用前，由质量管理组负责制订检测计划并组织实施，必须在通过法定计量检定机构检定合格、检测组办理启用手续后，方可投入使用。

（2）检测仪器设备应定点放置，所有检测仪器设备由专人操作，操作者必须按照使用说明书及现行有效版本的技术文件中规定的程序实施，这些程序文件应便于现场使用，能帮助检测人员正确操作和使用设备，以确保检测过程的安全和检测结果的准确。

（3）检测人员在操作仪器设备前后均应检查其状态并做好记录。

3. 设备的管理

（1）所有的在用仪器设备（包括计算机软件）由质量管理组负责统一编制设备号并张贴在仪器设备的醒目处，作为唯一性标识；所有在用仪器设备应用"三色标识"表明其受控及校准状态，标识上应注明仪器设备的编号、校准（检定）日期、有效期、校准（检定）单位。它的作用主要表现在以下几个方面。

1）合格——绿色，用于检定合格的检测设备。

2）准用——黄色，用于功能性检查的设备，设备检定合格者或检验（检测）所用量程合格者。

3）停用——红色，用于检定不合格、校准核查不合格或停用的检测设备，以及超过检定周期或已损坏的设备。

（2）主要在用仪器设备均规定由专人负责保管、保养、维护等工作，认真填写设备使用记录，确保仪器设备功能正常。

（3）所有检测仪器设备都要登记在"仪器设备档案表"中，并建立独立的设备档案，质量管理组负责收集、整理与设备相关的资料文件，建立设备档案。

（4）仪器设备和标准物质的日常使用与维护等的记录工作由检测组组长负责监督，每月审核一次后交质量管理组，质量管理组负责将所有相关设备的记录保存在设备档案中。

4. 标准物质的管理

（1）标准物质应由有资质的企业生产，应能提供有效的合格证书，并能溯源到国家基准，在有效期内使用。

（2）标准物质的购置，由检测组申请并列出购置清单，交检测组组长批准，由办公室主任负责安排采购，使用人员办理验收手续后领用。

（3）设备管理员应按照标准物质的性质及说明对其进行使用和保管。

（4）过期标准物质应报检测组组长批准后销毁。

5. 仪器设备故障的处理

（1）仪器设备有故障或提供有怀疑结果的、显示混乱不清、测量误差超标的仪器设备都应停止使用，贴"停用"标记并予以隔离，按"仪器设备维护程序"及时对其进行检查维修，并检查其对已进行的检测工作是否有影响，按"不符合工作控制的程序"执行。送修设备在调试修复后应通过法定计量检定机构检定合格，方可投入使用。

（2）仪器设备的报废对经维修仍无法达到原技术要求和检测需要，或随着检测技术要求的提高，其性能已不能满足检测需要的检测设备，检测组按"仪器设备维护程序"的要求执行。

（四）量值溯源

量值溯源是指检测中心按照规定，通过一条规定不确定度的不间断的比较链，使测量结果或标准值能与规定的参考标准联系起来的一种特性。保证量值溯源是汽车检测机构结果互认的基础，目的是确保测量结果或标准量值能溯源到国家基准或国际计量基准。主要由质量管理组负责制订检测设备周期检定、校准、核查计划，并组织监督执行，由检测组组长负责检定、校准、核查计划的实施。

量值溯源的内容和要求如下。

（1）所有需检定的检测仪器设备在投入使用前，必须经法定计量检定机构检定，并按"仪器设备期间检定程序"组织实施，检定合格后方可投入使用。

（2）质量管理组应编制检测设备周期检定计划，并监督仪器设备的定期检定工作。在用设备在接近检定周期前一个月，检测组应制订送检计划并监督实施。

（3）凡属无法直接进行量值溯源的设备，质量管理组会同相关部门组织有关人员制定校准方法。在用设备在接近检定周期前一个月内由检测组制订送检计划并监督实施。

（4）影响检测质量的异常修复后，经法定计量检定机构校准或检定合格后方可使用。

（5）对于不需要检定的检测仪器设备，按照其性质或使用说明书进行功能性检查，做好详细记录，并加强维护。

（6）对于检定合格的仪器设备，应按"仪器设备期间核查程序"将相关记录存入设备档案，见表 3-2-5。

（7）购置的标准物质必须是有证标准物质，必须确保标准物质溯源到国家或国际计量标准，并在有效期内使用。

（8）对仪器设备进行核查。

1）在仪器设备的两个检定周期之间，为确保检测数据的准确、可靠，应按"仪器设备运行检查程序"对检测设备进行核查。

2）检测设备核查的标准物质须经法定计量检定机构检定合格后，在有效期内使用完成。

表 3-2-5　仪器设备期间核查程序

仪器设备期间核查程序					第×版第×次修订				
					颁布日期：××××年××月××日				
仪器设备名称					型号规格				
检查项目					检查日期		年　　月　　日		
仪器设备					计算机				
标定(核查)值	示值	校核值	示值误差/%		标定(核查)值	示值	校核值	示值误差/%	
备注					备注				

(五) 抽样和样品处理

　　检测中心按照相关技术规范或标准实施样品的抽取、制备、传递、储存、处置等，应注意控制抽样和样品处理过程中的影响因素，以确保检测和/或校准结果的有效性。

　　在检测过程中，抽样和样品(送检车辆)的代表性、有效性和完整性将直接影响检测结果的准确性，因此必须对送检车辆实施管理。主要由检测组负责送检车辆的收发、标识张贴、管理。

　　抽样和样品处理的内容和要求如下。

　　(1) 送检车辆以《车辆送检委托书》、号牌号码、车辆类型、车辆发动机号码、车架号码等作为识别标记。

　　(2) 送检车辆按规定停放在指定位置，送检人员先将送检车辆资料交给检测人员，按"检测车辆管理程序"的要求进行。

　　(3) 检测组保证从车辆交给检测人员开始到送检车辆交还给送检员期间的车辆安全(车辆本身有问题或送检人员个人导致的问题除外)。

　　(4) 在质量监督检测过程中，抽样应符合"样品的抽取和处置管理程序"，见表 3-2-6。

表 3-2-6　样品的抽取和处置管理程序

样品的抽取和处置管理程序				第×版第×次修订	
				颁布日期：××××年××月××日	
车辆号码		检测类别		核载/(吨/座)	
车型类别		车辆型号			
车主单位					
维修单位					
检测结果分析：					

续表

评价	检测员	
	技术负责人	
	抽检人	

(六)结果质量控制

检测站按照要求,采用合理有效的质量控制手段,监控检测工作过程,利用质量控制程序和质量控制计划监控检测/校准结果的有效性。其目的是监视检测过程并排除导致不合格、不满意的因素以取得准确可靠的数据和结果。采用合理有效的质量控制手段,可监控检测/校准工作过程,预见可能出现的问题,或及时发现问题出现的征兆,使公司有针对性地采取纠正措施或预防措施,避免或减少不符合标准的结果产生。主要由质量负责人负责质量控制方法的选用、制定,以及质量控制方法实施后的审核;由检测组负责质量控制方法的实施、实施过程的数据记录,并根据数据判断质量控制结果;由技术负责人负责对质量控制方法的有效性进行控制,对判断结果进行核查。

结果质量控制的内容和要求如下。

(1)制定"结果质量控制程序"以监控检测/校准结果的有效性,主要包括(但不限于)以下几项内容,见表 3-2-7。

表 3-2-7 结果质量控制程序

结果质量控制程序				第×版第×次修订			
				颁布日期:××××年××月××日			
序号	参考标准或标准物质	购买人员	厂家名称	监督员	设备管理员	批准人	日期
备注							

1)定期使用有证标准物质(参考物质)进行监控和/或使用次级标准物质(参考物质)开展内部质量控制;

2)参加各检测机构间的比对或能力验证;

3)使用相同或不同方法进行重复检测或校准;

4)对存留样品进行再检测或再校准;

5)分析一个样品的不同特性结果之间的相关性。

(2)运用 PDCA 循环的管理思想对检测过程进行控制。PDCA 循环的分析、建立和实施包括以下 8 个步骤。

1)分析现状,发现品质问题;
2)分析产生品质问题的各种因素;
3)分析影响品质问题的主要原因;
4)针对主要原因,确定组织,制定问题解决方案;
5)执行:按照解决方案组织实施;
6)检查:把执行结果与要求达到的目标进行对比;
7)标准化:总结成功经验,并加以标准化;
8)把未解决或新出现的问题转入下一个PDCA循环。

(3)利用内部手段验证检测工作的可靠性,如盲样检测、留样检测、人员对比、方法对比等;利用外部力量验证检测能力,如检测机构之间的比对和参加能力验证等。在标准更新、人员交替、设备变化和检测质量波动的情况下,尤其应加强技术校核工作。

(4)检测员应记录并分析质量控制的结果数据,记录方式应便于发现其发展趋势。

(5)确定质量控制结果是否可接受的判断依据,即对于每项质量控制结果,如在可接受范围以内,则判断为符合要求、可以接受;如在可接受范围以外,则判断为不符合要求、不可接受。

(6)对于所有被判断为不可接受的质量控制结果,公司应查找原因并采取有计划的纠正措施,消除造成不可接受结果的影响因素。

(7)质量控制应建立在统计技术的基础上,以大量观测数据为依据。

(8)检测人员应对观测数据进行监控,以发现其趋势变化,并根据趋势变化对测量系统做出判断。

(9)定期有计划地进行评审,以及时发现测量系统的变化情况。

(10)实施质量控制时,应尽可能在质量控制数据尚未超出预先设定的标准之前采取措施。

(七)结果报告

检测中心应按照相关技术规范或标准及规定的程序,及时出具检测和/或校准数据和结果,并保证数据、结果及出具的检测报告的准确性、客观性、真实性,以维护企业自身的形象和声誉。综合性能检测报告由交通运输主管部门统一编制和核验;由授权签字人负责检测报告的签发;由检测组负责检测报告的发放和检测报告副本的存档。

结果报告的内容和要求如下。

(1)道路运输车辆技术等级评定及二级维护质量考核检测报告均由交通运输主管部门统一编制,检测报告应信息充足、填写完整、签名齐全、文字简洁、字迹清楚、数据准确、结论正确。其他未做规定的检测报告格式、内容应满足客户的要求或检测方法中的规定,并提供足够的信息,其信息源于检测原始记录。

(2)检测报告采用法定计量单位。

(3)检测报告由检测人员按原始记录输入计算机或由计算机自动采集数据后,在主控计算机室打印,检测报告应由授权签字人签字,盖上检测章后发出。

(4)当发现诸如检测仪器设备有缺陷等情况,而对已发出的检测报告的有效性产生疑问时,应立即以书面形式或电话形式通知送检方,免费为其提供复检。

(5)如需对检测报告做结论性修改的,则必须要求车辆重新上线检测,出具新检测报告单,同时按准则要求,收回原检测报告并归档保存。

(6)未经本站长批准,任何单位或个人不得复制本单位出具的检测报告(完整复制除外),否则本单位保留追究相应法律责任的权利。

(7)如果客户要求以电话、图文传真、电报或其他电子、电磁方式传递检测报告,需由用户提出书面委托,交质量负责人审批,由检测组登记并负责办理,在传递过程中应保持检测报告的完整性和保密性。

(8)由检测组负责检测报告的原始记录、检测报告副本等的存档。

四、检测质量控制影响因素

1. 检测结果的质量

检测结果的质量高低是机动车检测机构关注的重点,但检测质量易受到外界因素的影响,若在检测过程中外界因素发生变化,则势必对检测质量造成影响,导致检测结果超出标准,对检测结果的质量进行控制通常依靠对数据的监视和分析,应采用合适手段如核查标准来预防错误发生或及时纠正错误,确保检测结果的准确性。

2. 检测程序

机动车质量检测的全过程涉及的人员、设备、检测方式、检测设备及环境等因素都会对结果造成影响,多个因素共同作用决定了最终的检测结果。为保证检测结果的有效性,检测机构需要科学制定检测程序,并制订严格而细致的监督计划。

3. 重复项验证

机动车检验工作中重复项验证是必不可少的一个环节,通常重复项验证工作在每个工作日至少一次,且检测数据的误差应保证不超过限定范围;一旦数据误差超出重复性误差允许的范围,或数据发生集合性明显的变异及数据波动程度较大时,需要对相应的检测仪器与设备进行检查和校准,当检测数据的重复性出现变动,不符合实际的机动车状况时,技术人员应再次验证,使之符合实际。

4. 检测机构自身对比

检测机构质量控制是基于统计技术的基础;通过对大量数据进行分析找出控制依据。数据的监控应具有实时性,从而使工作人员掌握变化趋势,结合趋势对整个检测系统做出判断,并且检测方式也需要进行定期评估。

5. 统计数据分析

机动车检验质量在控制过程中的数据应得到详细的记录,以备下一步分析,从而明确其发展趋势。此外,检测数据也为质量控制结果可靠性的评估提供了依据。若每项质量控制结果在给出的标准内,则可判定结果符合要求;反之,若质量控制结果超出标准限定范围则结果不符合要求。一旦出现结果不符合要求的情况,技术人员需要及时找到原因并纠正,以消除潜在的不良影响。

6. 检测结果之间的对比试验

在对比检测结果的过程中应严格遵循有关的对比程序,实验室比对检测结果的全部流程根据既定的实验室比对程序执行。

拓展阅读

机动车检验检测机构作为承担机动车性能检验的专业技术组织,能对其出具的检验检测数据、结果负责,并承担相应的法律责任,这些检验检测数据是在检验检测机构规范运行的基础上进行的,需要严格的质量控制,保证检验检测结果的准确性和有效性,为检验检测机构的规范运转提供基础保障。在工作中,检测人员需要自觉遵守规定,自我约束,注重企业质量,提高企业社会信誉。

学习任务三 岗位职责及人员能力验证

工作情景描述

某机动车检验检测机构已经建成,目前为后期机动车安全检测做准备,现在需要学习岗位工作要求和岗位工作职责。若你是相关工作人员,如何做好本职工作保证汽车检测质量?根据机动车检验检测机构的需求,现需要学习机动车检验检测机构岗位职责及岗位机制,确保相关岗位人员能完成相应的工作任务。

学习目标

知识目标
1. 了解检验检测机构组织架构;
2. 掌握检验检测机构岗位人员要求;
3. 掌握检验检测人员实施要求;
4. 掌握各岗位人员投诉处理方式。

能力目标
岗位人员能按照规范完成相应本职工作,并能及时处理各种投诉。

素质目标
养成团队协作与独立作业、质量优先与规范检测的职业素养。

知识准备

技能点 岗位职责、人员能力要求及验证

机动车检验检测机构给出的被检车辆车主的检验检测数据应该是真实、客观、准确和可追溯的。为了确保数据真实可靠,机动车检验检测机构应有自己的组织架构,工作人员应有明确的工作要求和职责,对此应认真负责。

机动车检测人员岗位职责及能力验证

一、机动车检验检测机构组织架构

根据机动车检验检测机构的职责和要求，检验检测机构的组织架构如图 3-3-1 所示，主要有机构负责人、技术负责人、质量负责人、授权签字人、检测人员、质量监督员、仪器设备管理员等人员。除此之外，还有检验校核人员和内审员。

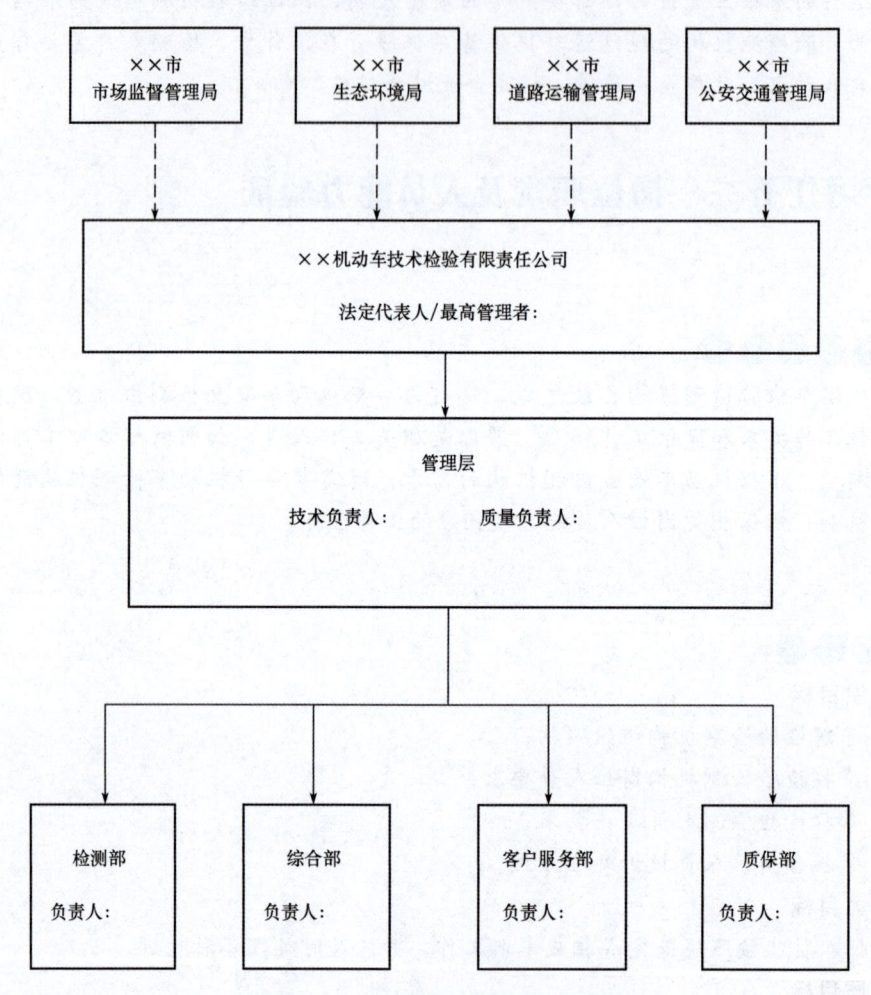

```
┌──────────┐  ┌──────────┐  ┌──────────┐  ┌──────────┐
│  ××市    │  │  ××市    │  │  ××市    │  │  ××市    │
│市场监督管理局│  │ 生态环境局 │  │道路运输管理局│  │公安交通管理局│
└─────┬────┘  └─────┬────┘  └─────┬────┘  └─────┬────┘
      ┆              ┆              ┆              ┆
      └──────────────┴──────┬───────┴──────────────┘
                            ▼
           ┌────────────────────────────────┐
           │   ××机动车技术检验有限责任公司  │
           │   法定代表人/最高管理者：        │
           └───────────────┬────────────────┘
                           ▼
           ┌────────────────────────────────┐
           │            管理层                │
           │  技术负责人：      质量负责人：    │
           └───────────────┬────────────────┘
     ┌────────────┬────────┴────────┬────────────┐
     ▼            ▼                 ▼            ▼
┌─────────┐  ┌─────────┐       ┌─────────┐  ┌─────────┐
│  检测部  │  │  综合部  │       │客户服务部│  │  质保部  │
│ 负责人： │  │ 负责人： │       │ 负责人： │  │ 负责人： │
└─────────┘  └─────────┘       └─────────┘  └─────────┘
```

图 3-3-1　检验检测机构的组织架构

二、机动车检验检测机构岗位要求

各种人员的岗位要求具体如下。

（1）机构负责人。机构负责人应当熟悉机动车检验业务，了解与安检相关的法律法规和标准。

（2）技术负责人。技术负责人应符合以下要求：

1）应具有中级及以上相关专业技术职称并从事相关检验检测工作 3 年及以上，或者具备同等能力。

2)大型客车、校车和危险货物运输车辆检验授权签字人为具有同等能力人员时，从事相关检验检测工作时限要求在原有要求基础上增加2年。

说明：①相关专业技术职称是指车辆工程、动力工程（内燃机）、汽车运用工程、汽车维修工程、汽车检测（技术）、汽车设计制造、汽车试验、汽车服务工程及机械工程、道路运输安全、机电制造、自动化控制、环境工程和环境监测类等技术职称。

②同等能力是指符合《检验检测机构资质认定评审准则》（国家市场监督管理总局公告2023年第21号）规定的同等能力要求；或者车辆工程、汽车运用工程、汽车服务工程等专业大学本科毕业，机动车设计、制造、装配、检测、维修、鉴定评估、整形及改装、汽车电子、汽车营销与服务、汽车新能源等专业大学专科毕业，从事相关检验检测工作3年及以上；或者具有机动车检测、机动车维修、汽车制造、汽车装调、工程机械维修类等技师及以上技能资格（等级），从事相关检验检测工作3年及以上。

③从事相关检验检测工作是指在检验检测机构从事机动车整车检验、在机动车生产企业从事整车检验、在汽车修理企业从事整车检验、从事机动车安全技术检验、机动车排放检验、机动车综合性能检验工作。

3)熟悉相关的法律、法规、标准。

4)熟悉机动车理论与构造、排放控制系统基础知识与组成。

5)熟悉各检验工位业务、流程及相关专业知识。

6)熟悉检验检测仪器设备的结构及性能。

7)熟练掌握检验检测仪器设备的操作规程。

(3)质量负责人。质量负责人应确保管理体系得到实施和保持。质量负责人应符合以下要求：

1)具有汽车运用工程或相近专业大专（含）以上学历和中级（含）以上工程技术职称。

2)熟悉检测技术标准和检测仪器、设备检定规程，熟知计量认证和质量控制要素，胜任检测站全面质量管理工作。

按《检验检测机构资质认定评审准则》（国家市场监督管理总局公告2023年第21号）要求，检验检测机构应有技术负责人，负责技术运作和提供检验检测所需的资源，检验检测机构技术负责人应具有中级及以上专业技术职称或同等能力；检验检测机构应有质量主管，应赋予其在任何时候使管理体系得到实施和遵循的责任和权力。质量主管应有直接渠道接触决定政策或资源的最高管理者；应指定关键管理人员的代理人。

(4)检验检测机构授权签字人。

1)应具有中级及以上相关专业技术职称并从事相关检验检测工作3年及以上，或具备同等能力。

2)大型客车、校车和危险货物运输车辆检验授权签字人为具有同等能力人员时，从事相关检验检测工作时限要求在原有要求基础上增加2年。

3)应熟悉相关的法律、法规、标准。

4)熟悉机动车理论与构造、排放控制系统基础知识与组成。

5)熟悉各检验工位业务、流程及相关专业知识。

6)熟悉检验检测仪器设备的结构及性能。

7）熟练掌握检验检测仪器设备的操作规程。

非授权签字人不得签发检验检测报告或证书。按《机动车检验机构资质认定评审补充技术要求》（市监检测函〔2022〕111号）要求，机动车检验检测机构技术负责人、授权签字人应具有中级及以上相关专业技术职称并从事相关检验检测工作3年及以上，或具备同等能力。大型客车、校车和危险货物运输车辆检验授权签字人为具有同等能力人员时，从事相关检验检测工作时限要求在原有要求基础上增加2年。授权签字人应熟悉相关的法律、法规、标准和安检业务，熟悉机动车的理论与构造，熟悉各检验工位业务、流程及相关专业知识，熟悉检验仪器设备的结构及性能，熟练掌握检验仪器设备的操作规程。

（5）检验员。机动车检验检测机构应按照资质认定要求，配置相应的检验员。机动车检验检测机构检验员应包括（但不限于）登录员、外观检验员、底盘部件检验员、引车员、OBD查验员、排放检验员等。检验员的检验能力应与所承担的机动车检验工作相匹配。

检验员应当具备以下要求：

1）具有高中或中专及以上学历。

2）了解机动车性能、构造及有关使用的一般知识。

3）熟悉检测仪器设备的结构及性能，熟练掌握检测仪器设备的操作规程。

4）了解本机构的检验工艺流程及相关标准；掌握检验项目的技术标准。

5）掌握计算机操作技能，登录员应能熟练使用、管理计算机及其网络系统。

6）引车员应持有与检测车型相对应的有效机动车驾驶证。

7）外观检查员和底盘部位检查员还应当熟悉相应的机动车性能、构造及有关使用的专业知识。

8）机动车检验检测机构应对检验员进行培训，并经考核合格，确认其满足技术能力要求后方可从事相关岗位的检验工作。

（6）检测校核人员。检测校核人员要求如下：

1）负责公正、科学地开展现场检测，填写或校核检测原始记录，在原始记录上签名，对原始记录的准确性负责。

2）当承担校核数据工作时，应检查数据记录是否完整、抄写或录入计算机时是否有误、数据是否异常等，并考虑以下因素：检测方法、检测条件、数据的有效位数、数据计算和处理过程、法定计量单位和质量控制数据等。

3）辅助检测人员可在检测人员指导下进行记录检测数据，整理检测资料。

4）检测人员可编制一般的检测规程，并按检测规程独立进行检测操作，评定检测结果；对现场自身和协助人员及设备、被检样品的安全性负责。

5）负责校对同岗位检测人员的检测结果。

6）参加仪器的验证活动。

7）参加人员培训开展活动。

8）有义务和责任参加新项目、新方法的验证和开发活动。

9）有义务和责任参加内外部的能力验证活动。

10) 负责所涉检测仪器的日常使用、管理和维护，检查并记录仪器的使用状态。

11) 负责出具检测报告。

(7) 设备维护人员要求。设备维护人员应当符合以下要求：

1) 具有相关专业中专或相当于中专(含)以上学历和技术员(含)以上职称。

2) 掌握机动车构造和原理的一般知识。

3) 掌握检测仪器设备的性能和使用要求，具备检测仪器设备管理知识，能对检测仪器设备进行维护、保养、校准。

(8) 内审员。内审员应当符合如下要求：

1) 服从内审组长的安排，参加本站内管理体系的审核。

2) 负责审核范围内，内审检查表的编制、内部审核的开展。

3) 编制审核范围内不符合项报告，参与内审报告的编制。

4) 负责内审结果中审核范围发现的不符合项的识别、纠正措施执行情况的跟踪和验证。

5) 有权力对发现的不符合工作提出暂停。

三、岗位人员实施要求及投诉处理

1. 内部审核的实施要求

(1) 质量负责人依据对站内产生影响的变化和以往的审核结果策划、制订、实施和保持审核方案(审核方案包括频次、方法、职责、策划要求和报告)。

(2) 规定每次审核准则和范围。

(3) 选择审核员并实施审核。

(4) 确保将审核结果报告给相关管理者。

(5) 及时采取适当的纠正和纠正措施。

(6) 保留形成文件的信息，作为实施审核方案及做出审核结果的证据。

2. 内部投诉的处理原则

(1) 机构应给内部人员创造良好的工作环境，注意员工的心理发展，减少内外部不当因素对员工工作或活动的影响。

(2) 机构理顺文件规定和上下层工作衔接关系，减少互相矛盾的描述，避免造成员工对文件歧义的理解和相互工作的冲突及对工作的推诿。

3. 外部投诉的处理原则

(1) 外部投诉的处理原则。结合事件发生的原因及服务人员当时的心理因素，应对当事人进行告诫、处罚、调离岗位、待岗直至辞退等不同级别的处理。

(2) 数据异常/报告错误。根据要求修订，更换手册内容，并对客户解释，获得客户的谅解，如因数据使客户遭受损失时，相关当事人应承担必要的经济或法律责任。

(3) 约定的事项未履行。根据是否有可证明的记录事前已经告知了客户为前提，对相关当事人进行处理，并承担必要的经济或法律责任。

(4) 约定/检测偏离已告知。以可证明的书面形式告知过客户，得到过可证明的口头、书面、电子信息等形式的回复记录，则可以合理拒绝客户的投诉要求。

(5)主管人员。投诉受理的主管人员应就这些投诉所涉及的不符合检测工作的内容进行调查。

(6)数据异常/报告错误。机构应根据调查的结果，开展纠正活动，形成纠正措施，并将纠正措施实施结果反馈给客户或其他方面，得到相关方的反馈。

拓展阅读

机动车检验检测机构是综合运用现代检测技术对机动车实施不解体检测、诊断的事业性或企业性机构。机动车检验检测机构及其人员应不受来自内外部的、不正当的商业、财务和其他方面的压力和影响，确保检验检测数据、结果的真实、客观、准确和可追溯。作为检测人员，应明确企业使命，根据企业宗旨明确自己的责任，诚实守信，爱岗敬业，不断提高自己的专业技能和知识水平。

学习任务四　仪器设备检定及校准

工作情景描述

机动车检验检测机构的仪器设备具有用量大、使用条件复杂、使用频率高、专业性强、质量要求高的特点。这些仪器设备在使用过程中，要求反应灵敏，测量值精确，所以需要定期检定及进行使用期间核查。

根据《检测和校准实验室能力的通用要求》(GB/T 27025—2019)的内容，现需要学习机动车检验检测仪器设备检定及期间核查的要求和方法。

学习目标

知识目标

1. 掌握仪器设备运行管理和期间核查的作用及意义；
2. 掌握仪器设备运行管理方式和方法；
3. 掌握仪器设备运行检定要求和方法；
4. 掌握仪器设备期间核查的要求和核查对象选择原则；
5. 掌握仪器设备期间核查的方法和结果处理方式。

能力目标

1. 能按照要求建立检测仪器设备的档案；
2. 能按照要求进行常用检测仪器设备的检定或校准；
3. 能按照要求完成各种检验检测仪器和设备的期间核查。

素质目标

养成团队协作与独立作业、质量优先与规范检测的职业素养。

知识准备

技能点一　仪器设备检定及运行管理（日常维护）

汽车检验检测设备在汽车检测与维修行业具有用量大、使用条件复杂、使用频率高、专业性强、质量要求高的特点，设备仪器的质量直接关系到检验准确性及维修质量、运输质量等，进而影响道路运输安全管理、节能减排政策、技术标准的实施和运输经济发展等诸多方面。因此，为保障产品质量，需要政府、设备生产企业、使用单位等共同实施不同的质量管理与使用方式。这里介绍仪器设备管理、检定及维护的相关内容。

机动车检测设备日常维护

一、检测仪器设备管理

检测仪器设备的管理主要包括质量管理和使用管理。

（一）仪器设备质量管理

汽车检验检测设备的质量管理是一项政策性及技术性较强的工作，因此，我国汽车检验检测设备质量管理应在相关法律法规的框架内，在充分考虑汽车检验检测设备的不同属性、功用和特点的前提下有重点地稳步推进。

目前，汽车检验检测设备质量管理主要有自愿性产品认证、国家质量监督抽查制度、行业质量监督抽查制度等方式中的一种或多种作为不同质量管理方式，将对公共安全、环境保护、卫生健康等产生重要影响的各种质量管理活动有机地联系起来，形成一个稳定而有效的整体。

1. 自愿性产品认证

产品认证是国际通行的规范市场和质量管理的重要手段，有利于转变政府职能、创新产品质量监督管理方式，有利于企业加强产品质量控制，提高市场竞争力，在国民经济建设和社会发展中发挥着越来越重要的作用。

产品认证是认证机构依据技术标准和产品认证实施细则，证明产品持续满足相关技术规范和标准的合格评定活动，是从源头强化质量管理的重要手段。

自愿性产品认证是针对强制性产品认证制度管理范围之外的产品，按照国家统一推行和机构自主开展相结合的方式，结合市场需求，开展自愿性产品认证。

2. 国家、行业质量监督抽查制度

《中华人民共和国产品质量法》规定，国家对产品质量实行以抽查为主要方式的监督检查制度，对可能危及人体健康和人身、财产安全的产品，影响国计民生的重要工业产品及消费者、有关组织反映有质量问题的产品进行抽查。

国家、行业抽查制度是国家或行业主管部门对产品或行业实施质量监管与引导的延续，具有政府行为和行业监督管理特征。国家、行业抽查的技术依据为现行的国家或行业产品标准。

3. 第三方产品检验

第三方产品检验是生产企业按照双方自愿原则，委托具有法定资格的产品检验机构进行的检验，是汽车检验检测设备质量管理方式之一，主要由生产企业委托检验检测机构对其产品进行的质量评定活动。产品委托检验的技术依据为现行的国家或行业标准。产品检验检测机构依据标准或合同约定对产品实施检验，出具检验报告给委托方，一般仅对送检样品的检验结果负责。

(二) 仪器设备使用管理

汽车检验检测设备的使用管理、受控状态，直接影响检测质量，关系到营运车辆检测结果的公正性、准确性、可比性。使用者应重视检测设备的管理，保证检测质量和结果的准确可靠。

1. 检测设备的档案建立

检测设备技术档案是记载和反映仪器设备的结构、性能、使用方法和运行保养状态的历史材料，检测设备购置后应及时建立档案。根据检验检测机构资质认定和汽车维修业开业条件等要求，至少应包括以下内容：

(1) 设备及其软件的名称。
(2) 制造商名称、形式批准标识、系列号或其他唯一性标识。
(3) 对设备符合规范的核查记录。
(4) 当前的地点位置。
(5) 制造商的说明书，或指明其地点。
(6) 所有检定/校准报告或证书。
(7) 设备接收/启用日期和验收记录。
(8) 设备使用和维修记录。
(9) 设备的任何损坏、故障、改装或修理记录。

此外，还应包括购置申请表、购置合同、合格证、保修卡、精度、量程、出厂日期和编号等内容。各设备内部统一编号，单独建档，方便使用和管理。

2. 检测设备的运行记录与日常维护

由于目前我国汽车检验检测设备的生产水平和技术水平还参差不齐，设备使用的故障率还相对较高，因此检测站在使用过程中应不断进行探索和研究，真正做到正确操作、人机密切配合，不断发现检测设备中出现的各种问题。应对所有检测仪器设备的运行状况进行记录及设备正常的维护，设备出现故障进行及时的维修，并在设备档案中详细记载，对掌握设备的性能、及时预防故障的发生具有重要的意义。

目前，汽车检验检测机构均按照政府车辆管理部门的要求，根据检测站计算机控制系统技术规范进行了微机联网，实现了所有检测数据传输和打印的微机操作。检测站应及时发现检测设备、联网设备中存在的问题，例如，检测数据是否合理，设备、灯屏、计算机打印的检测报告之间的数据显示、记录是否一致，如出现问题，应及时检查检测设备、联网设备、灯屏等各部位原因，并及时进行调整、修复。

3. 检测设备管理制度建设

检测设备是检验检测机构、维修企业进行车辆检测、维修的物质资源，应通过一系列的技术、经济和组织措施，建立健全规章制度，对设备的配置与选购、使用与维护、更新与报废全过程进行管理，保持设备处于正常运行状态。制定的管理制度至少包括以下内容：

(1)选购的仪器设备满足现行检测标准、检测参数的需要，做到技术上能够满足使用要求，并保持一定的先进性；经济上合理核算，保证良好的投资效益。

(2)技术负责人全面负责仪器设备的管理工作，技术部门负责仪器设备采购、建档、维护、溯源、报废等工作计划的编制与实施。各检测部门负责本部门的仪器设备的日常管理，使用和保管人负责自己使用和保管的仪器设备的管理。

(3)主要设备应编制使用操作规程、维护要点、安全注意事项等技术性指导文件。

(4)设备和设施工艺布局合理，固定牢靠，不准超载使用和野蛮操作，防止跌伤、压伤、误伤等人身伤害和机械损坏。

(5)使用和保管人应熟悉设备的技术性能，执行有关技术文件规定，杜绝违章操作。

(6)定期进行维护和性能确认，防止超期使用和带病运行。

(7)使用和保管人应随时掌握所管设备的技术状况，及时排除故障，遇有疑难问题要向技术部门反映，安排专业人员维修。

(8)每次使用均应仔细检查并做好有关使用记录。

(9)保护设备的使用环境，夏天防止阳光直晒，冬季注意充分预热，经常注意避免电磁干扰，减少异常振动，杜绝在潮湿、油污、多尘等污染环境中使用。

(10)对超过使用年限、无法恢复正常工作的仪器设备，按照固定资产管理规定进行报废处置。

(三)仪器设备的标识管理

对所有需要检定/校准的仪器设备，包括标准物质应贴有明确其计量特性的颜色状态标识。该标识应包括仪器设备名称、编号、检定/校准(定值)日期、检定/校准(定值)单位名称、有效期或停用日期，标准物质还应有标称值，便于仪器设备现场管理。

通常，状态标识包括绿色、黄色、红色三种。

(1)绿色为合格标识，表示通过周期检定/校准，能满足规定要求。

(2)黄色为准用标识，表示有部分指标准确度不合格(如多功能仪器设备某一功能或多量程仪器设备某一量程)，应限制使用，注明限制范围。

(3)红色为停用标识，表示不合格或仪器设备性能无法确定(如超出检定/校准周期)，检测设备使用中出现故障、损坏等现象，应停止使用。

二、检测仪器设备检定

检测设备是对营运车辆的技术状况做出准确的定量测试和科学判断的专用计量器具。按照《中华人民共和国计量法》的有关规定，应当定期对其进行检定或校准。

检验检测机构的检测仪器设备在整个使用周期都需要计量管理。计量检定是指评定计量器具的计量性能，确定其所进行的全部工作是否合格，也是查明和确认计量器具是否符合法定要求的程序，包括检查、加标记和(或)出具检定证书。计量检定是进行量值传递的重要形式,是保证量值准确、可靠、一致的重要措施。

(一)设备检定与设备校准

计量管理离不开量值溯源,而实现量值溯源的主要手段是检定和校准。

检定分为首次检定和后续检定。首次检定是对未被检定过的测量仪器进行的检定;后续检定是测量仪器在首次检定后的一种检定,包括强制周期检定和修理后检定。检验检测机构新购的仪器设备安装调试完毕后,都应按首次检定要求进行。因为这些设备都要安装联网测试,与二次仪表、工控机配合使用,安装精度、联网方式都会影响测量结果。周期检定有效期内的检测设备,在使用过程中出现故障、失准或修理后,应重新进行检定,经检定合格后方可继续投入使用。

校准是在规定的条件下,为确定测量仪器或测量系统所指示的量值,或实物量具或参考物质所代表的量值,与对应的由测量标准所复现的量值之间关系的一组操作,对校准的设备应进行设备有效性使用评价。

(二)检测设备检定/校准(溯源)单位选择

检测设备的检定/校准应由法定计量机构执行。

法定计量机构是指负责在法制计量领域实施法律或法规的机构,可以是政府机构,也可以是国家授权的其他机构。其主要任务是执行法制计量控制。各级政府市场监督管理部门依法设置的法定计量检定机构和授权建立的计量技术机构是合法的计量机构。

计量技术机构通过计量标准考核,才能取得"计量标准考核证书",计量标准是计量标准器具的简称,用于检定其他计量标准或工作计量器具。它把计量基准所复现的单位量值逐级传递到工作计量器具,以及将测量结果在允许的范围内溯源到国家计量基准的重要环节。通过法定计量检定机构考核,才能取得"专项计量授权证书",具备法定计量机构资格。

因此,在选择量值溯源单位时,应首先要进行合格供应商评价,选择具备资质的溯源单位,要求检定机构提供"专项计量授权证书""计量标准考核证书",查看是否具备开展要求溯源的仪器设备检定/校准能力。对照计量标准项目中可开展检定/校准项目是否为自己要求溯源的仪器设备。检定/校准完成,获得检定证书/校准报告,应对证书/报告确认。

法定计量机构考核和计量标准考核都有时效性。因此,在取得检定证书/校准报告后,应首先查看溯源单位考核是否在有效期内。还应查看证书/报告中"送检单位""仪器名称""规格型号""出厂编号"等信息是否填写正确,依据规程是否准确,是否为现行有效版本,提供测量结果数据是否正确等。

三、仪器设备的检定与维护

检验检测机构常用的各种设备检定/校准和维护方法具体如下。

1. 底盘测功机

底盘测功机是用于测量汽车驱动轮输出功率、扭矩(或驱动力)和转速(或速度)的专用计量设备,如图3-4-1所示。其是室内台架模拟道路行驶工况检测汽车动力性的设备,也是测量多工汽车尾气排放和燃料消耗量的道路阻力模拟加载装置。汽车底盘测功系统主要由滚筒机构、动力吸收装置、控制与测量系统和辅助装置等构成。

图 3-4-1 底盘测功机

(1)底盘测功机检定指标。
1)扭力示值误差的允许范围为±1.0%。
2)速度示值误差的允许范围为±0.5%。
(2)底盘测功机维护。底盘测功机需要定期检查、定期润滑及定期检定和校准。
1)定期检查。
①日常检查项目。
a. 检查滚筒启动力矩,判断测机台架内部阻力有无明显增大现象。
b. 检查滚筒轴承、飞轮轴承是否有发热、损坏现象。
②定期检查项目(每3个月)。
a. 各部分螺栓、螺钉紧固情况。通过检测滚筒启动力矩方法判定。
b. 同步带磨损情况。
c. 台架有无明显振动。
2)定期润滑。系统各润滑点,如主、副滚筒轴承等,按使用说明书的要求进行润滑。
3)定期检定和校准。为了保证测量准确,依据《测功装置检定规程》(JJG 653—2003),定期对汽车底盘测功机进行检定,测功装置的检定周期一般不超过1年。

2. 汽车排气分析仪

汽车排气分析仪用于对尾气污染物的检测,如图 3-4-2 所示。目前,国内使用最为广泛的废气分析仪是采用不分光红外吸收原理对 HC、CO、CO_2 的浓度进行检测;采用电化学法对 O_2 和 NO 进行检测。

(1)尾气分析仪校准。设备生产产品标准应符合交通运输行业标准《机动车排气分析仪 第1部分:点燃式机动车排气分析仪》(JT/T 386.1—2017)的要求,对在用的设备检定,依据《汽车排放气体测试仪检定规程》(JJG 688—

图 3-4-2 汽车排气分析仪

2017）。这些标准对汽车排气分析仪均提出了具体的技术要求和检验的条件。

1）测量原理。排气分析系统应由至少能自动测量 HC、CO、CO_2、NO、O_2 五种气体浓度的分析仪器组成。

推荐排气气体分析仪器采用下列工作原理：一氧化碳（CO）、碳氢化合物（HC）和二氧化碳（CO_2）的测量采用不分光红外法（NDIR）；一氧化氮（NO）的测量优先采用红外法（IR）、紫外法（UV）或化学发光法（CLD）。对氧（O_2）浓度的测量可以采用电化学法，或其他方法。若采用其他等效方法测量上述气体浓度，应取得生态环境主管部门的认可。

2）测量范围和示值允许误差。排气分析仪在预热后 5 min 内未经调整，应满足表 3-4-1 规定的测量范围和示值允许误差要求。

表 3-4-1　排气分析仪测量范围和示值允许误差

气体	测量范围	相对误差/%	绝对误差
HC	$(0\sim 2\,000)\times 10^{-6}$	±3	$±4\times 10^{-6}$
	$(2\,001\sim 5\,000)\times 10^{-6}$	±5	—
	$(5\,001\sim 9\,999)\times 10^{-6}$	±10	—
CO	$(0.00\sim 10.00)\times 10^{-2}$	±3	$±0.02\times 10^{-2}$
	$(10.01\sim 14.00)\times 10^{-2}$	±5	—
CO_2	$(0.0\sim 16.0)\times 10^{-2}$	±3	$±0.3\times 10^{-2}$
	$(16.1\sim 18.0)\times 10^{-2}$	±5	—
NO	$(0\sim 4\,000)\times 10^{-6}$	±4	$±25\times 10^{-6}$
	$(0.0\sim 25.0)\times 10^{-2}$	±5	—
O_2	$(0.0\sim 25.0)\times 10^{-2}$	±5	$±0.1\times 10^{-2}$

注：表中所列绝对误差和相对误差，满足其中一项要求即可

3）重复性。排气分析仪的重复性要求见表 3-4-2，由检查口输入标准气体时记录的所有最高与最低读数之差，以及由探头输入标准气体时记录的所有最高读数与最低读数之差都应满足表 3-4-2 中的要求。

表 3-4-2　排气分析仪的重复性要求

气体	量程	相对误差/%	绝对误差	量程	相对误差	绝对误差
HC	$(0\sim 1\,400)\times 10^{-6}$	±2	3×10^{-6}	$(1\,400\sim 2\,000)\times 10^{-6}$	±3%	—
CO	0.0%～5.00%	±2	0.02%	—	—	—
CO_2	0%～10%	±2	0.1%	10%～16%	±3%	—
NO	$(0\sim 4\,000)\times 10^{-6}$	±3	20×10^{-6}	—	—	—
O_2	0～25%	±3	0.1%	—	—	—

注：表中所列绝对误差和相对误差，满足其中一项要求即可

4)抗干扰性。排气分析仪的抗干扰性要求见表3-4-3。

表3-4-3　排气分析仪抗干扰性要求

气体	量程	相对误差/%	绝对误差	量程	相对误差	绝对误差
HC	$(0\sim1\,400)\times10^{-6}$	±0.8	2×10^{-6}	$(1\,400\sim2\,000)\times10^{-6}$	±1%	—
CO	0.0%～5.00%	±0.8	0.01%	—	—	—
CO_2	0%～10%	±0.8	0.1%	10%～16%	±1%	—
NO	$(0\sim4\,000)\times10^{-6}$	±1.0	10×10^{-6}	—	—	—
O_2	0～25%	±1.5	0.1%	—	—	—

注：表中所列绝对误差和相对误差，满足其中一项要求即可

5)仪器显示分辨力。气体分析等测量仪器显示的最小分辨力要求见表3-4-4。

表3-4-4　测量仪器显示的最小分辨力要求

项目	最小分辨力
HC	1×10^{-6}
NO	1×10^{-6}
CO	0.01×10^{-2}
CO_2	0.1×10^{-2}
O_2	0.02×10^{-2}
转速	10 r/min
车速	0.1 km/h
负荷	0.1 kW
相对湿度	1% RH
干球温度	0.1 K
环境大气压力	0.1 kPa

6)排气分析仪传感器的响应时间。排气分析仪传感器的响应时间定义如下。

①上升响应时间：当某种气体被引入传感器样气室入口时，从传感器的输出指示对输入气体开始有响应起，至输出指示达到该气体最终稳定浓度读数的给定比例，所经历的时间。标准规定了以下两种上升响应时间。

a. T_{90}：自传感器对输入气体有响应起，至达到最终气体浓度读数90%所需的时间。

b. T_{95}：自传感器对输入气体有响应起，至达到最终气体浓度读数95%所需的时间。

②下降响应时间：将正在进入传感器样气室入口的某种气体的通路切断时，从传感器的输出指示开始下降的时刻起，至输出指示达到该气体最终稳定浓度读数的给定比例，所经历的时间。标准规定了以下两种下降响应时间。

a. T_{10}：自传感器的输出指示开始下降起，至达到气体稳定浓度读数10%所需的

时间。

b. T_5：自传感器的输出指示开始下降起，至达到气体稳定浓度读数 5% 所需的时间。

分析仪传感器的响应时间应满足表 3-4-5 的要求。

表 3-4-5　分析仪传感器的响应时间要求

	各种传感器允许的最大响应时间/s	
	HC、CO、CO_2	NO
T_{90}	3.5	4.5
T_{95}	4.5	5.5
T_{10}	3.7	4.7
T_5	4.7	5.7

（2）分析仪检查。排气分析仪应能够自动进行并完成 HC、CO、CO_2、O_2、NO 的零点和量距点检查。在检查过程中应将浓度读数修正到规定公差的中值。启动检查程序之后，排气分析仪的各检测通路都应确实被修正，不应仅对排气分析仪的检查点进行检查，即使排气分析仪的读数是在允许的公差范围内，也应修正到标准气浓度的中值。

1）泄漏检查。排气分析仪应能够自动进行和完成泄漏检查，气体泄漏检查时间不应超过 5 min。分析仪的设计应保证检查气体的流失最少（24 h 内不超过 0.1 L）。

2）零点和量距点漂移。当排气分析仪的零点和/或量距点的漂移量超出分析仪的自动调整范围时，排气分析仪应锁止，不允许继续进行排放测量，并发出维护检修提示。排气分析仪使用说明书中应明确规定发生漂移锁止的临界值。

3）零点漂移。在 1 h 时段内的零点漂移不能超过表 3-4-1 中的准确度要求，在 10 min 内无峰值大于 1.5 倍精度公差的周期性变化。

4）量距点漂移。在第一小时内，量距点漂移不能超过表 3-4-1 中的准确度要求，在第二、第三小时内，量距点漂移不能超过表 3-4-1 中准确度要求的 2/3。

（3）分析仪维护保养。

1）为确保仪器能够长期正常稳定工作，必须根据操作使用说明书要求备用耗材，当仪器锁止时快速检修更换耗材。常用耗材备品见表 3-4-6。

表 3-4-6　常用耗材备品

名称	使用周期/车次	现象
前置过滤器	50	脏，湿透，造成气路阻塞，偶尔破损漏气
湿气路滤芯	500	脏，造成气路阻塞
干气路滤芯	500	脏，造成气路阻塞

2）在日常操作使用中，采样探头及采样管在使用完成后应挂起，防止探头和采样管放在地面上抽吸粉尘和水，也避免遭遇踩踏和车轮压过造成破损漏气。

3）冬季时，采样探头及采样管在使用完成后应及时收回至室内，防止气路内部结冰阻塞气路。

4）下班前将采样探头挂起，并保持继续开泵抽气 10 min 以上，充分排除机内废气后再关机，防止水气在仪器内冷凝，影响第二天开机使用。

3. 不透光烟度计

不透光烟度计是用来测量装有压燃式发动机汽车排放可见污染物的仪器，如图 3-4-3 所示。测量原理：不透光烟度计是利用透射光衰减率原理来测量排气烟度的典型仪器。当光束通过一段设定长度的气室时，通过测量烟气中颗粒物对光的吸收程度来衡量颗粒物的污染程度。不透光烟度计主要由取样探头、测量部件、控制系统和显示仪表等组成。

图 3-4-3　不透光烟度计

（1）校准指标。

指标：示值误差±2.0%。

设备：标准滤光片。

（2）维护保养。不透光烟度计的采样部分直接暴露在烟气排放出口，工作环境相对恶劣，因此，每天必须检查仪器，并对参与测量的部件进行维护。其方法如下：

1）保持采样探头进气孔通畅，采样管自然弯曲，不折弯。检测结束后将采样管和采样探头取下，认真揩擦、清除表面积炭，并用压缩空气吹除管内积炭。

2）擦除风帘进风口和出风口的炭灰，防止积炭和飘尘进入仪器，而影响测量结果。

3）检查光通道光强值是否达到仪器要求，如光强较弱，则要检查镜片并清除镜片表面积炭。

4）仪器的计量检定。不透光烟度计按《透射式烟度计检定规程》（JJG 976—2024）定期进行计量检定，建议每周进行一次自校准。

4. 机动车前照灯检测仪

检测机动车前照灯的发光强度及光束照射位置（光轴偏移量）的测量，如图 3-4-4 所示。

（1）检定。检测方法执行标准《机动车运行安全技术条件》（GB 7258—2017），仪器的技术条件应符合产品标准《机动车前照灯检测仪》（JT/T 508—2015），在用的仪器计量检定时参考《机动车前照灯检测仪检定规程》（JJG 745—2016）。

1）检测范围。

图 3-4-4　机动车前照灯检测仪

①远光发光强度：不小于 12 000 cd 或发光强度的示值误差不大于±12%。

②光束照射方向偏移值或偏转角。

a. 水平方向：左偏不小于 524 mm/10 m 或 3°00′，右偏不小于 524 mm/10 m 或 3°00′。

b. 垂直方向：上偏不小于 262 mm/10 m 或 1°30′，下偏不小于 524 mm/10 m 或 3°00′。

c. 前照灯基准中心离地高度的检测下限不大于 400 mm，检测上限不小于 1 300 mm。

2）测量误差。

①远光发光强度示值误差。远光发光强度示值误差不大于±10％。

②光束照射方向示值误差。

a. 远光光束照射方向偏移值或偏转角的示值误差不大于±35 mm/10 m 或±12′。

b. 近光光束照射方向偏移值或偏转角的示值误差不大于±44 mm/10 m 或±15′。

3）前照灯基准中心离地高度示值误差。前照灯基准中心离地高度示值误差不大于±10 mm。

(2) 定期维护。

1）前照灯检测仪的立柱应保持清洁，定期加润滑油，以利运行。

2）导轨的表面应保持洁净、平滑，去除沙粒、油泥、小石子、铁屑等，严禁加油润滑表面。

3）底座与地面的间隙较小，一般还装有位置传感器等，要及时清除导轨范围内的沙粒及积水等，防止阻碍灯光仪移动或产生误动作。

4）为了保证测量准确，应按《机动车前照灯检测仪检定规程》(JJG 745—2016)定期进行计量检定和自校准。检定周期：一次/12 个月；自校准周期：一次/6 个月。

5. 滚筒反力式制动检验台

汽车的制动性能是保障汽车安全性的重要指标之一。滚筒反力式制动检验台（图 3-4-5）可检测车轮阻滞力和驻车制动力。反力式制动检测过程可包括制动器作用阶段和持续制动阶段，故可检查车轮的蹄、鼓接触配合状况，判断制动鼓的失圆度。

图 3-4-5 滚筒反力式制动检验台

(1) 检定参数。

1）静态示值误差。滚筒反力式制动检验台的静态示值误差应符合表 3-4-7 的要求。

表 3-4-7 静态示值误差测量范围

测量范围/daN	静态示值误差
≤10％(F·S)	±0.5％(F·S)
>10％(F·S)	±3％
注：1 daN＝10 N	

2）示值间差。在同一荷载的作用下，制动台左、右滚筒组的制动力加载和减载示值间差应不大于该校准点最大允许误差的绝对值。

3)重复性误差。在同一校准点试验,各试验结果间的重复性应不大于该校准点最大允许示值误差绝对值的二分之一。

4)零位漂移。30 min 内,制动台的零位漂移为±0.1%(F·S)或不应超过显示装置分辨力 1 daN,两者取大值。

5)数据采样。滚筒反力式制动检验台制动力的采样频率不应低于 100 Hz。

6)滚筒反力式制动检验台空载动态误差。滚筒反力式制动检验台台架的阻力主要来自支承轴承和减速器旋转部件。在滚筒旋转过程中,滚筒等旋转部件空转阻力会影响制动力和车轮阻滞力的检测结果,因此,该机械阻力越小越好。滚筒反力式制动检验台空载动态零值误差,见表 3-4-8。

表 3-4-8 滚筒反力式制动检验台空载动态零值误差

额定承载质量/t	空载动态零值误差
3	±0.6%(F·S)
10	±0.2%(F·S)
13	±0.2%(F·S)

(2)定期维护。

1)每天需要检查的主要项目。

①检查仪表的功能键是否正常,如果仪表不能正常回零位,则需要校准。

②检查举升器动作是否灵活,检查压缩空气气压是否正常,是否有漏油、漏气现象。

③清理筒上的泥沙、油污、水等杂物。

2)使用 3 个月,除进行上述工作外,还需要检查以下项目。

①检查滚筒轴承的润滑情况并适量加油润滑。

②检查滚筒、减速器、电动机的支撑轴承座的螺栓是否有松动,并紧固。同时检查测力臂与锁紧螺栓的间隙并调整使其达到规定要求。

③检查导线及线路有无损伤或接触不良现象。

3)使用 6 个月,需检查滚筒运转有无异响或损伤,查找原因修复;必要时拆下链条,清洗链条和链轮,并调整链条张紧度。

4)减速器首次运行 3 个月后应换润滑油,以后每 12 个月换一次油。注意检查减速器的润滑油液位,不足时按规定补充润滑油。

5)为了保证测量准确性,滚筒反力式制动检验台应按《滚筒反力式制动检验台检定规程》(JJG 906—2015)定期进行检定和自校准。检定周期:一次/12 个月;自校准周期:一次/6 个月。

6. 汽车侧滑检验台

汽车侧滑检验台用于动态测量汽车转向轮横向侧滑量,如图 3-4-6 所示。

图 3-4-6　汽车侧滑检验台

(1)参数检定标准。

1)示值误差。汽车侧滑检验台测量示值误差应符合表 3-4-9 的要求。

表 3-4-9　汽车侧滑检验台测量示值误差

额定承载质量/t	分辨力/(m·km^{-1})	示值误差/(m·km^{-1})	报警点误差/(m·km^{-1})	示值重复性/(m·km^{-1})
3	±0.1	±0.2	±0.2	0.1
10				
13				

2)零位误差。

①滑板移动 3 m/km 时回复：不超过±0.2 m/km。

②滑板移动 0.4 m/km 时回复：不超过±0.2 m/km。

③零点漂移 30 min 中不大于 0.2 m/km。

3)示值漂移。汽车侧滑检验台滑板位移至 5.00 m/km 并保持稳定，30 min 内，示值漂移不超过±0.20 m/km。

4)数据采集。侧滑量的数据采集频率应不低于 100 Hz。

5)滑板位移同步性。双滑板联动式侧滑台的左、右滑板同步误差不大于±0.10 mm。

(2)定期维护。

1)每天在接通电源预热后，晃动滑板，待滑板停止后，观察显示仪表的侧滑量数值是否为零。如发现失准，需要进行调零。

2)定期检查各种导线有无因损伤而造成接触不良的部位，必要时应进行修理或更换。

3)每使用 1 个月，应重点检查测量装置、蜂鸣器或信号灯在侧滑量超过规定值时能否及时报警或给出侧滑量不合格的信息。

4)使用 3 个月，除做上述维保作业外，还需检查测量装置的杠杆机构和复位等动作是否灵便。如动作不灵活或有迟滞现象，应及时进行清洁和润滑工作，必要时需进行修理或更换有关零件。

5)使用 6 个月后，除进行第 4)项维护工作外，还需要拆下滑动板，检查滑动板下的滚轮及导轨，同时检查各部位有无脏污、变形、锈蚀、磨损等情况，并进行清洁、紧固和润滑，对磨损严重的零部件应酌情更换。

6)为了保证测量准确，应按《汽车侧滑检验台检定规程》(JJG 908—2023)定期进行计量检定和自校准。检定周期：一次/12 个月；自校准周期：一次/6 个月。

四、检测设备的使用维护与封存

检测设备购置后应制订详细的维护计划。按计划进行维护并做好记录，保证其在受控状态下和检定/校准有效期内正常使用。使用人员应通过专业培训，取得相关资格，按操作程序规范操作。

检测设备经过修理或调整后，应经检定/校准合格后方可启用。对长期不用的检测设备应填写封存单，拟报废的检测设备应填写报废申请，经审批后办理封存或报废手续，封存重新启用的检测设备，需经计量性能验证合格后重新出具启用单，如超过检定周期还应检定，经认可后才能投入使用。已封存或报废的仪器设备应及时移出工作场所，暂时没能移动的设备应有明显的停用标识。

技能点二 仪器设备期间核查

仪器设备是实验室开展检测工作的重要工具之一，检测数据的准确性和有效性会直接影响所出具的检测报告的正确性和法律效力。仪器设备一方面要保证精度；另一方面要保证连续稳定地运行。但仪器设备固有的机械、光学、电性和电子等特性，易出现部件损坏、数据漂移现象，可通过期间核查来对仪器的准确性和可靠性进行判定。

机动车检测设备期间核查

一、检测设备的期间核查目的和选择

检测设备的期间核查是根据规定的程序，为了确定测量仪器是否保持其原有状态而进行的操作。通过期间核查评价仪器设备计量特性，并提供测量结果相关性的满意证明，确保仪器设备在两次检定/校准之间保持其校准状态有良好的置信度。

通过期间核查可以反映仪器设备的漂移和稳定性，及时预防和发现仪器设备与参考标准之间量值的差异及减少追溯失准的时间，同时确保仪器设备在 2 次校准期内状态的可信度和仪器设备的有效、稳定及测量结果的准确，以便于及时纠正偏移。核查频次取决于仪器设备自身质量状况、使用环境、使用频繁程度及维护情况。

1. 检测设备期间核查基本要求

(1)期间核查应根据规定的程序和制订的核查计划进行。

(2)检验检测机构应在期间核查计划中确定核查的检测仪器设备、选择核查方法、确定核查频次。

(3)检验检测机构应对检测仪器设备中稳定性不佳的某些参量、范围或测量点进行核查，无须对检测仪器设备的所有功能与全部测量范围进行核查。

(4)机构应保存期间核查记录和期间核查报告，并对期间核查结果进行判定以确认检测设备是否保持了检定/校准时的状态。

2. 期间核查对象的选择

机动车检验检测机构应从经济性、实用性、可靠性、可行性等方面综合考虑，依据有关标准、规程、规范中的规定，或参照仪器技术说明书中制造商提供的方法选择

期间核查对象。

一般应对处于下列情况(但不限于)的仪器设备进行核查：
(1)对检测结果具有重要价值或重大影响的。
(2)使用频繁的。
(3)使用过程中容易受损、数据易变或对数据有存疑的。
(4)脱离检测机构直接控制，如借出后返还的。
(5)使用寿命临近到期的。
(6)首次投入运行，不能把握其性能的。
(7)使用或储存环境严酷或发生剧烈变化的。
(8)根据历年的检定校准结果，示值变动较大的。
(9)曾经过载或怀疑有质量问题的。

二、检测设备的期间核查方法和结果处理

1. 期间核查方法

期间核查的方法有多种，可根据各检测机构特点，从检测设备的特性及经济性、实用性、可靠性、可行性等方面综合考虑。具体方法可执行《机动车检验机构检测设备期间核查规范》(GB/T 37536—2019)。
(1)参照仪器设备技术资料提供方法。
(2)参照自校准规范。
(3)与刚通过检定且合格的同型号仪器设备比对。
(4)与其他检验检测机构同一种测量方法比对。
(5)采用核查标准。核查标准是用于日常验证测量仪器或测量系统性能的装置，有时也称为核查装置。
(6)采用有证标准物质。标准物质是具有足够均匀和稳定的特定特性的物质。其特性被证实适用于测量中或标称特性检查中的预期用途。有证标准物质是附有由权威机构发布的文件，提供使用有效程序获得的具有不确定度和溯源性的一个或多个特性量值的标准物质。

2. 期间核查结果处理

(1)期间核查结果满足要求，表明该检测设备状态保持了检定或校准时的量值，处于受控状态，可继续使用。
(2)期间核查结果满足要求，但存在使用风险趋势时，检验检测机构应对该检测设备进行分析，查找原因，加强维护和跟踪，加大核查频次。依据风险程度采取维修、更换等措施。
(3)若期间核查发现检测设备的技术指标超出预期使用要求时，应立即停止使用。应对被核查检测设备技术状态异常情况进行分析、查找原因，可更换核查方法及增加核查点，必要时应提前进行检定或校准。
(4)在重新检定或校准表明其性能满足要求后方可投入使用，并应立即采取适当的方法或措施，对上次核查后开展的检测工作进行追溯，以尽可能减少和降低设备失准

而造成的风险，维护检验检测机构和客户的利益。追溯需要成本，检验检测机构应从自身资源、技术能力、被检测车辆的重要程度等方面，平衡追溯成本和可能产生的风险。

(5)发现检测设备性能不合格，应对仪器设备造成的影响进行评估，并应对检验过的车辆进行追溯。

三、检测设备期间核查方法

检验检测机构的仪器设备要想保证精度及连续稳定地运行，一定要按照规定做好期间核查。各种设备期间核查的方法如下。

1. 侧滑试验台期间核查

(1)在左台(或右台)安装好百分表和挡板，运算机进入标定界面，选(点)标定状态，按"清零"键。

(2)用微动工具慢慢推动滑板，当侧滑台示值为 3 m/km、5 m/km、7 m/km 时，分别读取百分表示值。

(3)向内、向外各重复 3 次后，运算示值误差。

$$\Delta_i = x_i - S_i/L$$

式中 Δ_i ——第 i 测量点示值误差(m/km)；

x_i ——第 i 测量点侧滑台示值(m/km)；

S_i ——第 i 测量点百分表 3 次示值平均值(mm)；

L ——滑板沿机动车辆行进方向纵向长度(m)。

(4)以上各测量点示值误差不超过±0.2 m/km。左(右)台分别标定。

(5)选(点)停止状态，终止核查工作。

2. 制动试验台期间核查

(1)将标定支架用连接销固定在测力臂上，用调平螺栓调整至支架上平面水平。

(2)核查前必须断开滚筒电动机的电源以确保安全。

(3)选中"标定状态"，按"清零"键，待运算机显示稳固后，给吊篮逐步加砝码：25 kg、50 kg、100 kg、200 kg。

(4)逐级减载至零。

(5)重复 3 次，读取各点相应的制动台示值。

(6)进入软件标定界面，选中"左(或右)制动"，按"标定"键，进入制动标定界面，选中"线性标定"及"标定项目"中的左(或右)制动。

(7)按制动台满量程的 4%、20%、100%(根据实际使用情形，另挑选几个测量点，以保证总测量点数不少于 6 点)逐级加载至满量程；然后逐级减载至零。

(8)重复 3 次，读取各点相应的制动台示值。

3. 不透光烟度计期间核查

(1)核查前先用擦镜纸清洁下位机通道两端凸透镜，进入"滤光片检查"界面，按"校准"键。

(2)校准后，将滤光片插入下位机底部的引导槽。

(3)观察屏幕上显示的不透光度值,重复测量3次。
(4)分别计算出各平均值与相应标准值之差,并按要求进行判定。

4. 排气分析仪期间核查

(1)打开仪器,自动预热10 min。

(2)预热结束后,仪器将进行自动"泄漏检查",仪器液晶显示屏下部出现"用密封套堵住探头,然后按K键"提示时,检验员用密封套堵住探头,按K键确认。

(3)10 s后检漏完毕,如有泄漏,将出现提示:"有泄漏,请检查,按K键再检⋯"检验员应仔细检查整个气路,予以排除。如无泄漏,会出现提示:"OK,按K键退出"。按一下K键后,仪器将进入自动调零。

(4)仪器进入自动调零时,显示屏下部将出现提示:"正在调零,请等待⋯"。如果调零完成,显示屏右下角会显示"OK"。几秒后显示屏进入主菜单,"▼"光标自动选择"测量"子菜单。

5. 前照灯测试仪期间核查

前照灯测试仪期间核查主要包括光强度示值误差的核查和光轴偏移值(角)误差的核查。

(1)光强度示值误差的核查。

1)将校准器光轴偏移值(角)置于零。

2)校准器的发光强度按8、10、15、20、30(kcd)逐次改变,并读取前照灯仪相应发光强度5个示值。

3)重复3次,运算前照灯仪光轴偏移值(角)为零时各测量点发光强度示值误差,应符合要求。

(2)光轴偏移值(角)误差的核查。

1)将校准器发光强度置于15 kcd。

2)分别设定校准器不同的光轴偏移值(角),让前照灯仪自动跟踪测量。

3)示值稳定后读取前照灯仪光轴偏移值(角)的示值。

4)分别运算示值误差。

6. 简易瞬态工况排气检测系统测功机期间核查

简易瞬态工况排气检测系统测功机期间核查主要针对速度和扭力进行,具体如下。

(1)对速度(转速)核查时:

1)在主界面单击"台体校准"→"车速扭力校准"按钮。

2)进入速度(转速)核查界面,勾选"车速信号"复选框,按"清零"键将车速信号清零。

3)手动旋转频率调剂旋扭,由变频柜驱动测功机滚筒稳步加速旋转。

4)在速度示值分别约为25 km/h、48 km/h时用测(转)速仪测量实际速度(转速)。

5)重复测量3次,读取各点相应示值。

6)运算各点每次示值误差,取以平均值作为该点核查值,应符合规定的示值误差的要求。

(2)对扭力核查时:

1)将标定支架用连接销固定在测力臂上,用调平螺栓调整至支架上平面水平。

2)核查前必须断开滚筒电动机(变频器)的电源以确保安全。

3)在主界面单击"台体校准"→"车速扭力校准"按钮,进入扭力核查界面,勾选"扭力信号"复选框,按"清零"键信号清零,待运算机显示稳固后,给吊篮分别逐步加砝码至 25 kg、50 kg。

4)然后逐级减载至零。

5)重复 3 次,读取各点相应示值。

6)运算示值误差,取平均值为该点核查值,应符合规定示值误差要求。

7. 柴油车加载减速工况法不透光烟度检测测功机期间核查

柴油车加载减速工况法不透光烟度检测测功机期间核查主要针对速度和扭力进行,具体如下。

(1)对速度(转速)核查时:

1)在主界面单击"台体校准"→"车速扭力校准"按钮。

2)进入速度(转速)核查界面,勾选"车速信号"复选框,按"清零"键将车速信号清零。

3)待运算机显示稳固后,将变频柜置于手动控制模式。

4)单击"电机启动"按钮,接通 812 卡 7、8 通道控制信号。

5)手动旋转频率调剂旋扭,由变频柜驱动测功机滚筒稳步加速旋转。

6)在速度示值约为 70 km/h 时用测/转速仪测量实际速度(转速)。

7)重复测量 3 次,读取各点相应示值。

8)运算各点每次示值误差,取以平均值作为该点核查值,应符合规定的示值误差的要求。

(2)对扭力核查时:

1)将标定支架用连接销固定在测力臂上,用调平螺栓调整至支架上平面水平。

2)核查前必须断开滚筒电动机(变频器)的电源以确保安全。

3)将标定支架用连接销固定在测力臂上,用调平螺栓调整至支架上平面水平。

4)核查前必须断开滚筒电动机(变频器)的电源以确保安全。

5)在主界面单击"台体校准"→"车速扭力校准"按钮,进入扭力核查界面,勾选"扭力信号"复选框,按"清零"键信号清零,待运算机显示稳固后,给吊篮分别逐步加砝码至 25 kg、50 kg。

6)然后逐级减载至零。

7)重复 3 次,读取各点相应示值。

8)运算示值误差,取平均值为该点核查值,应符合规定示值误差要求。

8. 流量分析仪期间核查

(1)仪器预热并氧化锆调零后,用标准气体对仪器进行最大允许误差核查。

(2)重复读取 3 次,取算术平均值。

(3)重复性误差是指测量数据的最大值与最小值之差和标准值之比。

(4)该运算值均应符合规定的示值误差要求。

9. 轴（轮）重仪期间核查

(1) 进入运算机软件标定界面，选中"制动"（与制动在同一标定界面），单击"标定"按钮，进入轴重标定界面，选中"线性标定"及"标定项目"中的左/右重量。

(2) 选中"标定状态"，按"清零"键，接着开始对台体加力，并观察运算机示值。

(3) 砝码核查：按选定测试点加载砝码，进行示值误差运算。

(4) 测力传感器核查：现场核查条件有限时，通过千斤顶施加荷载，在压力传感器示值达到测试点时，读取轮重仪示值。

拓展阅读

机动车检验检测机构的仪器设备具有用量大、使用条件复杂、使用频率高、专业性强、质量要求高的特点。这些仪器设备在使用过程中，要求反应灵敏、测量值精确，所以需要进行定期检定及使用期间核查。仪器设备是企业劳动工具，检测人员应按照规范认真维护设备，使设备保持良好的工作状态，保证机动车检测数据的准确性。

学习任务五　联网安全及软件确认

工作情景描述

某机动车检验检测机构正在组建中，场地已经建成，需要做联网安全和软件确认方面的工作，以确保检验检测机构能够做好数据保护工作。若你是相关 IT 工作人员，该怎样做好联网安全及软件确认的相关工作？请你学习机动车检验检测机构联网安全及软件确认方面的知识，完成相关检测车辆数据保护任务。

学习目标

知识目标

1. 掌握机动车检验检测机构确保联网安全应该采取的措施；
2. 掌握机动车检验检测机构确保联网安全的使用规范；
3. 掌握机动车检验检测机构软件确认的内容和步骤；
4. 掌握机动车检验检测机构检验检测标准和方法的确认。

能力目标

1. 能按照要求进行软件确认确保检测机构联网安全；
2. 能按照要求进行检验检测机构软件的确认；
3. 能按照要求进行检验检测标准和方法的确认。

联网安全及软件确认

素质目标

养成团队协作与独立作业，质量优先与规范检测的职业素养。

知识准备

技能点 联网安全的规范及软件确认步骤

在汽车性能检测中，联网安全是一个极其重要的话题，因为随着汽车技术的不断发展，越来越多的汽车和设备与互联网相连，从而存在着被黑客攻击和信息泄露的风险。为了确保汽车的网络安全，机动车检验检测机构需要采取一些措施。

一、联网安全

(一)联网安全的规范

联网安全是汽车性能检测中需要特别关注的一个方面，并需要采取适当的技术和管理措施来保障系统的安全性、完整性、可用性。规范操作汽车检测互联网的要求如下。

1. 一机两用

严格遵守公安信息网的计算机入网、维修、退网、使用的规定，坚决杜绝"一机两用"行为。"一机两用"行为的具体表现如下。

(1)连入公安信息网的计算机，同时通过专线、代理服务器或拨号入网方式接入国际互联网或其他网络。

(2)连入公安信息网的计算机，在断开公安信息网连接后，又接入国际互联网或其他网络。

(3)将存有公安内部信息的计算机连入国际互联网或其他网络。

(4)连入公安信息网的计算机，使用未经杀毒处理过的、存有从互联网或其他网络下载数据资料的软盘、移动硬盘、硬盘或光盘。

(5)运行公安应用系统的服务器连入国际互联网或其他网络。

(6)其他将公安信息网直接连接互联网或将公安信息数据传输到互联网或其他网络的行为。

2. 数据信息保密

对以下源于公安信息网、查验专网、检验专网、考试专网等公安专用网络数据信息妥善保密，不得提供给第三方使用。

(1)因合作方使用需要，由交警支队车管所提供给合作方的接口数据、接口序列号、业务数据及接口文件信息。

(2)各业务系统使用过程中的各种最终成果，包括但不限于系统拓扑结构、业务应用数据、技术文档等。

(3)公安信息网、查验专网、检验专网、考试专网等所涉及的图纸、电子文件、数据、技术、设备及与项目相关数据信息。

3. 不发生危及公安网络安全的行为

危及公安网络安全的行为如下：

(1)在各专网内创建网上聊天室、BBS、非法网站,建立游戏服务器。

(2)在各专网内以任何形式存储或共享游戏、电影等与公安工作无关信息资源。

(3)在各专网上发布涉密信息或不良信息。

(4)在各专网计算机上安装任何游戏、BT下载、聊天工具等与工作无关的软件,开展任何与公安工作无关的活动。

(5)未经许可私自更改应用系统软件、硬件配置。

4. 严格管理公安网络信息安全各项业务

对本单位使用的设备进行严格管理,确保公安网络信息安全及各项业务正常开展。

(1)建立定期安全检查制度。按照"谁使用、谁负责,谁管理、谁负责"原则,对本单位使用终端进行安全检查,及时发现系统设备中存在的管理密码弱口令、系统漏洞、木马入侵等安全隐患。

(2)严格落实专人管理制度。采取设置管理员账号/强口令密码,关闭未使用及不必要端口,并要对已用的端口实现 IP 地址、MAC 地址和交换机端口捆绑通信等安全措施,强化安全加固、严格访问控制,及时发现堵塞存在的网络安全漏洞,消除安全隐患。

(3)建立健全机房管理制度。加强人员管理,确保公安网络信息安全及业务正常开展。

(二)联网安全措施

为了确保汽车性能检测中的联网安全,要从保护数据、防止黑客攻击、检查软件更新、实施访问控制、建立网络防御、培训工作人员等方面采取措施。具体措施如下。

1. 保护汽车数据

保护汽车数据是汽车性能检测中联网安全的一个重要方面。在汽车性能检测过程中,车辆的数据可能会被收集并传输到云端或数据中心,这就意味着这些数据会受到网络攻击和黑客威胁。因此,需要采取适当的措施来保护这些数据的安全,如使用加密技术、数据备份等。

汽车数据包括车辆行驶数据、车辆诊断数据、车主个人信息、车辆娱乐信息等,这些数据若被黑客攻击或泄露,将对车主的生命安全和财产安全造成极大威胁。保护汽车数据的具体措施如下。

(1)数据备份。定期备份车辆数据是保护汽车数据的一个重要措施。备份数据时需要做到稳定、安全、灵活和及时,确保数据不会丢失和被黑客攻击。

(2)数据加密。加密车辆数据能够有效地保护数据的机密性和完整性。对于敏感数据,需要采用高强度的数据加密算法,如 AES 加密,确保数据在传输和存储过程中都得到保护。

(3)访问控制。访问控制是保护车辆数据免受未经授权访问的一个重要手段。通过对不同用户的身份识别和权限控制,确保只有授权用户才能访问特定数据。

(4)安全升级。随着技术的进步和黑客攻击的不断升级,汽车系统需要及时升级和修复,以确保其在面对新型攻击时仍能保持安全。汽车制造商应该及时推出新的安全升级和修复补丁,以修复现有的漏洞和提高系统安全性。

(5)网络监控。对汽车网络进行实时监控和报警,对恶意活动进行预测和识别,能够保证车辆网络安全。可以利用网络流量分析技术,实时监控车辆网络,发现异常流量和恶意攻击,及时进行处理。

(6)教育培训。培训车主和技术人员有关网络安全的知识,向车主提供关于车辆网络安全的提示。让车主了解潜在的风险和如何保护自己的车辆数据,是保护汽车数据的重要手段。

总之,保护汽车数据是汽车性能检测中不可忽视的一部分,需要综合运用上述安全措施,从多个方面保证汽车数据安全和保密。

2. 防止黑客攻击

黑客攻击是联网安全领域的一项重要威胁,他们可以通过网络入侵车载系统,并控制车辆的操作和功能,从而对汽车数据和驾驶员造成重大危害,甚至可以威胁驾驶员的生命安全。为了防止黑客攻击,需要在汽车系统中加入安全措施,具体措施如下。

(1)强化车辆网络安全防御能力。汽车制造商应该在设计汽车网络系统时考虑网络安全问题,并加入网络安全防御功能,如防火墙、入侵检测、入侵防范等技术手段,以防止黑客攻击。

(2)加强身份认证和授权管理。在汽车联网过程中,身份认证和授权管理至关重要。在汽车网络系统中,只有授权用户才能访问车辆数据和控制车辆,而身份认证是限制非法访问的重要手段。授权用户应该有不同的权限等级,以便对其行为进行管理和监控。

(3)加密和保护数据传输。在汽车网络系统中,传输的数据极其重要,因此需要通过加密技术来保护数据的机密性和完整性。例如,对于车辆位置信息等敏感数据,应该采用数据加密技术,以防止数据被截获或篡改。

(4)对软件进行安全审计。为了防止恶意软件攻击,需要对车辆软件进行安全审计,及时修复漏洞和更新补丁以提高安全性。同时,应该采用官方认证的软件以减少恶意软件的植入。

(5)教育驾驶员和技术人员培训。在汽车联网过程中,驾驶员需要加强网络安全知识,包括注意个人信息保护、密码安全、不轻易打开陌生链接等。为了提高网络安全防范能力,汽车制造商和汽车维修服务商应该提供相关的培训与教育。

(6)加强监管和立法。政府部门应该制定相关的法律法规和监管政策,以促进汽车网络的安全发展。同时,应该向汽车制造商和联网服务提供商进行更严格的要求,以确保车辆安全性。

随着智能汽车的快速发展,黑客攻击的风险也相应增加。因此,汽车制造商和联网服务提供商需要进一步加强车辆网络安全防御能力,及时关注新型攻击形态,采取有效措施保障车辆和驾驶员的安全。

3. 检查软件更新

检查软件更新是联网安全领域中非常重要的一项措施,其能够及时发现并修复软件漏洞。虽然汽车厂商可以通过发布新的软件更新来增加汽车性能和功能,但是这些软件更新也可能会成为黑客攻击的目标。因此,需要定期检查和更新汽车软件,以确保软件被修复和保护。具体的检查软件更新措施如下。

(1)定期检查软件。对于汽车网络系统中的各种软件，包括系统软件、驱动程序、应用程序等，都需要定期检查其是否存在漏洞和安全性问题。定期检查可以自动或手动进行，自动检查可以设置为每周或每月自动检查更新，手动检查则需要由技术人员进行操作。

(2)关注厂商发布的安全公告。汽车制造商和联网服务提供商会在出现漏洞或安全问题时发布安全公告。在收到安全公告后，需要及时检查更新软件，以避免被攻击。

(3)参与软件更新计划。一些汽车制造商和联网服务提供商会发布软件更新计划，鼓励用户参与更新，以提高汽车网络系统的安全性。

(4)使用自动更新功能。一些软件提供自动更新功能，可以在后台自动检测和下载更新，从而减少手动检查和更新的工作量。

(5)检查软件来源。在下载任何新软件时，需要检查软件的来源，以确保其安全性。建议只从官方网站或正规应用商店下载软件。

总之，检查软件更新是汽车网络安全的重要措施之一，可以降低软件漏洞带来的风险，保护驾驶员和车辆的安全。需要注意的是，由于黑客攻击的不断智能化和变化，检查软件更新必须定期进行并及时更新。

4. 实施访问控制

实施访问控制是联网安全中非常重要的一项措施，可以保护汽车网络系统免受未经授权的访问和攻击。通过实施访问控制，可以限制谁可以访问汽车系统、何时访问、访问目的等，并设置访问权限和密码保护等多重身份验证措施，进一步降低黑客攻击的风险。具体的实施访问控制措施如下。

(1)用户认证。汽车网络系统应要求用户进行认证，例如，要求用户输入用户名和密码等信息。只有经过认证的用户才能访问网络系统和相关信息。

(2)权限控制。汽车网络系统应基于用户身份和访问需求，分配相应的权限。例如，一名普通车主只能访问与驾驶和车辆相关的信息，而技术维护人员和服务中心可以访问更高级别的信息。

(3)访问日志。汽车网络系统应记录所有访问系统的行为，并记录其身份和行为，以便进行审计和分析，及时发现异常活动。

(4)防火墙设置。防火墙是联网安全的重要组成部分，可以用于限制网络流量和阻止未经授权的访问。防火墙应设置为只允许预定义的网络流量访问汽车网络系统，禁止非法流量进入系统。

(5)数据加密。对于汽车网络系统中的数据流，应使用加密技术进行保护，以防止敏感信息被窃取或篡改。例如，车辆位置、行驶方向等信息应进行加密传输。

总之，实施访问控制是汽车网络安全的重要措施之一，可以保护系统免受未经授权的访问和攻击。需要注意的是，由于黑客攻击的不断智能化和变化，访问控制必须定期进行审计和升级，以保持最新的安全性。

5. 建立网络防御

建立网络防御是联网安全中非常重要的一项措施，它可以保护汽车网络系统免受攻击、外部威胁和安全漏洞的影响。这些措施用于建立完整的网络安全防御体系，主要措施包括网络安全设备的安装和配置、不断更新和修复汽车系统中的漏洞、定期进行安全测试和漏洞扫描等措施。建立网络防御的具体措施如下。

(1)检查和更新系统。定期检查和更新汽车网络系统是建立网络防御的首要措施。检查应包括检查安全漏洞、错误配置等；更新应包括及时安装最新的补丁程序和软件更新。

(2)使用防病毒软件。安装和使用有效的防病毒软件可以保护汽车网络系统免受病毒和其他恶意软件与攻击。

(3)配置网络设备。汽车网络系统应配置防火墙和入侵检测系统等网络设备，以限制和检测未经授权的访问和攻击。

(4)实施安全策略。制定安全策略并与所有用户共享，确保所有人都知道如何保护汽车网络系统。策略应包括密码安全性、访问控制、数据保护、物理安全等方面。

(5)定期备份数据。定期备份汽车网络系统中的数据可以保证数据的完整性和可用性，一旦发生攻击，可以及时恢复系统。

(6)培训用户。所有用户都应接受汽车网络系统的安全培训，包括安全意识、自我防御措施、如何巡视网络等。

总之，建立网络防御可以保护系统免受攻击和外部威胁。需要注意的是，网络安全需要不断进行演化和升级，以应对不断变化的安全威胁和攻击。因此，建立网络防御不仅是一次性的行动，也是一个不断升级和改进的过程。

6. 培训工作人员

在汽车性能检测过程中，必须确保检测人员和工作人员具有足够的网络安全意识和知识，以识别和报告意外情况，避免安全漏洞的出现。所以，在联网安全中，培训工作人员是非常重要的一环。他们教授汽车网络系统的用户如何使用和操作系统，以及如何保护系统免受攻击和外部威胁。在联网安全中，培训工作人员的具体职责如下。

(1)培训用户的安全意识。培训工作人员应该教授用户如何识别各种安全威胁，如病毒、钓鱼、网络钓鱼等。同时，其也应该教授用户如何防范这些威胁，并提醒用户注意保护自己的密码、账号等敏感信息。

(2)教授系统使用方法。培训工作人员应该教授用户如何正确地使用或操作汽车网络系统。他们应该告诉用户如何安装、更新和维护系统，以及如何使用各种软件和工具。

(3)培训用户掌握网络知识。培训工作人员应该教授用户基础的网络知识，如数据传输、网络协议、IP地址等。他们应该告诉用户如何利用这些知识来更好地理解系统的工作原理，以及如何发现和解决常见网络问题。

(4)培训用户使用网络设备。培训工作人员应该教授用户如何正确地使用网络设备，如防火墙、入侵检测系统、反病毒软件等。他们应该告诉用户如何配置和使用这些设备，以及如何检测和防范来自网络的攻击。

(5)培训用户应急处理能力。培训工作人员应该教授用户如何应对网络攻击、数据丢失和其他紧急情况。他们应该告诉用户如何备份和恢复数据，以及如何处理系统故障和安全漏洞。

总之，培训工作人员的职责是多方面的，他们应该教授用户如何正确地使用汽车网络系统，并教导用户如何保护系统免受攻击和外部威胁。需要注意的是，培训工作人员应不断学习和更新技能，以适应不断变化的网络安全威胁和攻击。

二、软件确认

(一)软件确认内容

在汽车性能检测中，软件确认是一个非常重要的环节，其主要作用是通过对汽车性能检测软件的检验，确保测试结果的准确性和可靠性。汽车性能检测中软件确认的具体内容如下。

1. 检测软件的版本和文件完整性

检测软件的版本和文件完整性是汽车性能检测软件确认的第一步。进行软件确认的第一步是检查软件的版本和文件完整性，确保软件的版本和文件不受损、没有被修改和污染，可以保证测试结果的准确性，具体有以下几个方面。

(1)检测软件的版本。确认该软件是最新的版本，并且版本号和厂商提供的版本号一致。如果不一致，则需要确认厂商最近是否更新了软件，或是软件安装时未进行更新。

(2)检查软件是否完整。需要检查软件的所有文件是否齐全，确认没有文件损坏或缺失。可以通过比对软件的 MD5 值或 SHA-1 值来验证文件的完整性。

(3)验证软件是否被篡改。需要验证软件是否被篡改或污染。对于下载的软件，可以通过下载站点等渠道检查软件是否受到攻击或污染。

(4)验证软件是否有病毒。需要使用杀毒扫描软件检测是否有病毒或恶意软件。如果有病毒，需要清除病毒后再进行软件确认。

(5)验证软件的数字签名。数字签名可以确保软件来源的可靠性和完整性，通过验证数字签名可以确定软件否是由正规厂商发布。

以上是对检测软件版本和文件完整性方面的详细描述，这些步骤可以确保软件是有效、可靠且不被篡改的。在进行软件确认时，需要严格按照标准要求执行，以保证测试结果的准确性和可信度。

2. 运行环境的确认

确认软件在适当的操作系统和硬件上运行。检查软件是否可以与设备或仪器通信，并确保软件可以在速度和精度方面符合检测标准要求。运行环境的确认是指确保汽车性能检测软件的运行环境满足最低要求，以确保软件的性能和稳定性。具体有以下几个方面。

(1)确认操作系统和版本。需要确保操作系统和版本与厂商的要求相同。例如，某些软件可能只支持 Windows 10 或以上版本，而不支持 Windows XP 或 Windows 7 等旧版本操作系统。

(2)确认计算机硬件要求。需要确认计算机的硬件是否满足性能检测软件的最低要求。例如，检测汽车发动机性能的软件在使用过程中需要较高的计算性能，需要确保计算机的 CPU、内存、硬盘等硬件都满足要求。

(3)确认软件所需的其他安装要求。某些软件在运行之前需要安装其他软件或组件，如 NET Framework 或 Java Runtime Environment 等。需要确认这些软件或组件已经安装并配置正确。

(4)确认网络环境。如果软件需要访问网络或连接到远程服务器，需要确保网络环境和配置满足要求，并且访问权限已经配置正确。

(5)确认外部设备和接口。某些汽车性能测试软件需要接入汽车的诊断接口或其他外部设备，需要确认这些设备和接口已经正确连接，且驱动程序已经成功安装。

以上是对运行环境的确认方面的详细描述，这些步骤可以确保软件在运行过程中得到充分的支持，以达到最佳的性能和稳定性。在进行软件确认时，需要仔细阅读厂商提供的要求和说明，并根据实际情况进行确认和测试。

3. 软件参数的设定

对软件参数进行确认的测试，包括但不限于测试方法、采样率、数据分析、测试时间等。在确认过程中，需要比对软件的参数设置与厂商的测试标准是否一致。软件参数的设定是指在进行汽车性能检测软件的确认时，需要设置软件的一些参数，以确保软件的性能和稳定性。具体有以下几个方面。

(1)测量参数的设定。需要设置该软件用于测量汽车性能的参数，如发动机功率、扭矩、油耗等。这些参数的设定需要根据车型和厂商的建议进行设定，以确保测量结果的准确性。

(2)数据传输参数的设定。如果汽车性能检测软件需要与其他设备或软件进行数据传输，就需要设置传输参数，如时间间隔、数据格式等。这些参数的设定需要根据传输方式和设备的要求进行设定。

(3)点火和燃油系统参数的设定。某些汽车性能检测软件可能需要接入汽车的点火和燃油系统，需要设置相应的参数，如点火时机、油压等。这些参数的设定需要根据汽车厂商的要求进行设定。

(4)软件操作权限的设定。需要设定软件操作权限，以防止未经授权的用户对软件进行修改或擅自操作。这些权限的设定需要根据用户需求和安全要求进行设定。

(5)报告输出参数的设定。汽车性能检测软件可能需要输出测试报告，因此需要设置报告输出参数，如报告格式、输出路径等。这些参数的设定需要根据测试要求和用户需求进行设定。

以上是对软件参数设定方面的详细描述，这些参数的设定需要根据软件的要求和用户需求进行设定，以确保软件的性能和稳定性。在进行软件确认时，需要仔细阅读厂商提供的要求和说明，并根据实际情况进行设定和测试。

4. 实际测试的跟踪

在实际测试中，需要跟踪记录所有的测试参数和测试结果，包括测试日期、车型、车号、驱动轴、测试方法等。这些记录可以追溯到测试过程中所有的操作，从而保证测试结果的可靠性和精确度。在软件确认中，实际测试的跟踪是确保软件符合需求且质量可靠的重要步骤之一。以下是实际测试的跟踪的具体操作步骤。

(1)确定测试用例。测试用例应该根据用户需求和软件功能进行制定。测试用例应该包括各个功能的测试点、测试步骤、期望结果等信息。

(2)执行测试用例。测试人员根据测试用例进行测试,记录测试结果和问题,包括功能测试、性能测试、安全测试等。

(3)记录测试结果。在测试过程中,测试人员需要记录测试结果、测试问题和建议等信息。测试结果应包括测试步骤、测试结果、测试人员、测试时间等信息。测试问题应包括问题描述、问题类别、严重程度、状态、负责人等信息。

(4)跟踪测试问题。测试人员需要根据测试问题的严重程度、影响范围、处理情况等信息对测试问题进行跟踪。对于严重问题,应及时跟进处理情况,跟踪问题处理的进展。

(5)验证测试问题。在开发人员修复问题后,测试人员需要验证问题是否已解决,如果存在未解决的问题,需要重新记录、跟踪和验证。

(6)建立关联。测试人员需要建立测试用例和测试问题之间的关联,以便进行跟踪和管理。在后续的测试过程中,测试人员可以根据测试问题找到相关的测试用例,进而进行测试。

以上是实际测试的跟踪的具体步骤。在软件确认过程中,测试人员需要根据实际情况制订测试计划、执行测试、记录测试结果和问题、跟踪测试问题、验证测试结果等,以确保软件符合需求、质量可靠。

5. 检测结果的核实和分析

通过分析测试结果,确认是否符合预期的标准和误差范围。如果出现异常情况,则需要进行进一步的分析和调整,以确保测试结果的正确性。在软件确认中,检测结果的核实和分析是确保软件符合需求且质量可靠的重要步骤之一。以下是检测结果的核实和分析的具体步骤。

(1)确认测试覆盖率。测试覆盖率是指测试用例覆盖了软件的哪些功能和模块。测试人员需要核实测试覆盖率是否完整,是否覆盖了所有重要的功能和模块。

(2)分析测试结果。测试人员需要对测试结果进行分析,包括测试结果的统计分析、测试问题的分类和分析、测试结果和需求的一致性分析等。

(3)核实问题解决情况。测试人员需要核实测试问题是否得到解决,是否符合需求和设计要求,并确认修改的效果是否良好。

(4)确认测试报告。测试报告是记录测试过程、结果、问题和建议等信息的文档。测试人员需要核实测试报告是否完整、准确、清晰,并确认测试结论是否正确。

(5)确认测试环境。测试环境是指软件运行的各种环境,包括硬件环境、软件环境、网络环境等。测试人员需要核实测试环境是否满足测试需要,是否与生产环境一致。

(6)确认测试数据。测试数据是指用于测试的各种数据和参数。测试人员需要核实测试数据是否完整、准确、规范,以及测试数据是否与生产环境一致。

以上是检测结果的核实和分析的具体步骤。在软件确认过程中,测试人员需要核实测试覆盖率、分析测试结果、核实问题解决情况、确认测试报告、测试环境和测试数据等方面,以确保软件符合需求,质量可靠。

总之，汽车性能检测中的软件确认是确保测试结果准确性和可靠度的重要环节。对软件的确认应该严格按照标准要求进行，以提高测试结果的精确度和可信度。

(二)软件确认步骤

软件确认的具体步骤如下：

(1)软件名称、版本号是否与证书一致。

(2)检测系统软件应能与计算机进行数据传输、储存、判断、自动打印检测报告。

(3)检测系统软件是否具有联网和自动报送功能。

(4)检测过程中是否有明确的各环节操作步骤提示？预留时间是否充分？

(5)软件系统启动后，应有专属操作密码才能进入系统。

(6)储存的检测数据应保证不被人篡改。

(7)软件设计的数据运算、修约及计量单位是否符合《数值修约规则与极限数值的表示和判定》(GB/T 8170—2008)要求。

(8)每次检测前软件系统应进行自检。自检项目应符合《机动车安全技术检验项目和方法》(GB 38900—2020)要求。

(9)机动车整备质量/空车质量检测程序的符合性。

(10)机动车轴(轮)重检测程序的符合性。

(11)机动车制动检测程序的符合性。

(12)机动车灯光检测程序的符合性。

(13)机动车侧滑检测程序的符合性。

(14)系统软件自动记入的录入项目应符合《机动车安全技术检验项目和方法》(GB 38900—2020)要求。

(15)修改和删除检验项目应符合《机动车安全技术检验项目和方法》(GB 38900—2020)要求。

(16)软件应符合《机动车安全技术检验项目和方法》(GB 38900—2020)检验报告标准格式。

(17)确认结果。

拓展阅读

自 2018 年 5 月国务院常务会议决定实施货车年审、年检和尾气排放检验"三检合一"以来，随着业务发展的需要，机动车检测机构的网络环境更加复杂，目前检测站的网络基本包括公安专网、环保专网、互联网(交通运输部门)等多种网络。

在数据应用和共享上，检测站有跨网络数据交换的客观需求，但这也使违规互联、网间穿透等行为频发，再加上大多数检测站经营规模不大，在机房、网络安全、信息安全方面投入不足，未配备专业的技术人员等，在日常管理上缺乏有效的数据安全防护措施，使得检测站存在的安全隐患和问题较多，并且难以实施有效管理。

为了确保汽车性能检测中的联网安全，要做好保护数据、防止黑客攻击、检查软件更新、实施访问控制、建立网络防御、培训工作人员等相关防护，并选好检测软件，设置好软件参数等软件确认方面的工作，这样才能确保检测结果的准确、可靠。

学习任务六　机动车检验检测过程及结论资料归档

工作情景描述

机动车检验检测过程及结论资料归档的作用是保留车辆检验检测的相关信息和结果，以便日后查询和参考。机动车检验检测过程及结论资料的归档对于保障车辆合法合规、维护车主权益、追溯责任、加强安全管理和分析统计具有重要的作用与意义。

这里学习机动车检验检测过程及结论资料归档的内容，完成相关检测车辆数据保存任务。

学习目标

知识目标

1. 掌握各类机动车检验项目；
2. 掌握各类机动车检验检测影像资料归档汇总的要求；
3. 掌握各类机动车检验报告单的填写要求。

能力目标

1. 能按照要求判定各类机动车的检验项目；
2. 能按照要求进行影像资料归档汇总；
3. 能按要求填写各类机动车检验报告单。

素质目标

养成团队协作与独立作业、质量优先与规范检测的职业素养。

知识准备

技能点一　各类机动车检验项目汇总（表格）

通过进行各类机动车检验项目和合格认证，可以提高机动车的安全性、合规性和环保性，也可以保护环境、维护公共秩序，同时提升车辆的质量和可靠性，为道路交通提供更加安全和可持续发展的环境。

一、载客汽车安全检验项目

1. 非营运小型、微型载客汽车

非营运小型、微型载客汽车注册登记及在用机动车安全检验项目分别见表3-6-1、表3-6-2。

表 3-6-1 非营运小型、微型载客汽车的注册登记安全检验项目

序号	检验项目	
1	联网查询	车辆事故、违法、安全缺陷召回等信息
2	车辆唯一性检查	车辆品牌和型号、车辆识别代号(或整车出厂编号)、发动机号码/驱动电动机号码、车身颜色和车辆外形
3	车辆特征参数检查	核定载人数和座椅布置
4	车辆外观检查	车身外观,外观标识、标注和标牌、外部照明和信号装置,轮胎,号牌板(架),加装/改装灯具
5	安全装置检查	汽车安全带、应急停车安全附件
6	底盘动态检验	转向、传动、制动、仪表和指示器
7	车辆底盘部件检查	转向系部件、传动系部件、行驶系部件、制动系部件、其他部件
8	仪器设备检验	空载制动率、空载制动不平衡率、驻车制动、前照灯远光发光强度

注：1. 面包车(发动机中量且宽高比小于或等于 0.9 的乘用车)、7 座及 7 座以上车辆需要开展底盘动态检验、车辆底盘部件检查。
2. 驻车制动使用电子控制装置的汽车,不检验驻车制动。

表 3-6-2 非营运小型、微型载客汽车的在用机动车安全检验项目

序号	检验项目	
1	联网查询	车辆事故、违法、安全缺陷召回等信息
2	车辆唯一性检查	号牌号码和分类、车辆识别代号(或整车出厂编号)、发动机号码/驱动电动机号码、车身颜色和车辆外形
3	车辆特征参数检查	核定载人数和座椅布置
4	车辆外观检查	车身外观,外观标识、标注和标牌、外部照明和信号装置,轮胎,号牌板(架),加装/改装灯具
5	安全装置检查	汽车安全带、应急停车安全附件、副制动踏板、肢体残疾人操纵辅助装置
6	底盘动态检验	转向、传动、制动、仪表和指示器
7	车辆底盘部件检查	转向系部件、传动系部件、行驶系部件、制动系部件、其他部件
8	仪器设备检验	空载制动率、空载制动不平衡率、驻车制动、前照灯远光发光强度

注：1. 面包车(发动机中量且宽高比小于或等于 0.9 的乘用车)、7 座及 7 座以上车辆,以及使用年限超过 10 年的车辆和发生过造成人员伤亡交通事故的送检机动车(属于使用年限在 10 年以内的非营运小型、微型载客汽车的),需要开展底盘动态检验、车辆底盘部件检查。
2. 自学用车还应检验副制动踏板和辅助后视镜。
3. 驻车制动使用电子控制装置的汽车,不检验驻车制动。

2. 其他类型载客汽车的安全检验项目

其他类型载客汽车注册登记及在用机动车安全检验项目见表3-6-3、表3-6-4。

表3-6-3　其他类型载客汽车的注册登记安全检验项目

序号	检验项目	
1	联网查询	车辆事故、违法、安全缺陷召回等信息
2	车辆唯一性检查	车辆品牌和型号、车辆识别代号(或整车出厂编号)、发动机号码/驱动电动机号码、车身颜色和车辆外形
3	车辆特征参数检查	外廓尺寸、核定载人数和座椅布置、客车出口、客车乘客通道和引道
4	车辆外观检查	车身外观、外观标识、标注和标牌、外部照明和信号装置、轮胎、号牌板(架)、加装/改装灯具
5	安全装置检查	汽车安全带、应急停车安全附件、灭火器、行驶记录装置、应急锤、急救箱、车速限制/报警功能或装置、防抱制动装置、辅助制动装置、盘式制动器、制动间隙自动调整装置、发动机舱自动灭火装置、手动机械断电开关、副制动踏板、校车标志灯和校车停车指示标志牌、驾驶区隔离设施
6	底盘动态检验	转向、传动、制动、仪表和指示器
7	车辆底盘部件检查	转向系部件、传动系部件、行驶系部件、制动系部件、其他部件
8	仪器设备检验	空载制动率、空载制动不平衡率、驻车制动、前照灯远光发光强度、转向轮横向侧滑量

注：1. 车辆特征参数检查、安全装置检查时的具体适用项目应与《机动车安全技术检验项目和方法》(GB 38900—2020)提出的车型要求相结合。

2. 驻车制动使用电子控制装置的汽车，不检验驻车制动

表3-6-4　其他类型载客汽车的在用机动车安全检验项目

序号	检验项目	
1	联网查询	车辆事故、违法、安全缺陷召回等信息
2	车辆唯一性检查	号牌号码和分类、车辆识别代号(或整车出厂编号)、发动机号码/驱动电动机号码、车身颜色和车辆外形
3	车辆特征参数检查	核定载人数和座椅布置、客车出口、客车乘客通道和引道
4	车辆外观检查	车身外观、外观标识、标注和标牌、外部照明和信号装置、轮胎、号牌板(架)、加装/改装灯具
5	安全装置检查	汽车安全带、应急停车安全附件、灭火器、行驶记录装置、应急锤、急救箱、辅助制动装置、发动机舱自动灭火装置、手动机械断电开关、副制动踏板、校车标志灯和校车停车指示标志牌、驾驶区隔离设施
6	底盘动态检验	转向、传动、制动、仪表和指示器
7	车辆底盘部件检查	转向系部件、传动系部件、行驶系部件、制动系部件、其他部件
8	仪器设备检验	空载制动率、空载制动不平衡率、驻车制动、前照灯远光发光强度、转向轮横向侧滑量

注：1. 车辆特征参数检查、安全装置检查时的具体适用项目应与《机动车安全技术检验项目和方法》(GB 38900—2020)提出的车型要求相结合。

2. 驻车制动使用电子控制装置的汽车，不检验驻车制动

二、货车(三轮汽车除外)、专项作业车安全检验项目

货车(三轮汽车除外)、专项作业车安全检验项目见表3-6-5、表3-6-6。

表3-6-5 货车(三轮汽车除外)、专项作业车的注册登记安全检验项目

序号	检验项目	
1	联网查询	车辆事故、违法、安全缺陷召回等信息
2	车辆唯一性检查	车辆品牌和型号、车辆识别代号(或整车出厂编号)、发动机号码/驱动电动机号码、车身颜色和车辆外形
3	车辆特征参数检查	外廓尺寸、轴距、核定载人数和座椅布置、栏板高度、悬架、货厢/罐体
4	车辆外观检查	车身外观,外观标识、标注和标牌,外部照明和信号装置,轮胎,号牌板(架),加装/改装灯具
5	安全装置检查	汽车安全带、应急停车安全附件、灭火器、行驶记录装置、车身反光标识、车辆尾部标志板、侧、后、前下部防护、车速限制/报警功能或装置、防抱制动装置、辅助制动装置、盘式制动器、制动间隙自动调整装置、紧急切断装置、副制动踏板、危险货物运输车辆标志、驾驶区隔离设施
6	底盘动态检验	转向、传动、制动、仪表和指示器
7	车辆底盘部件检查	转向系部件、传动系部件、行驶系部件、制动系部件、其他部件
8	仪器设备检验	整备质量、空载制动率、空载制动不平衡率、加载轴制动率、加载轴制动不平衡率、驻车制动、前照灯远光发光强度、转向轮横向侧滑量

注：1. 车辆特征参数检查、安全装置检查时的具体适用项目应与《机动车安全技术检验项目和方法》(GB 38900—2020)提出的车型要求相结合。

2. 三轴及三轴以上的货车,对部分轴(最后一轴及货车第一轴除外)还应测试加载轴制动率和加载轴制动不平衡率;采用空气悬架的车辆,总质量为整备质量1.2倍以下的车辆不测试加载轴制动率和加载轴制动不平衡率。

3. 驻车制动使用电子控制装置的汽车,不检验驻车制动

表3-6-6 货车(三轮汽车除外)、专项作业车的在用车安全检验项目

序号	检验项目	
1	联网查询	车辆事故、违法、安全缺陷召回等信息
2	车辆唯一性检查	号牌号码和分类、车辆识别代号(或整车出厂编号)、发动机号码/驱动电动机号码、车身颜色和车辆外形
3	车辆特征参数检查	外廓尺寸、轴距、核定载人数和座椅布置、栏板高度、悬架、货厢/罐体
4	车辆外观检查	车身外观,外观标识、标注和标牌,外部照明和信号装置,轮胎,号牌板(架),加装/改装灯具
5	安全装置检查	汽车安全带、应急停车安全附件、灭火器、行驶记录装置、车身反光标识、车辆尾部标志板、侧、后、前下部防护、辅助制动装置、紧急切断装置、副制动踏板、危险货物运输车辆标志、驾驶区隔离设施
6	底盘动态检验	转向、传动、制动、仪表和指示器
7	车辆底盘部件检查	转向系部件、传动系部件、行驶系部件、制动系部件、其他部件

续表

序号	检验项目	
8	仪器设备检验	空车质量、空载制动率、空载制动不平衡率、加载轴制动率、加载轴制动不平衡率、驻车制动、前照灯远光发光强度、转向轮横向侧滑量

注：1. 车辆特征参数检查、安全装置检查时的具体适用项目应与《机动车安全技术检验项目和方法》(GB 38900—2020)提出的车型要求相结合。

2. 三轴及三轴以上的货车，对部分轴(最后一轴及货车第一轴除外)还应测试加载轴制动率和加载轴制动不平衡率。采用空气悬架的车辆，总质量为整备质量1.2倍以下的车辆不测试加载轴制动率和加载轴制动不平衡率。

3. 自学用车还应检验副制动踏板和辅助后视镜。

4. 驻车制动使用电子控制装置的汽车，不检验驻车制动。

三、挂车的安全检验项目

挂车的安全检验项目见表3-6-7、表3-6-8。

表3-6-7 挂车的注册登记安全检验项目

序号	检验项目	
1	联网查询	车辆事故、违法、安全缺陷召回等信息
2	车辆唯一性检查	车辆品牌和型号、车辆识别代号(或整车出厂编号)、车身颜色和车辆外形
3	车辆特征参数检查	外廓尺寸、轴距、栏板高度、悬架、货厢/罐体
4	车辆外观检查	车身外观，外观标识、标注和标牌，外部照明和信号装置，轮胎，号牌板(架)，加装/改装灯具
5	安全装置检查	灭火器，车身反光标识，车辆尾部标志板、侧、后、前下部防护，防抱制动装置，盘式制动器，制动间隙自动调整装置，紧急切断装置，危险货物运输车辆标志
6	车辆底盘部件检查	行驶系部件、制动系部件、其他部件
7	仪器设备检验	整备质量、空载制动率、空载制动不平衡率、加载轴制动率、加载轴制动不平衡率

注：1. 车辆特征参数检查、安全装置检查时的具体适用项目应与《机动车安全技术检验项目和方法》(GB 38900—2020)提出的车型要求相结合。

2. 总质量大于3 500 kg的并装双轴或并装三轴挂车，对部分轴(最后一轴除外)还应测试加载轴制动率和加载轴制动不平衡率；采用空气悬架的车辆、总质量为整备质量1.2倍以下的车辆不测试加载轴制动率和加载轴制动不平衡率。

表3-6-8 挂车的在用机动车安全检验项目

序号	检验项目	
1	联网查询	车辆事故、违法、安全缺陷召回等信息
2	车辆唯一性检查	号牌号码和分类、车辆识别代号(或整车出厂编号)、车身颜色和车辆外形
3	车辆特征参数检查	外廓尺寸、轴距、栏板高度、悬架、货厢/罐体
4	车辆外观检查	车身外观，外观标识、标注和标牌，外部照明和信号装置，轮胎，号牌板(架)，加装/改装灯具

续表

序号	检验项目	
5	安全装置检查	灭火器，车身反光标识，车辆尾部标志板、侧、后、前下部防护，防抱制动装置，盘式制动器，制动间隙自动调整装置，紧急切断装置，危险货物运输车辆标志
6	车辆底盘部件检查	行驶系部件、制动系部件、其他部件
7	仪器设备检验	空车质量、空载制动率、空载制动不平衡率、加载轴制动率、加载轴制动不平衡率

注：1. 车辆特征参数检查、安全装置检查时的具体适用项目应与《机动车安全技术检验项目和方法》(GB 38900—2020)提出的车型要求相结合。
2. 总质量大于3 500 kg的并装双轴或并装三轴挂车，对部分轴(最后一轴除外)还应测试加载轴制动率和加载轴制动不平衡率；采用空气悬架的车辆、总质量为整备质量1.2倍以下的车辆不测试加载轴制动率和加载轴制动不平衡率。

四、三轮车的安全检验项目

三轮汽车的安全检验项目见表3-6-9、表3-6-10。

表3-6-9 三轮汽车的注册登记安全检验项目

序号	检验项目	
1	联网查询	车辆事故、违法、安全缺陷召回等信息
2	车辆唯一性检查	车辆品牌和型号、车辆识别代号(或整车出厂编号)发动机号码/驱动电动机号码、车身颜色和车辆外形
3	车辆特征参数检查	外廓尺寸、货厢/罐体
4	车辆外观检查	车身外观，外观标识、标注和标牌，外部照明和信号装置，轮胎，号牌板(架)
5	安全装置检查	应急停车安全附件、车身反光标识
6	底盘动态检查	转向、传动、制动、仪表和指示器
7	车辆底盘部件检查	转向系部件、传动系部件、行驶系部件、制动系部件、其他部件
8	仪器设备检验	整备质量、空载制动率、驻车制动、前照灯远光发光强度

注：驻车制动使用电子控制装置的汽车，不检验驻车制动。

表3-6-10 三轮汽车的在用机动车安全检验项目

序号	检验项目	
1	联网查询	车辆事故、违法、安全缺陷召回等信息
2	车辆唯一性检查	号牌号码和分类、车辆识别代号(或整车出厂编号)、发动机号码/驱动动电机号码、车身颜色和车辆外形
3	车辆特征参数检查	货厢/罐体
4	车辆外观检查	车身外观，外观标识、标注和标牌，外部照明和信号装置，轮胎，号牌板(架)
5	安全装置检查	应急停车安全附件、车身反光标识
6	底盘动态检查	转向、传动、制动、仪表和指示器
7	车辆底盘部件检查	转向系部件、传动系部件、行驶系部件、制动系部件、其他部件

续表

序号	检验项目	
8	仪器设备检验	空载制动率、驻车制动、前照灯远光发光强度
注：驻车制动使用电子控制装置的汽车，不检验驻车制动		

五、摩托车的安全检验项目

摩托车的安全检验项目见表3-6-11、表3-6-12。

表3-6-11 摩托车的注册登记安全检验项目

序号	检验项目	
1	联网查询	车辆事故、违法、安全缺陷召回等信息
2	车辆唯一性检查	车辆品牌和型号、车辆识别代号（或整车出厂编号）、发动机号码/驱动电动机号码、车身颜色和车辆外形
3	车辆特征参数检查	外廓尺寸、核定载人数和座椅布置
4	车辆外观检查	车身外观、外部照明和信号装置、轮胎、号牌/号牌板（架）
5	底盘动态检查	转向、传动、制动、仪表和指示器
6	仪器设备检验	整备质量、空载制动率、前照灯远光发光强度
注：外廓尺寸、核定载人数和座椅布置、整备质量项目仅适用于带驾驶室的正三轮摩托车以及不带驾驶室、不具有载运货物结构或功能且设计和制造上最多乘坐2人（包括驾驶人）的正三轮摩托车		

表3-6-12 摩托车的在用机动车安全检验项目

序号	检验项目	
1	联网查询	车辆事故、违法、安全缺陷召回等信息
2	车辆唯一性检查	号牌号码和分类、车辆识别代号（或整车出厂编号）、发动机号码/驱动电动机号码、车身颜色和车辆外形
3	车辆特征参数检查	核定载人数和座椅布置
4	车辆外观检查	车身外观、外部照明和信号装置、轮胎、号牌/号牌板（架）
5	底盘动态检查	转向、传动、制动、仪表和指示器
6	仪器设备检验	整备质量、空载制动率、前照灯远光发光强度
注：核定载人数和座椅布置项目仅适用于带驾驶室的正三轮摩托车以及不带驾驶室、不具有载运货物结构或功能且设计和制造上最多乘坐2人（包括驾驶人）的正三轮摩托车		

技能点二 影像资料归档要求

所有检验项目和结果可通过自动或人工输入的方式记录和保存到计算机系统中，便于主管部门查询。其中，要求拍摄照片（或视频）的数量、内容和清晰度应能满足《机动车安全技术检验监管系统通用技术条件》（GA 1186—2014）的要求；机动车检验PDA设备应符合《机动车查验检验智能终端通用技术要求》（GA/T 1434—2017）的规定。

一、影像资料要求项目汇总

在检验过程中，检验过程监管需要的上传影像资料项目共分为人工检验监管、仪器设备、资料上传三项。

注意： 影像资料项目代码，各地市根据情况不同，自行编码，与交管主管部门编码可能有所不同，应以当地实际情况为准。

1. 人工检验监管影像资料要求

人工检验监管影像资料要求见表 3-6-13。

表 3-6-13　人工检验监管影像资料

编码	项目	编码	项目	编码	项目	编码	项目	编码	项目
0111	车辆左前方斜视45°照片	0128	校车标志灯照片	0136	左前轮胎规格型号	0198	机动车标准照片	A107	外廓长度人工测量结果
0112	车辆右后方斜视45°照片（含三角警告牌、反光背心）	0130	辅助制动装置	0154	右前轮胎规格型号	A101	货箱或常压罐体上打刻的车辆识别代号1	A108	外廓宽度人工测量结果照片
0113	车辆识别代号照片	0132	发动机舱自动灭火装置	0155	左后轮胎规格型号	A102	货箱或常压罐体上打刻的车辆识别代号2	A109	外廓高度人工测量结果照片
0115	车厢内部照片	0133	前轮盘式制动器	0156	右后轮胎规格型号	A103	紧急切断装置	A110	车辆正常上方照片
0116	灭火器照片	0134	防抱死制动装置自检状态灯	0157	驾驶人座椅汽车安全带	A104	手动机械断电开关	A111	车辆正后上方照片
0117	应急锤照片	0135	残疾车操纵辅助装置	0158	车辆正后方照片	A105	打刻的车辆识别代号1∶1还原照片	A181	嫌疑车辆证据照片
0118	行驶记录装置照片	0138	校车、卧铺客车的车内外录像监控系统	0159	校车标牌（前）正面照片	A106	悬架	A182	违规车辆证据照片
0119	发动机号/驱动电机号码或柔性标签	0139	校车的辅助倒车装置	0160	校车标牌（前）反面照片				
0126	校车停车指示标志牌照片	0140	副制动踏板	0161	校车标牌（后）反面照片				
0127	急救箱			0163	危险货物运输车标志				

2. 仪器设备影像资料要求

仪器设备影像资料要求见表 3-6-14。

表 3-6-14 仪器设备影像资料

编码	项目	编码	项目	编码	项目	编码	项目	编码	项目
0323	底盘检验照片	0354	五轴制动工位照片	0362	整备质量测量左前45°照片	A311	一轴驻车制动工位照片	A307	称重工位左前45°照片
0344	底盘动态检验开始照片	0356	一轴加载制动工位照片	0363	整备质量测量右后45°照片	A312	二轴驻车制动工位照片	A308	称重工位右后45°照片
0342	底盘动态检验结束照片	0357	二轴加载制动工位照片	A301	授权签字人检验记录审核过	A313	三轴驻车制动工位照片	A309	制动工位左前45°照片
0341	路试行车制动开始照片	0358	三轴加载制动工位照片	A302	一轴称重工位照片	A314	四轴驻车制动工位照片	A310	制动工位右后45°照片
0343	路试行车制动结束照片	0359	四轴加载制动工位照片	A303	二轴称重工位照片	A315	五轴驻车制动工位照片	A316	驻车制动工位右后45°照片
0345	路试驻车制动照片	0321	左灯光工位照片	A304	三轴称重工位照片			A317	驻车制动工位右后45°照片
0322	一轴制动工位照片	0352	右灯光工位照片	A305	四轴称重工位照片				
0348	二轴制动工位照片	0353	转向轮横向侧滑工位照片	A306	五轴称重工位照片				
0349	三轴制动工位照片	0360	外廓尺寸自动测量正面照片						
0350	四轴制动工位照片	0361	外廓尺寸自动测量正面照片						

3. 上传影像资料要求

上传影像资料要求见表 3-6-15。

表 3-6-15　上传影像资料

编码	项目	编码	项目
0201	机动车行驶证	0208	代理人授权书
0202	机动车牌证申请表	0209	尾气排放检验合格报告
0203	机动车交通事故责任强制保险凭证	0211	国产机动车整车出厂合格证和底盘合格证
0204	机动车安全技术检验报告单	0257	路试检验记录单
0205	机动车查验记录表	A201	尾板安装合格证明
0206	车船税纳税或者免税证明	A202	送检人身份证明
0207	委托核发检验合格标志通知书		

注意：资料上传照片拍摄时应将资料摆放端正，能清晰显示文字、印章。

二、影像资料主要项目及要求

1. 车辆识别代号

(1) 适用车型。适用于所有类型机动车。

(2) 照片要求。

1) 车辆识别代号（或整车出厂编号）位置的照片应显示车辆识别代号（或整车出厂编号）打刻位置，能清晰显示打刻的车辆识别代号。

2) 2018 年 1 月 1 日起出厂的总质量大于或等于 12 000 kg 的栏板式、仓栅式、自卸式、罐式货车及总质量大于或等于 10 000 kg 的栏板式、仓栅式、自卸式、罐式挂车，还应一并拍摄左右两侧车辆识别代号，对于无法清晰拍摄的机动车，允许拍摄车辆识别代号的拓印膜。

(3) 车辆识别代号拓印膜照片要求。如需拍摄车辆识别代号拓印膜，应由外观检验员确认该拓印膜由其监督下现场拓印（拓印膜加盖本人检验专用章并与车身上车辆识别代号一并平行拍摄）。

(4) 视频要求。大中型客车、重中型货车、重中型挂车应使用 PDA 由近及远拍摄车辆识别代号视频，视频应能清晰显示车辆识别代号、打刻区域情况、车辆前部特征等。

2. 发动机号码/驱动电动机号码

(1) 适用车型。适用于除挂车外的所有类型机动车。

(2) 照片要求。

1) 发动机号码/驱动电动机号码照片应能清晰显示发动机编号或柔性标签。

2) 视频要求。在用机动车安全检验时发现打刻（或铸出）的发动机号码/驱动电动机号码不易见，且易见部位或覆盖件上的发动机/驱动电动机标识缺失无法拍摄的，应记录在检验表中。

3. 车体周正

(1) 适用车型。适用于大型客车、重中型货车、重中型载货专项作业车。

(2)照片要求。在平整的场地上使用钢直尺,在距地 1.5 m 的高度内,测量第一轴、最后一轴上方的车身两侧对称部位的高度时拍照。

4. 车辆左前方斜视 45°

(1)适用车型。适用于所有类型机动车。

(2)照片要求。在车辆左前方斜视 45°进行拍照,应能清晰显示车辆前外观、前号牌(摩托车产品除外)和轮胎。照片应能观察到以下内容:

1)车身反光标识。

2)侧、后、前下部防护。

3)外观标识、标注和标牌。

4)左侧所有喷涂类标识。

5. 车辆侧面

(1)适用车型。适用于所有类型机动车。

(2)照片要求。在车辆侧面拍照。照片应能观察到以下内容:

1)车身反光标识。

2)侧防护。

3)外观标识、标注和标牌。

4)左侧所有喷涂类标识。

5)车窗透光率。

6. 车辆右后方斜视 45°

(1)适用车型。适用于所有类型机动车。

(2)照片要求。在车辆右后方斜视 45°进行拍照,应能清晰显示车辆后外观、后号牌(摩托车产品除外)和轮胎。照片应能观察到以下内容:

1)车身反光标识。

2)侧、后、前下部防护。

3)外观标识、标注和标牌。

4)左侧所有喷涂类标识。

7. 车辆正后方

(1)适用车型。适用于货车、挂车、专项作业车、校车。

(2)照片要求。

1)车辆正后方照片应能清晰显示车辆后部外观情况和车辆号牌。

2)对于货车、货车底盘改装的专项作业车和挂车,车辆正后方照片应能清晰显示后部车身反光标识、车辆尾部标志板、放大的号牌号码(外观标识、标注和标牌中的检查项)。

3)对于道路运输爆炸品和剧毒化学品车辆,车辆正后方照片应能清晰显示安全标示牌(危险货物运输车辆标志中的检查项)。

4)对于专用校车,车辆正后方照片应能清晰显示后尾板上的停车提醒标示(校车标志灯和校车停车指示标志牌中的检查项)。

(3)车辆正后方拍照注意事项。

1)车辆右后方斜视 45°照片能清晰显示车辆正后方照片要求的信息时,可不单独拍摄车辆正后方照片。

2)专用校车、警用大型客车不需在车身(车厢)后部喷涂或粘贴/放置放大号牌号码。

3)对于有举升功能的车辆,在拍摄正后方外检照片时,应拍摄半举升状态,证明该车具有举升功能和举升状态,以及是侧翻还是后翻。

8. 车辆轴距测量

(1)适用车型。适用于所有类型机动车。

(2)照片要求。注册登记安全检验要求,在车辆侧面拍照。

若采用的自动外廓检验仪带有轴距测量功能时,侧面照片应能清晰显示测量传感器与车轮的位置。

9. 栏板高度

(1)适用车型。适用于栏板类货车。

(2)照片要求。能清晰显示车辆栏板高度。

10. 轮胎规格

(1)适用车型。适用于客车、校车、货车、专项作业车、危险货物运输车。

(2)照片要求。能清晰显示转向轮胎规格型号和胎冠状态。

11. 车辆轮胎花纹

(1)适用车型。适用于所有类型机动车。

(2)照片要求。

1)车辆前轮和后轮轮胎花纹照片:在车辆正前方或正后方拍照,应能清晰显示车辆前部或后部外观、前号牌(摩托车产品除外)和前轮或后轮轮胎花纹。

2)车辆前轮和后轮轮胎花纹深度照片:大型客车、重中型货车、重中型载货专项作业车、危险货物运输车的转向轮使用轮胎花纹深度计测量。照片应能清晰地显示轮胎花纹深度计测量位置、数据信息、轮胎胎侧的规格标识。

12. 车厢内部

(1)适用车型。适用于客车、校车、厢式货车、封闭式货车、栏板式货车和挂车等。

(2)照片要求。

1)客车:应能清晰显示车内座位数及布置形式;应能识别乘客区顶部情况;应能体现通道和引道的实际状态;应能观察到坐垫平面的座椅(位);应能识别是否配备了汽车安全带。

2)校车:校车的照片除要满足客车照片的要求外,还要求能显示照管人员座位的位置和标识。

3)货车:货车的照片应能清晰显示货厢内部和顶部状况以及货厢是否改装、顶部是否开启。

13. 驾驶人座椅、汽车安全带

(1)适用车型。适用于所有的汽车(低速汽车除外)。

(2)照片要求。驾驶人座椅、汽车安全带照片应能清晰显示驾驶人座椅汽车安全带处于扣紧状态。

14. 行驶记录装置

(1)适用车型。适用于《机动车安全技术检验项目和方法》(GB 38900—2020)条文"6.5.4 行驶记录装置"中规定应安装行驶记录装置的汽车。

(2)照片要求。

1)能清晰显示行驶记录装置在车辆上的安装情况。

2)能清晰确认其安装的车内外录像监控装置的摄像头数量和安装位置。

3)打印凭条应清晰显示车辆基本信息。

4)对使用行驶记录仪作为行驶记录装置的，能确认其显示部分是否易于观察、主机外表面的易见部位是否模压或印有符合规定的"3C"标识。

15. 应急停车安全附件

(1)适用车型。适用于所有类型机动车。

(2)照片要求。能清晰显示三角警告牌、乘员反光背心、停车楔。

16. 盘式制动器

(1)适用车型。适用于货物运输货车、危险货物运输半挂车、校车、公共汽车、三轴栏板式、三轴仓栅式半挂车。

(2)照片要求。盘式制动器照片应能清晰显示盘式制动器情况。

17. 灭火器

(1)适用车型。客车、危险货物运输车、2018年1月1日起出厂的旅居车。

(2)照片要求。清晰显示灭火器在车辆上的安装固定情况及数量，能确认灭火器是否处于有效使用状态，配备数量应符合要求。

18. 校车照片的附加要求

(1)适用车型。适用于校车。

(2)照片要求。

1)标志灯、停车指示标志牌照片：校车标志灯照片应能清晰显示校车标志灯、停车指示标志牌打开时的车辆状态。

2)急救箱照片：能清晰显示配备的急救箱，急救箱应放置在便于取用的位置。

19. 操纵辅助装置

(1)适用车型。适用于残疾人专用汽车。

(2)照片要求。

1)操纵辅助装置照片应能清晰显示残疾人操纵辅助装置在车辆上的安装固定情况。

2)照片应能确认操纵辅助装置的产品型号和出厂编号。

20. 发动机舱自动灭火装置

(1)适用车型。适用于客车、校车。

(2)照片要求。能清晰显示发动机舱自动灭火装置。

21. 应急锤照

(1)适用车型。适用于客车、校车。

(2)照片要求。能清晰显示应急锤及安装情况。

22. 防抱制动装置

(1)适用车型。适用于客车、校车、货车(挂车)、专项作业车。

(2)照片要求。能清晰显示仪表盘上的防抱制动装置处于点亮状态。

23. 辅助制动装置
(1)适用车型。适用于货车、客车、校车。
(2)照片要求。能清晰显示辅助制动装置及其操纵开关的状况。

24. 紧急切断装置
(1)适用车型。适用于运输液体危险货物运输车。
(2)照片要求。能清晰显示紧急切断装置及其操纵开关。

25. 手动机械断电操纵开关
(1)适用车型。适用于2013年3月1日起出厂的车长大于或等于6 m的客车。
(2)照片要求。能清晰显示手动机械断电操纵开关。

26. 危险货物运输车标志
(1)适用车型。适用于危险货物运输车。
(2)照片要求。能清晰显示危险货物运输车标志。

27. 底盘动态检验
(1)适用车型。适用于除挂车外的所有机动车。
(2)照片及视频要求。
1)底盘动态检验开始时：照片应能清晰地看到被检车辆的号牌号码，视频应能清晰地观察到车辆底盘动态检验的行驶过程。
2)底盘动态检验结束时：照片应能清晰地看到被检车辆的前号牌号码，视频应能清晰地观察到车辆制动过程。

28. 车辆底盘检验
(1)适用车型。适用于除摩托车外的所有机动车。
(2)照片及视频要求。照片应能清晰地看到检验员，视频应能清晰地观察检验员在地沟中对车辆底盘检验的过程。

29. 外廓尺寸、轴距检验
(1)适用车型。注册登记安全检验时，适用于汽车(三轮汽车除外)、挂车、三轮汽车、摩托车；在用机动车安全检验时，适用于重中型货车(半挂牵引车除外)、重中型载货专项作业车、重中型挂车。
(2)照片要求。需拍摄两张照片：一张应能清晰显示车辆检验过程中前部状况并且显示车辆的前号牌号码；另一张为车辆在使用外廓尺寸自动测量装置检验过程中的侧面照片，应能看清侧面轮廓。
若外廓尺寸自动测量装置没有轴距检验功能，则需要拍摄人工检验轴距的照片。
(3)视频要求。视频应能清晰地观察到检测全过程。

30. 整备质量/空车质量检验
(1)适用车型。适用于货车、载货专项作业车、挂车。
(2)照片要求。应能清晰显示被检车辆所有轴在地磅或轴(轮)重仪上测量时前后号牌号码。

31. 轴(轮)重检验
(1)适用车型。适用于所有类型机动车。

(2)照片及视频要求。照片应能清晰显示被检车辆每轴在轴(轮)重仪上测量时的后号牌号码,视频应能清晰地显示检测全过程。

32. 制动检验

(1)适用车型。适用于所有类型机动车。

(2)照片及视频要求。

1)行车制动:照片应能清晰显示被检车辆每轴(轮)在制动设备上时的后号牌号码,视频应能清晰地显示检测全过程,特别是制动时制动灯的情况。

2)驻车制动:照片应能清晰显示被检车辆驻车轴(轮)在制动设备上时的后号牌号码,视频应能清晰地观察到检测全过程,特别是驻车制动时制动灯的情况。

33. 灯光检验

(1)适用车型。适用于除挂车外的所有类型机动车。

(2)照片及视频要求。照片应能清晰显示被检车辆的前号牌号码、车辆在打开远光灯条件下与前照灯设备的检测位置,视频应能清晰地观察到检测全过程。

34. 转向轮横向侧滑检验

(1)适用车型。适用于非独立悬架的载客汽车、货车(三轮汽车除外)、专项作业车。

(2)照片及视频要求。照片应能清晰显示被检车辆在侧滑设备前时的前号牌号码,视频应能清晰地观察到车辆通过侧滑设备的全过程。

35. 路试制动

(1)适用车型。适用于无法上线检验的车型。

(2)照片及视频要求。

1)路试行车制动:行车制动开始时,照片应能清晰显示被检车辆号牌号码,视频应能清晰地观察到车辆行车制动的行驶过程。路试行车制动结束时,照片应能清晰显示被检车辆号牌号码,视频应能清晰地观察到车辆行车制动的制动过程。

2)路试驻车制动:照片应能清晰显示被检车辆在检验时的号牌号码,视频应能清晰地观察到车辆在规定驻车坡度上检验时的全过程和车辆某轮与驻车坡度路面变化情况。

注意:每个地区对照片和视频要求的细节有所不同;机构的工位布置不同,照片和视频数量也有所不同。例如,外部尺寸测量工位与整备质量工位在一起时,使用一组照片和视频即可。

技能点三 检验报告示例

由于检验报告涉及车牌号码、个人信息等,需要提交完整清晰的信息,不得有缺损、涂改等状况。需要提交的影像资料视频,在进行安检过程中拍照及视频采录同步进行。

一、客车报告单填写示例

以核载50人客车注册登记检验为例。

1. 机动车安全技术检验表

机动车安全技术检验表(人工部分)见表3-6-16。

表 3-6-16　机动车安全技术检验表（人工部分）

一、基本信息

号牌号码(编号)：××××××××	车辆类型：大型普通客车	里程表数：123 km
使用性质：公交客运	道路运输证号：	
车辆出厂日期：2023 年 11 月 27 日	初次登记日期：—	检验日期：2024 年 3 月 6 日 11：35：47

二、安全检验采集信息

机动车所有人拟申报的使用性质(注册登记安全检验)：公交客运	是否全时/适时/四驱动：否
转向轴数量：1　　　驻车制动是否使用电子控制装置：否	是否配备空气悬架：是

三、检验结果

序号	检验项目	判定	序号		检验项目	判定
1	1 联网查询(对发生过造成人员伤亡交通事故的检机车，人工检验时间重点检查操作部位和损伤情况_____；其他不符合情形_____)	○	5	安全装置检查	25 车身反光标识	—
					26 车辆尾部标志板	—
					27 侧、后、前下部防护	—
					28 应急锤	○
2	2 号牌号码和分类	—			29 急救箱	○
	3 车辆品牌和型号	○			30 车速限制/报警功能或装置	○
	4 车辆识别代号(或整车出厂编号)	○			31 防抱制动装置	○
车辆唯一性检查	5 以发动机号码/驱动电动机号码	○			32 辅助制动装置	○
					34 制动间隙自动调整装置	○
	6 车身颜色和车辆外形	○			35 紧急切断装置	—
3	7 外廓尺寸(人工检验时)	—			36 发动机舱自动灭火装置	○
	8 轴距	○			37 手动机械断电开关	○
车辆特征参数检查	9 核定载人数和座椅布置	○			38 副制动踏板	
	10 栏板高度	—			39 校车标志灯和停车指示标志牌	
	11 悬架	—			40 危险货物运输车辆标志	
	12 客车出口	○			41 驾驶区隔离设施	○
	13 客车乘客通道和引进	○			42 肢体残疾人操纵辅助装置	—
	14 货厢/罐体					
4	15 外辐射外观	○	6	底盘动态检查	43 转向	○
	16 外观标识、标注和标牌	○			44 传动	○
车辆外观检查	17 外部照明和信号装置	○			45 制动	○
	18 轮胎	○			46 仪表和指示器	○
	19 号牌/号牌板(架)	○	7	车辆底盘部件检查	47 转向系部件	○
	20 加装/改装灯具	○			48 传动系部件	○
5	21 汽车安全带	○			49 行驶部件	○
安全装置检查	22 应急停车安全附件	○			50 制动系部件	○
	23 灭火器	○			51 其他部件	○
	24 行驶记录装置	○				

续表

序号	不合格项 （填写编号和名称）	不合格项目说明	备注

其他技术参数				
车辆外廓尺寸/(mm×mm×mm)		―×―×― ×		轴距/mm：
轮胎花纹深度/mm	单车 转向轮：A1：11.2、A2：11.3 其他轮：B1：11.5、B2：11.4、B3：11.5、B4：11.4	车身对称部位高度差/mm	单车 前：左 600 右 600 高度差 0 后：左 700 右 700 高度差 0	
	挂车：		挂车：左_____ 右_____ 高度差_____	
车厢栏板高度/mm	单车_____	方向盘最大自由转动量/°	19.00	
	挂车_____			

检验员	建议	检验时间	检验员签字
外观检验员	无	11时10分27秒—11时16分07秒	×××
底盘动态检验员	无	10时39分01秒—10时40分07秒	×××
底盘部件检验员	无	09时39分44秒—09时41分31秒	×××
引车员	无	10时10分27秒—11时15分16秒	×××

机动车所有人：×××市共交通有限公司　　手机电话：×××××　　地址/邮编：×××××

备注：

2. 仪器设备检验报告

机动车(适用于两轴汽车)安全技术检验表(仪器设备检验部分)见表 3-6-17。

表 3-6-17　机动车(适用于两轴汽车)安全技术检验表(仪器设备检验部分)

机动车(适用于两轴汽车)安全技术检验表(仪器设备检验部分)

检测线轨号： 　　　　　　　　　　　　　　　　　　　　　　　检测次数：2

一、基本信息

检验流水号	000306242050500029	检验类别	注册登记检验	检验项目	IMAH
检验日期	2024-03-06	出厂日期	2023-11-27	初次登记日期	
号牌(自编)号	青JZ0500	号牌种类	大型新能源汽车	车辆类型	大型普通客车
道路运输证号	-	品牌/型号	万达牌/WD6117BEVG03	燃料类别	电
整备质量(kg)	11200	总质量(kg)	17900	驱动型式	4×2后驱后驻车
驻车轴	2	引车员	李胜勇	登录员	赵春风
机动车所有人	青阳市公共交通有限公司				
车辆识别代码/或整车出厂编号			LWTADGEL3PB240500		
发动机号码/驱动电机号码			DDC908223180612E	前照灯制	二灯远近光
驻车制动是否使用电子控制装置		否		转向轴悬架型式	非独立

二、检验结果

台试检测项目		静态轮荷(kg)		最大行车制动力(10N)		过程差最大差值点(10N)		空载制动				项目判定	单项次数
		左	右	左	右	左	右	行车制动率(%)	不平衡率(%)	驻车制动力(10N)	驻车制动率(%)		
制动B	一轴	1857	1862	1510	1449	1273	1105	81.2	11.1			O	2
	二轴	3839	3656	2404	2402	2400	2106	65.4	12.2	3265		O	2
	整车	11214		7765				70.7				O	2
	驻车	11214								3265	29.7	O	2
动态轮荷(左/右)(kg)		1轴		-/-		2轴		-/-					

前照灯H	项目	远光发光强度(cd)	项目判定	单项次数
	左外灯	49300	O	1
	左内灯			
	右内灯			
	右外灯	47100	O	1
侧滑A		0.5	m/km	-	1
路试制动性能R		-	路试检验员	-	-	-
车辆外廓尺寸M(mm×mm×mm)		10931×2516×3249		O	1
整备质量/空车质量 Z：	-kg/	-kg/	-%		
总检次数	2	备注	空气悬架比:1,2		

注：判定栏中填 "O" 为该项目合格，"X" 为该行有不合格项目，"-" 表示不适用于送检车，"*" 表示子项不合格。

3. 机动车安全技术检验结论报告单

机动车安全技术检验报告单如图 3-6-1 所示。

图 3-6-1 机动车安全技术检验报告单

4. 影像资料主要项目

(1)纸质材料照片。该车需要提交的纸质材料照片包括车辆唯一性证明、环保信息随车清单、购车发票、机动车牌证申请表、国产机动车整车出厂合格证明、交通事故责任强制保险单(实现电子保单、保险信息联网核查的除外)、车船税纳税或免税证明(实现联网核查的除外)、安全技术检验合格证明、尾气排放检验合格报告、车辆识别代号拓印膜或1∶1等比例扫描照片。

(2)安全技术检验照片及视频。该车需要提交的部分照片如图3-6-2所示。

图3-6-2 大型普通客车安全技术检验部分照片

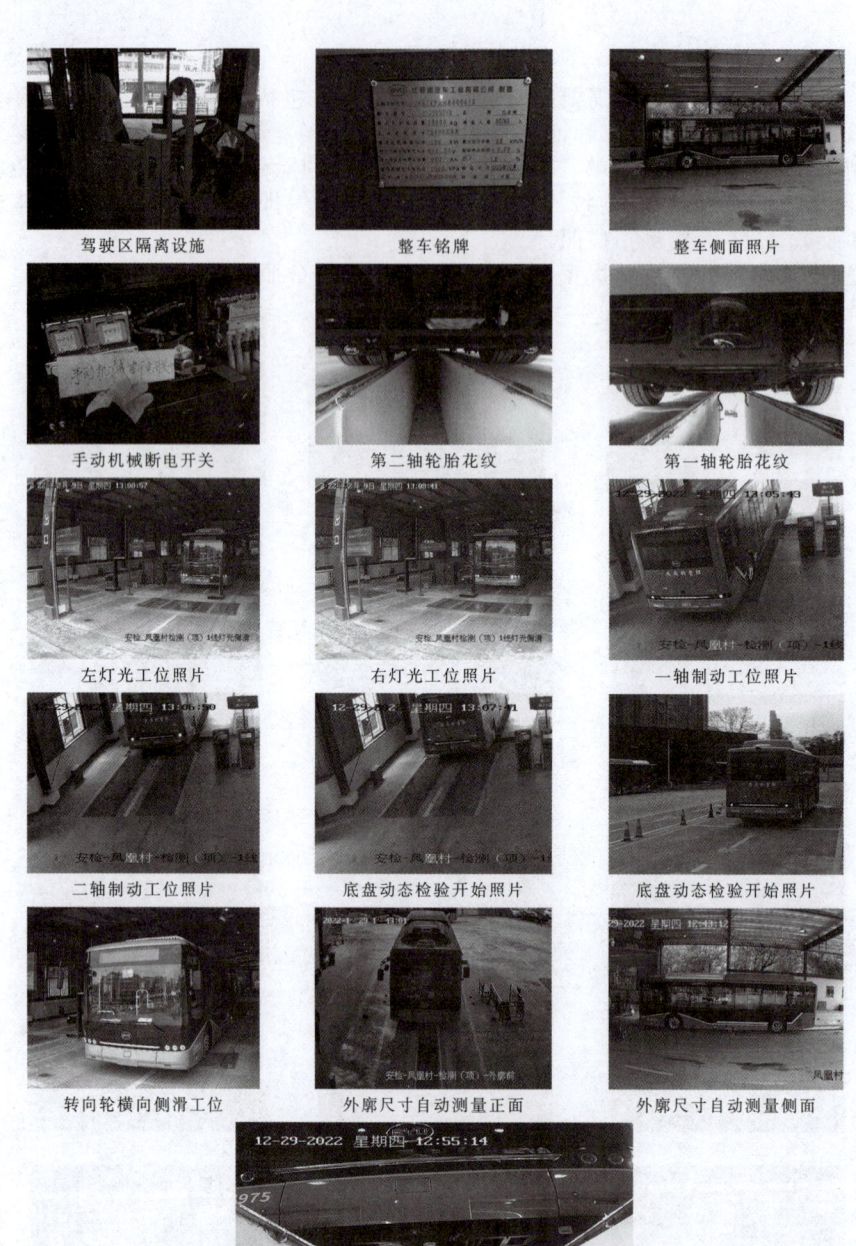

驾驶区隔离设施	整车铭牌	整车侧面照片
手动机械断电开关	第二轴轮胎花纹	第一轴轮胎花纹
左灯光工位照片	右灯光工位照片	一轴制动工位照片
二轴制动工位照片	底盘动态检验开始照片	底盘动态检验开始照片
转向轮横向侧滑工位	外廓尺寸自动测量正面	外廓尺寸自动测量侧面

底盘部件检验

图 3-6-2　大型普通客车安全技术检验部分照片(续)

该车需要提交的视频主要包括人工检验工位检验全过程、车辆识别代号检验及拓印、外廓尺寸检验、底盘动态检验、车辆底盘部件检验、轴(轮)重检验、台式制动检验、灯光检验、侧滑检验。

二、货车报告单填写示例

以轻型自卸货车注册登记检验为例。

1. 机动车安全技术检验人工检验报告单填写项目

机动车安全技术检验表(人工检验部分)见表 3-6-18。

表 3-6-18　机动车安全技术检验表(人工检验部分)

一、基本信息				
号牌号码(编号)：××××××××　　车辆类型：轻型自卸货车　　里程表数：16 549 km 使用性质：非营运　　　　　　　　道路运输证号： 车辆出厂日期：2022 年 2 月 8 日　　初次登记日期：2022/4/13　　检验日期：2023 年 4 月 24 日 11：21：34				

二、安全检验采集信息
机动车所有人拟申报的使用性质(注册登记安全检验)：—　　　　是否全时/适时/四驱动：否 转向轴数量：1　　　驻车制动是否使用电子控制装置：否　　　是否配备空气悬架：否

三、检验结果

序号	检验项目		判定	序号	检验项目		判定
1	1 联网查询(对发生过造成人员伤亡交通事故的检机车,人工检验时应重点检查操作部位和损伤情况_____；其他不符合情形_____)		○	5	安全装置检查	25 车身反光标识	○
						26 车辆尾部标志板	—
						27 侧、后、前下部防护	○
						28 应急锤	
2	车辆唯一性检查	2 号牌号码和分类	○			29 急救箱	
		3 车辆品牌和型号	—			30 车速限制/报警功能或装置	
		4 车辆识别代号(或整车出厂编号)				31 防抱制动装置	
		5 发动机号码/驱动电动机号码	○			32 辅助制动装置	
		6 车身颜色和车辆外形	○			33 盘式制动器	
3	车辆特征参数检查	7 外廓尺寸(人工检验时)	—			34 制动间隙自动调整装置	
		8 轴距	—			35 紧急切断装置	
		9 核定载人数和座椅布置	○			36 发动机舱自动灭火装置	
		10 栏板高度	○			37 手动机械断电开关	
		11 悬架	○			38 副制动踏板	
		12 客车出口	—			39 校车标志灯和停车指示标志牌	—
		13 客车乘客通道和引进	—			40 危险货物运输车辆标志	
		14 货厢/罐体	○			41 驾驶区隔离设施	
4	车辆外观检查	15 车身外观	○			42 肢体残疾人操纵辅助装置	
		16 外观标识、标注和标牌	○	6	底盘动态检查	43 转向	○
		17 外部照明和信号装置	○			44 传动	○
		18 轮胎	○			45 制动	○
		19 号牌/号牌板(架)	○			46 仪表和指示器	○
		20 加装/改装灯具	○	7	车辆底盘部件检查	47 转向系部件	○
5	安全装置检查	21 汽车安全带	○			48 传动系部件	○
		22 应急停车安全附件	○			49 行驶系部件	○
		23 灭火器	—			50 制动系部件	○
		24 行驶记录装置	—			51 其他部件	○

续表

序号	不合格项 （填写编号和名称）	不合格项目说明	备注

其他技术参数				
车辆外廓尺寸/(mm×mm×mm)	— × — × —			轴距/mm：—
轮胎花纹深度/mm	单车	转向轮：_____ —_____ 其他轮：_____ —_____	车身对称部位高度差/mm	单车 前：左 600 右 600 高度差 0 后：左 700 右 700 高度差 0
	挂车：_____			挂车：左___—___ 右___—___ 高度差___—___
车厢栏板高度/mm	单车 _____—_____		方向盘最大自由转动量/°	___—___
	挂车 _____—_____			

检验员	建议	检验时间	检验员签字
外观检验员	无	10时26分33秒—10时45分36秒	×××
底盘动态检验员	无	10时18分51秒—10时20分02秒	×××
底盘部件检验员	无	10时27分59秒—10时29分46秒	×××
引车员	无	10时26分33秒—12时53分21秒	×××

机动车所有人：×××　　手机电话：×××××　　地址/邮编：×××××

备注：

2. 仪器设备检验报告

机动车(适用于两轴汽车)安全技术检验表(仪器设备检验部分)见表3-6-19。

表 3-6-19　机动车(适用于两轴汽车)安全技术检验表(仪器设备检验部分)

机动车(适用于两轴汽车)安全技术检验表(仪器设备检验部分)

检测次数: 3

一、基本信息

检验流水号	000006505242672	检验类别	在用车检验(定检)	检验项目	全部
检验日期	2022-04-24	出厂日期	2022-02-08	初次登记日期	2022/4/13
号牌(自编)号	黑A56403	号牌种类	小型汽车	车辆类型	轻型自卸货车
道路运输证号	-	品牌/型号	解放牌-CA2040P40K2	燃料类别	柴油
整备质量(kg)	2710	总质量(kg)	4480	驱动型式	4×2后驱后驻车
驻车轴	2	引车员	汽虑港	记录员	起春其
机动车所有人	周川捷				
车辆识别代号(成整车出厂编号)	LE303322949ATI10212				
发动机号码/驱动电机号码	A112200009A--	前照灯制			
驻车制动是否使用电子控制装置	否	转向轴悬架形式			

二、检验结果

台试检测项目		静态轮荷/kg		最大行车制动力/10 N		过程差最大差值点/10 N		空载制动			项目判定	单项次数
								行车制动率/%	不平衡率/%	驻车制动力/10 N		
		左	右	左	右	左	右					
制动 B	一轴	845	773	611	601	423	502	76.4	12.9	-	○	1
	二轴	706	710	434	427	402	374	62.0	6.5	1059	○	1
	整车	3036		2073				69.7			○	1
	驻车	3036								1059	35.6	○	1
动态轮荷(左/右)/kg		1轴		-/-			2轴		-/-			

前照灯 B	项目	远光发光强度(cd)	项目判定	单项次数
	左外灯	44800	○	1
	左内灯	-	-	-
	右内灯	-	-	-
	右外灯	50800	○	1

侧滑A		1.9		m/km	○	3
路试制动性能R		-		路试检验员		
车辆外廓尺寸/(mm×mm×mm)						
整备质量/空车质量 Z/kg		-kg/		-kg/	-%	
总检次数	3	备注				

注:判定栏中填"○"为该项目合格,"×"为该行有不合格项目,"-"表示不适用于送检车,"*"表示子项不合格

3. 机动车安全技术检验结论报告单

机动车安全技术检验报告单如图 3-6-3 所示。

安全技术检验报告

检测线线号:2 [redacted] 检测次数：3

一、基本信息

检验报告编号	0003662304240721	检验机构名称	[redacted]		
号牌号码	[redacted]	所有人	[redacted]		
车辆类型	轻型自卸货车	品牌/型号	[redacted]		
使用性质	非营运	道路运输证号	-		
注册登记日期	2022/4/13	出厂日期	2022/2/8	检验日期	2023/04/24
车辆识别代号(或出厂编号)	L53D33229NA711219	发动机号码/驱动电机号码	A1N22003029/-		
检验类别	在用车检验（定检）				
更换发动机申请变更登记的，更换后发动机号码(包括型号和出厂编号)			-/-		

二、检验结论

检验结论	合格 合格	授权签字人	[illegible] 4.24

单位名称(盖章)：贵阳风凰村机动车技术检测有限责任公

三、人工检验结果

序号	检验项目	结果判定	具体不符合项目情况说明	备注
1	联网查询	合格	-	-
2	车辆唯一性检查	合格	-	-
3	车辆特征参数检查	合格	-	-
4	车辆外观检查	合格	-	-
5	安全装置检查	合格	-	-
6	底盘动态检验	合格	-	-
7	车辆底盘部件检查	合格	-	-

四、仪器设备检验结果

序号	检验项目	检验结果	标准限值	结果判定	备注
1	一轴制动率/一轴不平衡率(%)	76.4/12.9	≥60%/≤24%	合格/合格	-
2	二轴制动率/二轴不平衡率(%)	62.0/6.5	≥50%/≤30%	合格/合格	-
3	驻车制动率(%)	35.6	≥20%	合格	-
4	整车制动率(%)	69.7	≥60%	合格	-
5	前照灯左外灯远光发光强度(cd)	44800	≥15000cd	合格	-
6	前照灯右外灯远光发光强度(cd)	50800	≥15000cd	合格	-
7	前照灯发光总强度(cd)	95600	≤430000cd	合格	-
8	转向轮横向侧滑量(m/km)	1.9	-5~5	合格	-

五、建议

六、二维条码

备注

下次检验时间:2024年02月 - 2024年04月
2.本检验报告结论仅对该车在本机构检验时的技术状况负责。
3.本检验报告复印、涂改、未签章无效。
4.检测使用标准：GB7258-2017《机动车运行安全技术条件》,GB38900-2020《机动车安全技术检验项目和方法》等。
5.判定结果中"-"为不适用于送检车，"O"为合格，"×"为不合格。
6.地址：贵阳市南明区风凰巷130号　　电话：0851-85108638

该车经检测空车质量为：3036 kg，已超出注册登记整备质量326 kg，已告知车辆所有人（送检人）进行整改。

周兴栋

检测专用章

图 3-6-3　机动车安全技术检验报告单

4. 机动车尾气排放检验(测)外观检验记录

机动车尾气排放检验(测)外观检验记录见表 3-6-20。

表 3-6-20　机动车尾气排放检验(测)外观检验记录

1. 车主信息			
车主姓名/单位	×××	联系电话	1398414××××
2. 车辆基本信息			
车辆生产企业	南骏汽车有限公司	品牌	南骏牌
车辆型号	NJA3040EDH28A	车辆识别代号(VIN)	××××××
最大设计总质量/kg	4 480	基准质量/kg	2 810
驱动方式	□前驱　☑后驱　□四驱	变速器形式	手动
车辆出厂日期	2022-02-08	累计行驶里程/km	16 549
车辆使用性质	非营运	OBD 系统	☑有　□无
车牌号(如适用)	贵 A86×××	排放阶段	国 V
初次登记日期	2022-04-13	独立工作排气管数量	1
3. 发动机信息			
发动机型号	D25TCIFI	发动机号	003029
发动机额定功率/kW	110.0	发动机排量/L	1.8
发动机额定转速/r·min^{-1}	3 000	气缸数/个	4
燃料供给系统形式	泵喷嘴	燃料种类	柴油
进气方式	涡轮增压		
4. 混合动力装置信息(仅限混合动力电动汽车)			
电动机型号		能力储存装置型号	
电池(或电容)容量			
5. 污染物控制装置查验(仅限注册登记检验)			
车辆是否按照要求完成环保信息公开，环保随车清单与信息公开内容是一致			□是　□否
	控制装置名称	环保公开信息	查验结果
汽油车(燃气车)	ECU 型号		
	催化转化器型号		
	颗粒捕集器型号		
	炭罐型号		
	氧传感器型号		
	EGR 型号(如适用)		
	增压器型号(如适用)		

续表

柴油车	控制装置名称	环保公开信息	查验结果
	ECU 型号		
	喷油泵型号		
	喷油器型号		
	共轨管型号		
	增压器型号		
	EGR 型号（如适用）		
	DOC 型号（如适用）		
	POC 型号（如适用）		
	SCR 型号（如适用）		
	ASC 型号（如适用）		
	DRF 型号（如适用）		

检查结果：污染物控制装置与信息公开内容一致　　□是　□否

6. 车况检查

检查内容	√/×	检查内容	√/×
发动机燃油系统采用电控泵（注册登记柴油车否决项）	×	车辆无明显烧机油或者严重冒黑烟现象（否决项）	√
污染物控制装置齐全、正常（否决项）	√	车上仪表工作正常	√
车辆机械状况良好	√	车辆进排气系统无有任何泄露	√
无可能影响安全或引起测试偏差机械故障	√	已关闭车上空调、暖风等附属设备	√
轮胎气压正常、胎面干燥、清洁	√	已中断车辆上可能影响测试正常的功能（如 ARS、ESP、EPC 等牵引力控制或者自动制动系统等）	√
车辆油箱和燃油正常	√		
曲轴箱通风系统工作正常（汽油车否决项）	/	燃油蒸发控制装置正常（汽油车否决项）	/

检测方法：□简易瞬态工况法　□稳态工况法　√加载减速法　□双怠速法　□自由加速法

如不合适，请描述详细原因，并由机构技术负责人或授权签字人批准

不能采用工况法的原因：

　　　　　　　　　　　　　　　　　　　　机构技术负责人或授权签字人签字：

特殊技术车辆无法达到标准要求检测条件的原因：

　　　　　　　　　　　　　　　　　　　　机构技术负责人或授权签字人签字

外观检验结果判定：√合格　□不合格　外检员签字：　　　　检验归期：2023-04-24

注1：污染物控制装置检查时，如没有该项装置填写"无"；如有该装置，但不在可视范围内，结果应填写"信息不可见"，信息不可见也视为污染物控制装置检查合格。

注2：表中汽油车也适用于其他装用点燃式发动机汽车，柴油车也适用于其他压燃式发动机汽车。

注3：在不适用的检查项目栏中填写"/"。

注4：应根据车辆合格证、铭牌、环保信息随车清单等如实、准确填写车辆信息，并确认车辆身份

5. 机动车尾气排放检验(测)报告

机动车尾气排放检验(测)报告如图 3-6-4 所示。

在用车检验(测)报告

报告编号：5201021623042411000440011　　检验日期：2023-04-24 10:43:14　　计量认证证号：212405341678

一、基本信息					
检验机构名称：	贵阳凤凰州机动车技术检测有限责任公司				
号牌号码	贵A86603	车辆型号	NJA3048DH28A	基准质量/kg	2810
车辆识别代号(VIN)	LS5033229NAT11219	最大设计总质量/kg	4 480	发动机型号	D25TCIFI
发动机号码	003029	发动机排量/L	1.8	额定转速/(r·min⁻¹)	3 000
发动机额定功率/kW	110.0	DPF	无	DPF型号	-
SCR	无	SCR型号	-	气缸数	4
驱动电机型号	-	储能装置型号	-	电池容量	-
车辆生产企业	南骏汽车有限公司	车辆出厂日期	2022-02-08	累计行驶里程/km	16 649
车主姓名(单位)	周兴权	联系电话(手机)	139××××××××	车牌颜色	蓝牌
燃料类型	柴油	燃油形式	泵喷嘴	驱动方式	后驱
品牌/型号	南骏牌/NJA3048DH28A	变速器形式	手动	使用性质	非营运
初次登记日期	2022-04-13	检测方法	加载减速法	OBD	有
环境参数					
环境温度/℃	14.3	大气压/kPa	89.9	相对湿度/%	65.6
检测设备信息					
分析仪生产企业	佛山市南华仪器股份有限公司	分析仪名称	NHAT-610	分析仪检定日期	2022-10-20
底盘测功机生产企业	佛山市南华仪器股份有限公司	底盘测功机型号	NHC-03		
OBD诊断仪生产企业	佛山市南华仪器股份有限公司	OBD诊断仪型号	NHOBD-1		

二、外观检验				
检验项目		是	否	备注
车辆机械状况是否良好		√		
排气污染控制装置是否齐全、正常		√		否决项目
发动机燃油系统采用电控泵			√	
车上仪表工作是否正常		√		
车辆是否存在明显烧机油或者严重冒黑烟现象			√	否决项目
有无可能影响安全或引起测试偏差的机械故障			√	
车辆进、排气系统是否有任何泄露			√	
车辆的发动机、变速箱和冷却系统等有无明显的液体渗漏			√	
是否带OBD系统		√		
轮胎气压是否正常		√		
轮胎是否干燥、清洁		√		
是否关闭车上空调、暖风等附属设备		√		
是否已经中断车辆上可能影响测试正常进行的功能，如ARS、ESP、EPC牵引力控制或自动制动系统等		√		
车辆油箱和油品是否异常			√	
是否适合工况法检测		√		
外观检验结果	√ 合格　□ 不合格		检验员：赵必凤	

图 3-6-4　机动车尾气排放检验(测)报告

| 报告编号： | 5201021523042411000044011 | 号牌号码： | 贵A95003 | 车辆类型： | H37轻型自卸货车 |

三、OBD检查

	OBD系统故障指示器	☑ 合格　□ 不合格		
OBD故障指示器	通信	☑ 通信成功　□ 通信不成功 通信不成功的（填写以下原因）： □ 接口损坏　□ 找不到接口　□ 连接后不能通信		
	OBD系统故障指示器报警	□ 有　☑ 无		
	故障代码及故障信息（若故障指示器报警）	—		
就绪状态	就绪状态未完成项目	☑ 无　□ 有 如有就绪未完成的，填写以下项目 □ SCR　□ POC　□ DOC　□ DPP □ 废气再循环（EGR）		
其他信息	MIL灯点亮后的行驶里程/km：			
CAL ID/CVN信息	发动机控制单元	CAL ID	D25TCIF1_02	CVN	004B7E26
	后处理控制单元（如适用）	CAL ID	不支持	CVN	不支持
	其他控制单元（如适用）	CAL ID	不支持	CVN	不支持
OBD检查结果	☑ 合格　□ 不合格		检验员：		
检测方法	□ 自由加速法　☑ 加载减速法				

检测结果内容

	自由加速法					
排气污染物测试	额定转速/ (r·min⁻¹)	实测转速/ (r·min⁻¹)	三次烟度测量值/m⁻¹			平均值/m⁻¹	限值/m⁻¹
			1	2	3		
	—	—	—	—	—	—	—
	加载减速法					
	转速		最大轮边功率			
	额定转速/(r·min⁻¹)	实测（修正）VolMaxHP/(km·h⁻¹)	实测/kW		限值/kW	
	3000	66	77.9		≥44.0	
	烟度		氮氧化物 NOx			
	100%点	80%点	80%点			
	实测值/m⁻¹	0.04	0.03	实测值/10⁻⁶	160	
	限值/m⁻¹	<1.2	<1.2	限值/10⁻⁶	<1500	

检测结果	☑ 合格　□ 不合格	检验员：	
授权签字人	2023.4.24		
批准人	2023.4.24	单位盖章	

说明：
1. 本报告检验项目依据GB3847-2018《柴油车污染物排放限值及测量方法》（自由加速法及加载减速法）
2. 本报告中"结果判定"分为两类：合格、不合格。
3. 本检验报告是机动车所有人委托车辆检验的记录和办理签证的凭证，机动车所有人应妥善保管切勿丢失。
4. 机动车所有人若对检验结果存有异议应及时提出，否则视为对检验结果判定认同。
5. 未经本机构批准，不得复制（全文复制外）报告或证书。请机动车所有人尽快办理签证，逾期无效。
6. 本报告仅对现场样车状态负责

| 检验机构地址： | 贵州省贵阳市南明区凤凰巷130号 | 检验机构电话： | 0851861099838 | 线号：01 |

图 3-6-4　机动车尾气排放检验(测)报告(续)

6. 影像资料

(1)纸质材料照片。该车需要提交的纸质材料照片包括车辆唯一性证明、环保信息随车清单、购车发票、机动车牌证申请表、国产机动车整车出厂合格证明、交通事故责任强制保险单(实现电子保单、保险信息联网核查的除外)、车船税纳税或者免税证明(实现联网核查的除外)、安全技术检验合格证明、尾气排放检验合格报告、车辆识别代号拓印膜或1∶1等比例扫描照片。

(2)安全技术检验照片及视频。该车需要提交的部分照片如图3-6-5所示。

该车需要提交的视频主要包括人工检验工位检验全过程、车辆识别代号检验及拓印、外廓尺寸检验、轴距检验、整备质量检验、底盘动态检验、车辆底盘部件检验、轴(轮)重检验、台式制动检验、灯光检验、侧滑检验。

车辆识别代号	 发动机号/驱动电动机号码或柔性标签	 车辆左前方斜视45°照片
 车辆右后方斜视45°照片	 悬架照片	 栏板高度照片
喷涂信息照片	 驾驶人座椅汽车安全带	 座椅汽车安全带
 左前轮轮胎规格型号	 右前轮轮胎规格型号	 第一轴轮胎花纹照片

图3-6-5 轻型自卸货车安全技术检验部分照片

侧面照片	 第二轴轮胎花纹照片	 底盘检验照片
 左灯光工位照片	 右灯光工位照片	 一轴制动工位照片
二轴制动工位照片	 驻车制动工位照片	转向轮横向侧滑工位
 底盘动态检验开始		 底盘动态检验结束

图 3-6-5　轻型自卸货车安全技术检验部分照片(续)

三、专用校车报告单填写示例

以大型专业校车在用车检验为例。

1. 人工检验报告单填写项目

机动车安全技术检验表(人工检验部分)见表 3-6-21。

表 3-6-21　机动车安全技术检验表（人工检验部分）

一、基本信息

号牌号码（编号）：×××××××	车辆类型：大型专用校车	里程表数：131 667 km
使用性质：幼儿校车	道路运输证号：	
车辆出厂日期：2013 年 8 月 19 日	初次登记日期：2013/10/24	检验日期：2023 年 10 月 30 日 14：31：16

二、安全检验采集信息

机动车所有人拟申报的使用性质（注册登记安全检验）：—　　　　是否全时/适时/四驱动：否
转向轴数量：1　　　驻车制动是否使用电子控制装置：否　　　是否配备空气悬架：否

三、检验结果

序号		检验项目	判定	序号		检验项目	判定
1		1　联网查询（对发生过造成人员伤亡交通事故的送检机车，人工检验时应重点检查操作部位和损伤情况_____；其他不符合情形_____）	○	5	安全装置检查	25　车身反光标识	—
						26　车辆尾部标志板	—
						27　侧、后、前下部防护	—
						28　应急锤	○
2	车辆唯一性检查	2　号牌号码和分类	○			29　急救箱	○
		3　车辆品牌和型号	—			30　车速限制/报警功能或装置	○
		4　车辆识别代号（或整车出厂编号）	○			31　防抱制动装置	○
		5　发动机号码/驱动电动机号码	○			32　辅助制动装置	○
						33　盘式制动器	○
		6　车身颜色和车辆外形	○			34　制动间隙自动调整装置	○
3	车辆特征参数检查	7　外廓尺寸（人工检验时）	—			35　紧急切断装置	○
		8　轴距	—			36　发动机舱自动灭火装置	○
		9　核定载人数和座椅布置	○			37　手动机械断电开关	○
		10　栏板高度				38　副制动踏板	—
		11　悬架				39　校车标志灯和停车指示标志牌	○
		12　客车出口	○			40　危险货物运输车辆标志	—
		13　客车乘客通道和引进	○			41　驾驶区隔离设施	○
		14　货厢/罐体				42　肢体残疾人操纵辅助装置	—
4	车辆外观检查	15　车身外观	○	6	底盘动态检查	43　转向	○
		16　外观标识、标注和标牌	○			44　传动	○
		17　外部照明和信号装置	○			45　制动	○
		18　轮胎	○			46　仪表和指示器	○
		19　号牌/号牌板（架）	○	7	车辆底盘部件检查	47　转向系部件	○
		20　加装/改装灯具	○			48　传动系部件	○
5	安全装置检查	21　汽车安全带	○			49　行驶系部件	○
		22　应急停车安全附件	○			50　制动系部件	○
		23　灭火器	○			51　其他部件	○
		24　行驶记录装置	○				

续表

序号	不合格项 （填写编号和名称）	不合格项目说明	备注

其他技术参数				
车辆外廓尺寸/(mm×mm×mm)	— × — × — ×			轴距/mm：
轮胎花纹深度/mm	单车 转向轮：A1：11.2、A2：11.3 其他轮：B1：11.5、B2：11.4、B3：11.5、B4：11.4	车身对称部位高度差/mm	单车 前：左 600 右 600 高度差 0 后：左 700 右 700 高度差 0	
	挂车：		挂车：左____ 右____ 高度差____	
车厢栏板高度/mm	单车：	方向盘最大自由转动量/°	10	
	挂车			

检验员	建议	检验时间	检验员签字
外观检验员	无	14时49分30秒—14时57分48秒	×××
底盘动态检验员	无	10时46分56秒—10时48分11秒	×××
底盘部件检验员	无	11时02分34秒—11时04分23秒	×××
引车员	无	14时49分30秒—14时54分59秒	×××

机动车所有人：×××服务有限公司　　手机电话：×××××　　地址/邮编：×××××

备注：

2. 仪器设备检验报告单

机动车(适用于三轴及以上的汽车)安全技术检验表(仪器设备检验部分)见表3-6-22。

表 3-6-22　机动车(适用于三轴及以上的汽车)安全技术检验表(仪器设备检验部分)

一、基本信息						
号牌号码(编号): 贵A PR504		车辆类别: 大型专用校车			里程表数: 131657km	
使用性质: 幼儿校车		道路运输证号:				
车辆出厂日期: 2013年8月19日		初次登记日期: 2013/10/24			检验日期: 2023年10月30日 14:31:16	

二、安全检验采集信息
机动车所有人拟申报的使用性质(注册登记安全检验): -　　　　是否全时/适时四驱: 否
转向轴数: 1　　驻车制动是否使用电子控制装置: 否　　是否配备空气悬架: 否

三、检验结果

序号	检验项目		判定	序号	检验项目	判定
1	联网查询(对发生过造成人员伤亡交通事故的送检机动车,人工检验时应重点检查损伤部位和损伤情况)　其他不符合情形_____		-	25	车身反光标识	-
				26	车辆尾部标志板	-
				27	侧、后、前下部防护	O
				28	应急锤	O
2	车辆唯一性检查	1 号牌号码和分类	O	29	急救箱	O
		3 车辆品牌和型号	-	30	车速限制/报警功能或装置	O
		4 车辆识别代号(或整车出厂编号)	O	31	防抱制动装置	O
		5 发动机号码/驱动电机号码	-	32	辅助制动装置	-
		6 车身颜色和车辆外形	O	5 安全装置检查	33 盘式制动器	-
3	车辆特征参数检查	7 外廓尺寸(人工检验时)	-	34	制动间隙自动调整装置	-
		8 轴距	-	35	紧急切断装置	-
		9 核定载人数和座椅布置	-	36	发动机自动灭火装置	O
		10 栏板高度	-	37	手动机械断电开关	-
		11 悬架	-	38	副制动踏板	-
		12 客车出口	-	39	校车标志灯和停车指示标牌	-
		13 客车乘客通道和引道	-	40	危险货物运输车辆标志	-
		14 货厢/罐体	-	41	驾驶区隔离设施	-
4	车辆外观检查	15 车身外观	O	42	肢体残疾人操纵辅助装置	-
		16 外观标识、标注和标牌	O	6 底盘动态检验	43 转向	O
		17 外部照明和信号装置	O		44 传动	O
		18 轮胎	O		45 制动	O
		19 号牌/号牌板(架)	O		46 仪表和指示器	O
		20 加装/改装灯具	O	7 车辆底盘部件检查	47 转向系部件	O
5 安全装置检查		21 汽车安全带	O		48 传动系部件	O
		22 应急停车安全附件	O		49 行驶系部件	O
		23 灭火器	O		50 制动系部件	O
		24 行驶记录装置	O		51 其他部件	O

序号	不合格项(填写编号和名称)	不合格项目说明	备注

其他技术参数

车辆外廓尺寸/mm×mm×mm:	- × - × -		轴距/mm: -		
轮胎花纹深度/mm	单车	转向轮: A1:8.94/A2:8.79	车身对称部位高度差/mm	单车	前 左 1054 右 1039 高度差 15
		其他轮: B1:8.37/B2:8.19/B3:8.43/B4:8.32			后 左 1059 右 1046 高度差 13
	挂车	-		挂车	左 - 右 - 高度差 -
车厢栏板高度/mm	单车	-	方向盘最大自由转动量/°		10
	挂车	-			

检验人员		建议	检验时间	检验员签字
外观检验员		无	14时49分30秒~14时57分48秒	丁有刚
底盘动态检验员		无	10时46分56秒~10时48分11秒	朱凯
底盘部件检验员		无	11时02分34秒~11时04分23秒	陈挺
引车员		无	14时49分30秒~14时54分59秒	汪伟

机动车所有人: 贵州祥平校车服务有限公司　　手机电话: -　　地址/邮编: -/-
备注:

3. 机动车安全技术检验结论报告单

机动车安全技术检验报告单见表 3-6-23。

表 3-6-23　机动车安全技术检验报告单

机动车(适用于两轴汽车)安全技术检验表(仪器设备检验部分)

检测次数：1

一、基本信息

检验流水号	0900365231030094-1	检验类别	在用车检验（定检）	检验项目	DIA
检验日期	2023-10-30	出厂日期	2013-08-19	初次登记日期	2013/10/24
号牌(自编)号	贵A·F8504	号牌种类	大型汽车	车辆类型	大型专用校车
道路运输证号	-	品牌/型号	贵龙GML6605H	燃料类别	柴油
整备质量/kg	4900	总质量/kg	6550	驱动型式	4×2后驱后驻车
驻车轴	2	引车员	汪伟	登录员	超爱民
机动车所有人		贵州祥丰校车服务有限公司			
车辆识别代号(或整车出厂编号)			LGCJTS943DS004141		
发动机号码/驱动电机号码	HCTF10000054/-		前照灯制		二灯远近光
驻车制动是否使用电子控制装置	否		转向轴悬架形式		非独立

二、检验结果

台试检测项目		静态轮荷/kg		最大行车制动力/10 N		过程差最大差值点/10 N		空载制动				项目判定	单项次数
		左	右	左	右	左	右	行车制动率/%	不平衡率/%	驻车制动力/10 N	驻车制动力/N		
制动B	一轴	1 005	1 034	791	764	55	15	77.8	5.1	-		O	1
	二轴	1 504	1 507	1 119	1 044	1 001	836	73.3	14.7	1 728		O	1
	整车	5 050		3 718				75.1				O	1
	驻车	5 050								1 728	34.9	O	1
	动态轮荷（左/右）/kg		1轴		- / -		2轴			- / -			
前照灯H	项目		远光发光强度/cd									项目判定	单项次数
	左外灯		31 400									O	1
	左内灯		-									-	-
	右内灯		-									-	-
	右外灯		33 700									O	1
侧滑A			- 1.5							m/km		O	1
路试制动性能R		-			路试检验员					-		-	-
车辆外廓尺寸/(mm×mm×mm)：					-								
整备质量/空车质量 Z：		-kg			-kg				-%				
总检次数	1		备注										

注：判定栏中填"O"为该行项目合格，"×"为该行有不合格项目，"-"表示不适用于送检车，"*"表示子项不合格

4. 机动车尾气排放检验(测)外观检验记录

机动车尾气排放检验(测)外观检验记录见表 3-6-24。

表 3-6-24 机动车尾气排放检验(测)外观检验记录

1. 车主信息				
车主姓名/单位	×××		联系电话	1380944××××
2. 车辆基本信息				
车辆生产企业	东风汽车有限公司		品牌	东风牌
车辆型号	EQ6756S4D1		车辆识别代号(VIN)	××××××
最大设计总质量/kg	6 550		基准质量/kg	5 000
驱动方式	□前驱 ☑后驱 □四驱		变速器型式	手动
车辆出厂日期	2013-06-06		累计行驶里程/km	131 657
车辆使用性质	幼儿校车		OBD 系统	□有 ☑无
车牌号(如适用)	贵 AF8×××		排放阶段	国Ⅳ
初次登记日期	2013-10-24		独立工作排气管数量	1
3. 发动机信息				
发动机型号	YC4FA130-40		发动机号	FC7FDD00054
发动机额定功率/kW	95.0		发动机排量/L	3.2
发动机额定转速/(r·min^{-1})	2 500		气缸数/个	4
燃料供给系统形式	泵喷嘴		燃料种类	柴油
进气方式	涡轮增压			
4. 混合动力装置信息(仅限混合动力电动汽车)				
电机型号			能量储存装置型号	
电池(或电容)容量				
5. 污染物控制装置查验(仅限注册登记检验)				
车辆是否按照要求完成环保信息公开,环保随车清单与信息公开内容是一致			□是 □否	
	控制装置名称	环保公开信息		查验结果
汽油车(燃气车)	ECU 型号			
	催化转化器型号			
	颗粒捕集器型号			
	炭罐型号			
	氧传感器型号			
	EGR 型号(如适用)			
	增压器型号(如适用)			

续表

	控制装置名称	环保公开信息	查验结果
柴油车	ECU 型号		
	喷油泵型号		
	喷油器型号		
	共轨管型号		
	增压器型号		
	EGR 型号（如适用）		
	DOC 型号（如适用）		
	POC 型号（如适用）		
	SCR 型号（如适用）		
	ASC 型号（如适用）		
	DRF 型号（如适用）		

检查结果：污染物控制装置与信息公开内容一致	☐是 ☐否

6. 车况检查

检查内容	√/×	检查内容	√/×
发动机燃油系统采用电控泵（注册登记柴油车否决项）	×	车辆无明显烧机油或者严重冒黑烟现象（否决项）	√
污染物控制装置齐全、正常（否决项）	√	车上仪表工作正常	√
车辆机械状况良好	√	车辆进排气系统无有任何泄露	√
无可能影响安全或引起测试偏差机械故障	√	已关闭车上空调、暖风等附属设备	√
轮胎气压正常、胎面干燥、清洁	√	已中断车辆上可能影响测试正常的功能（如 ARS、ESP、EPC 等牵引力控制或者自动制动系统等）	√
车辆油箱和燃油正常	√		
曲轴箱通风系统工作正常（汽油车否决项）	/	燃油蒸发控制装置正常（汽油车否决项）	/

检测方法：☐简易瞬态工况法　☐稳态工况法　☑加载减速法　☐双急速法　☐自由加速法
如不合适，请描述详细原因，并由机构技术负责人或授权签字人批准。

不能采用工况法的原因：
机构技术负责人或授权签字人签字：

特殊技术车辆无法达到标准要求检测条件的原因：
机构技术负责人或授权签字人签字：

外观检验结果判定： ☑合格　☐不合格	外检员签字：	检验归期：2023-10-26

注1：污染物控制装置检查时，如没有该项装置填写"无"；如有该装置，但不在可视范围内，结果应填写"信息不可见"，信息不可见也视为污染物控制装置检查合格。

注2：表中汽油车也适用于其他装用点燃式发动机汽车，柴油车也适用于其他压燃式发动机汽车。

注3：在不适用的检查项目栏中填写"/"。

注4：应根据车辆合格证、铭牌、环保信息随车清单等如实准确填写车辆信息，并确认车辆身份

5. 机动车尾气排放检验(测)报告

机动车尾气排放检验(测)报告如图 3-6-6 所示。

在用车尾气检验(测)报告

报告编号：5201021523103060063740311　　　2123453411678-10-26 13:01:42　　计量认证证号：212405341678

一、基本信息					
检验机构名称：	贵阳凤凰村机动车技术检测有限责任公司				
号牌号码	贵AF0604	车辆型号	EQ6755418D1	基准质量/kg	5 000
车辆识别代号(VIN)	LGC1TS433D0004141	最大设计总质量/kg	6 650	发动机型号	YC4FA130-40
发动机号码	FC7F0000054	发动机排量/L	3.2	额定转速/(r·min⁻¹)	2 500
发动机额定功率/kW	95.0	DPF	无	DPF型号	-
SCR	无	SCR型号	-	气缸数	4
驱动电动机型号	-	储能装置型号	-	电池容量	-
车辆生产企业	东风汽车有限公司	车辆出厂日期	2013-06-06	累计行驶里程/km	131657
车主姓名(单位)	贵州黔康校车服务有限公司	联系电话(手机)	138××××××××	车牌颜色	黄牌
燃料类型	柴油	燃油型式	泵喷嘴	驱动方式	后驱
品牌/型号	东风牌/EQ6T5454D1	变速器型式	手动	使用性质	幼儿校车
初次登记日期	2013-10-24	检测方法	加载减速法	OBD	无
环境参数					
环境温度/℃	16.6	大气压/kPa	90.3	相对湿度/%	73.1
检测设备信息					
分析仪生产企业	佛山市南华仪器股份有限公司	分析仪名称	NHAT-610	分析仪检定日期	2023-10-12
底盘测功机生产企业	佛山市南华仪器股份有限公司	底盘测功机型号		NHC-03	
OBD诊断仪生产企业	-	OBD诊断仪型号		-	

二、外观检验			
检验项目	是	否	备注
车辆机械状况是否良好	√		
排气污染控制装置是否齐全、正常	√		否决项目
发动机燃油系统采用电控泵		√	
车上仪表工作是否正常	√		
车辆是否存在明显烧机油或者严重冒黑烟现象		√	否决项目
有无可能影响安全或引起测试偏差的机械故障		√	
车辆进、排气系统是否有任何泄露		√	
车辆的发动机、变速箱和冷却系统等有无明显的液体渗漏		√	
是否带OBD系统		√	
轮胎气压是否正常	√		
轮胎是否干燥、清洁	√		
是否关闭车上空调、暖风等附属设备	√		
是否已经中断车辆上可能影响测试正常进行的功能，如ARS、ESP、EPC牵引力控制或自动制动系统等	√		
车辆油箱和油品是否异常		√	
是否适合工况法检测	√		
外观检验结果	☑合格 □不合格		检验员：赵必凤

图 3-6-6　机动车尾气排放检验(测)报告

| 报告编号： | 5200021523103010063740011 | 号牌号码： | 贵AF6504 | 车辆类型： | K18大型专用校车 |

三、OBD检查

OBD故障指示器	OBD系统故障指示器	☐ 合格　☐ 不合格		
	通信	☐ 通信成功　☐ 通信不成功 通信不成功的（填写以下原因）： ☐ 接口损坏　☐ 找不到接口　☐ 连接后不能通信		
	OBD系统故障指示器报警	☐ 有　☐ 无		
	故障代码及故障信息（若故障指示器报警）	—		
就绪状态	就绪状态未完成项目	☐ 无　☐ 有 如有就绪未完成的，填写以下项目 ☐ SCR　☐ POC　☐ DOC　☐ DPF ☐ 废气再循环（EGR）		
其他信息	MIL灯点亮后的行驶里程/km：			
CAL ID/CVN信息	发动机控制单元	CAL ID	—	CVN	—
	后处理控制单元(如适用)	CAL ID	—	CVN	—
	其他控制单元(如适用)	CAL ID	—	CVN	—
OBD检查结果	☐ 合格　☐ 不合格			检验员：—	

检测方法	☐ 自由加速法　☑ 加载减速法

检测结果内容

排气污染物测试	自由加速法				
	额定转速 /(r·min⁻¹)	实测转速 /(r·min⁻¹)	三次烟度测量值/m⁻¹			平均值/m⁻¹	限值/m⁻¹
			1	2	3		
	—	—	—	—	—	—	—
	加载减速法				
	转速		最大轮边功率		
	额定转速/(r·min⁻¹)	实测（修正）VelMaxHP/(km·h⁻¹)	实测/kW		限值/kW
	2 500	64	74.8		≥38.0
	烟度		氮氧化物 NOx		
	100%点	80%点	80%点		
	实测值/m⁻¹		实测值/10⁻⁶		
	0.03	0.03	29		
	限值/m⁻¹		限值/10⁻⁶		
	≤1.2	≤1.2	≤1500		

检测结果	☑ 合格　☐ 不合格	检验员： —
授权签字人		
批准人		单位盖章

说明：
1. 本报告检验项目依据GB3847—2018《柴油车污染物排放限值及测量方法》（自由加速法及加载减速法）
2. 本报告中"结果判定"分为两类：合格、不合格
3. 本检验报告是机动车所有人委托车辆检验的记录和办理签证的凭证，机动车所有人应妥善保管。
4. 机动车所有人若对检验结果存有异议应及时提出，否则视为对检验结果判定认同。
5. 未经本机构批准，不得复制（全文复制外）报告或证书。请机动车所有人尽快办理签证，逾期无效。
6. 本报告仅对现场样车状态负责

| 检验机构地址： | 贵州省贵阳市南明区凤凰路130号 | 检验机构电话： | | 线号：01 |

共两页　　第二页

图3-6-6　机动车尾气排放检验(测)报告(续)

6. 影像资料主要项目

（1）纸质材料照片。该车需要提交的纸质材料照片包括车辆唯一性证明、环保信息随车清单、机动车牌证申请表、交通事故责任强制保险单（实现电子保单、保险信息联网核查的除外）、车船税纳税或者免税证明（实现联网核查的除外）、安全技术检验合格证明、尾气排放检验合格报告。

（2）安全技术检验照片及视频。该车需要提交的部分照片如图 3-6-7 所示。

车辆识别代号照片	 发动机号/驱动电动机号码或柔性标签	 车辆左前方斜视 45°照片
 车辆右后方斜视 45°照片	 车厢内部照片	 车辆正后方照片
 灭火器压力表照片	 应急锤照片	 急救箱
 行驶记录装置照片	 驾驶人座椅汽车安全带	 发动机舱自动灭火装置
 灭火器照片	 车厢内部座椅	 左前轮轮胎规格型号

图 3-6-7 校车安全技术检验部分照片

图 3-6-7 校车安全技术检验部分照片(续)

| 转向轮横向侧滑工位照片 | 底盘动态检验开始 | 底盘动态检验结束 |

图 3-6-7　校车安全技术检验部分照片(续)

该车需要提交的视频主要包括人工检验工位检验全过程、车辆识别代号检验及拓印、外廓尺寸检验、轴距检验、整备质量检验、底盘动态检验、车辆底盘部件检验、路试制动检验、灯光检验、侧滑检验。

四、道路运输车辆的技术等级评定填写示例

1. 交通运输部门要求

2020 年 12 月，交通运输部办公厅发布了《交通运输部办公厅关于优化道路运输车辆技术管理便利开展车辆技术等级评定工作的通知》，明确了道路运输车辆技术等级(一级)评定要求，见表 3-6-25。

表 3-6-25　道路运输车辆技术等级(一级)评定要求

序号	评定项目	技术等级一级要求
1	方向盘最大自由转动量(°)	最高设计车速大于或等于 100 km/h 的车辆不大于 10°，其他车辆不大于 20°
2	轮胎花纹深度(mm)	乘用车轮胎胎冠花纹深度不小于 2.5 mm；其他车型的转向轮的胎冠花纹深度不小于 3.8 mm，其余轮胎花纹深度应不小于 2.5 mm
3	空载制动不平衡率(%)	前轴制动不平衡率≤20%，后轴制动不平衡率≤24%(当后轴制动力小于后轴轴荷的 60% 时，制动不平衡率≤后轴轴荷的 8%) (注：前轴、后轴判定依据参照 GB 38900—2020 及 GB 7258—2017 规定)
4	辐射对称部位高度差(mm)	车体外缘左右对称部位高度差应小于或等于 20 mm

注：以上 4 项技术等级评定项目均为《机动车安全技术检验项目和方法》(GB 38900—2020)规定的内容。对于检验检测结果符合《机动车安全技术检验项目和方法》(GB 38900—2020)技术要求的车辆，4 项技术等级评定项目全部达到本表要求的，车辆技术等级评为一级

2. 道路运输车辆技术等级(一级)评定方法

从事道路运输经营的客、货运输车辆进行安全技术检验，参照《机动车安全技术检验项目和方法》(GB 38900—2020)附录 G 中"机动车安全技术检验报告(式样)"，由授权签字人根据"人工检验部分"报告单的方向盘最大自由转动量、轮胎花纹深度、空载制动不平衡率、车身对称部位高度差 4 个检验参数进行等级评定要求，做出车辆技术等级结论，并签注在报告的"备注"栏内。从事普通货运经营的总质量 4 500 kg 及以下的普通货运车辆，不进行车辆技术等级评定。

3. 示例

(1)技术等级评定为"一级"车报告单，见表 3-6-26。

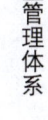

表 3-6-26　机动车安全技术检验表（人工检验部分）

其他技术参数				
车辆外廓尺寸/(mm×mm×mm)：11 132×2 550×3 370			轴距/mm：1 600/4 500/1 600	
轮胎花纹深度/mm	单车 转向轮：A1：10.4、A2：10.5、B3：10.2、B2：10.3 其他轮：C1：9.6、C2：9.3、C3：9.4、C4：9.7、D1：9.3、D2：9.5、D3：9.7、D4：9.4		车身对称部位高度差/mm	单车 前：左700　右700　高度差0 后：左800　右800　高度差0
	挂车：_____			挂车 左_____　右_____　高度差_____
车厢栏板高度/mm	单车_____		方向盘最大自由转动量/°	9.00
	挂车_____			
检验员		建筑	检验时间	检验员签字
外观检验员		无	9时48分—9时51分	×××
底盘动态检验员		无	10时20分—10时25分	×××
底盘部件检验员		无	10时13分—14时18分	×××
引车员		无	10时13分—14时25分	×××
机动车所有人：×××××		手机电话：×××××	地址/邮箱：×××××	
备注：				

机动车安全技术检验报告单见表 3-6-27。

表 3-6-27　机动车安全技术检验报告单

一、人工检验结果				
序号	检验项目	结果判定	具体不符合项目情况说明	备注
1	联网查询	合格	无	
2	车辆唯一性检查	合格	无	
3	车辆特征参数检查	合格	无	
4	车辆外观检查	合格	无	
5	安全装置检查	合格	无	
6	底盘动态检查	合格	无	
7	车辆底盘部件检查	合格	无	
二、仪器设备检验结果				
序号	检验项目	检验结果	标准限制	结果判定	备注
1	一轴制动率/%	66.0	≥60	合格	
2	一轴不平衡率/%	8.0	≤24	合格	
3	二轴制动率/%	68.0	≥60	合格	
4	二轴不平衡率/%	13.5	≤24	合格	
5	二轴加载制动率/%	53.5	≥50	合格	
6	二轴加载不平衡率/%	11.3	≤24	合格	

续表

序号	检验项目	检验结果	标准限制	结果判定	备注
7	三轴制动率/%	68.2	≥50	合格	
8	三轴不平衡率/%	10.6	≤30	合格	
9	三轴加载制动率/%	51.7	≥50	合格	
10	三轴加载不平衡率/%	1.3	≤10	合格	
11	四轴制动率/%	65.9	≥50	合格	
12	四轴不平衡率/%	14.4	≤30	合格	
13	整车制动率/%	66.8	≥60	合格	
14	驻车制动率/%	26.0	≥20	合格	
15	左外灯远光发光强度/cd	20 000	≥15 000	合格	
16	右外灯远光发光强度/cd	62 400	≥15 000	合格	
17	一轴转向轮横向侧滑量/(m·km^{-1})	−2.1	−5.0～+5.0	合格	
18	二轴转向轮横向侧滑量/(m·km^{-1})	−0.6	−5.0～+5.0	合格	

三、建议	四、二维码

备注	依据道路运输车辆技术等级评定要求,该车评定为"一级" 外廓尺寸检测结果:长 11 132 mm、宽 2 550 mm、高 3 370 mm 机动车安全技术检验合格后请及时向公安机关交通管理部门申领检验合格标志; 机动车检验机构地址:××××××××联系电话:××××-××××××××。 检测线号: 依据标准:GB 1589—2016、GB 38900—2020、GB 7258—2017

(2)技术等级评定为"二级"车报告单,见表 3-6-28。

表 3-6-28 机动车安全技术检验表(人工检验部分)

其他技术参数		
车辆外廓尺寸/(mm×mm×mm):6 675×2 490×3 290		轴距/mm:3 600/1 100
轮胎花纹深度/mm	单车 转向轮:A1:11.2、A2:11.3 其他轮:B1:11.5、B2:11.4、B3:11.5、B4:11.4 挂车:_____	车身对称部位高度差/mm	单车 前:左 600 右 600 高度差 0 后:左 700 右 700 高度差 0 挂车:左____ 右____ 高度差____
车厢栏板高度/mm	单车:_____—_____ 挂车:_____—_____	方向盘最大自由转动量/°	9.00

续表

检验员	建筑	检验时间	检验员签字
外观检验员	无	11时12分—11时16分	×××
底盘动态检验员	无	11时38分—11时43分	×××
底盘部件检验员	无	11时28分—11时35分	×××
引车员	无	11时28分—11时43分	×××
机动车所有人：×××××		手机电话：×××××	地址/邮箱：×××××
备注：			

机动车安全技术检验报告单见表 3-6-29。

表 3-6-29　机动车安全技术检验报告单

一、人工检验结果				
序号	检验项目	结果判定	具体不符合项目情况说明	备注
1	联网查询	合格	无	
2	车辆唯一性检查	合格	无	
3	车辆特征参数检查	合格	无	
4	车辆外观检查	合格	无	
5	安全装置检查	合格	无	
6	底盘动态检查	合格	无	
7	车辆底盘部件检查	合格	无	
二、仪器设备检验结果				
序号	检验项目	检验结果	标准限制	结果判定	备注
1	一轴制动率/%	69.8	≥60	合格	
2	一轴不平衡率/%	11.0	≤24	合格	
3	二轴制动率/%	72.0	≥50	合格	
4	二轴不平衡率/%	25.2	≤30	合格	
5	二轴加载制动率/%	57.9	≥50	合格	
6	二轴加载不平衡率/%	7.4	≤10	合格	
7	三轴制动率/%	70.3	≥50	合格	
8	三轴不平衡率/%	19.6	≤30	合格	
9	整车制动率/%	70.6	≥60	合格	
10	驻车制动率/%	26.6	≥15	合格	
11	左外灯远光发光强度/cd	76 100	≥15 000	合格	
12	右外灯远光发光强度/cd	70 400	≥15 000	合格	
13	转向轮横向侧滑量/(m·km^{-1})	0.5	−5.0～+5.0	合格	
三、建议			四、二维码		

	续表
备注	依据道路运输车辆技术等级评定要求，该车评定为"二级" 外廓尺寸检测结果：长 11 132 mm，宽 2 550 mm，高 3 370 mm 机动车安全技术检验合格后请及时向公安机关交通管理部门申领检验合格标志； 机动车检验机构地址：××××××××联系电话：××××-××××××××。 检测线号： 依据标准：GB 1589—2016、GB 38900—2020、GB 7258—2017

试题训练

一、选择题

1. 检验检测机构在质量体系运用过程中，每（　　）个月开展一次内部审核。
A. 3　　　　　　B. 6　　　　　　C. 9　　　　　　D. 12

2. 检验检测机构授权签字人应具有中级及以上相关专业技术职称并从事相关检验检测工作（　　）年及以上，或者具备同等能力。
A. 1　　　　　　B. 2　　　　　　C. 3　　　　　　D. 4

3. 2020 年 12 月，交通运输部办公厅发布了《交通运输部办公厅关于优化道路运输车辆技术管理便利开展车辆技术等级评定工作的通知》，明确了道路运输车辆技术等级（一级）评定要求，其中车体外缘左右对称部位高度应小于或等于（　　）mm。
A. 10　　　　　 B. 20　　　　　 C. 30　　　　　 D. 40

二、判断题

1. 内部审核由检验检测机构的技术负责人策划并制定方案。（　　）
2. 质量负责人（非授权签字人）可以签发检验检测报告或证书。（　　）
3. 仪器设备的标识管理，通常状态标识包括绿色、黄色、红色 3 种。（　　）
4. 检测设备的期间核查是根据规定的程序，为了确定测量仪器是否保持其原有状态而进行的操作。（　　）

参考文献

[1] 中华人民共和国国家市场监督管理总局，中华人民共和国国家标准化管理委员会. GB 38900—2020 机动车安全技术检验项目和方法[S]. 北京：中国标准出版社，2020.

[2] 中华人民共和国国家质量监督检验检疫总局，中华人民共和国国家标准化管理委员会. GB 7258—2017 机动车运行安全技术条件[S]. 北京：中国标准出版社，2018.

[3] 中华人民共和国生态环境部，中华人民共和国国家市场监督管理总局. GB 18285—2018 汽油车污染物排放限值及测量方法（双怠速法及简易工况法）[S]. 北京：中国环境科学出版社，2019.

[4] 中华人民共和国生态环境部，中华人民共和国国家市场监督管理总局. GB 3847—2018 柴油车污染物排放限值及测量方法（自由加速法及加载减速法）[S]. 北京：中国环境科学出版社，2019.

[5] 中华人民共和国国家市场监督管理总局. 检验检测机构资质认定评审准则[M]. 北京：中国标准出版社，2023.

[6] 中华人民共和国公安部. GA 801—2019 机动车查验工作规程[S]. 北京：中国标准出版社，2019.

[7] 李明丽. 机动车安全技术检验培训教程[M]. 北京：机械工业出版社，2022.

[8] 姚为民. 汽车构造[M]. 4版. 北京：机械工业出版社，2021.

[9] 龚敏，郑嵩祥，柴邦衡. IATF 16949 汽车行业质量管理体系解读和实施[M]. 2版. 北京：机械工业出版社，2018.